지구를 구하는
우리는 세계시민

지구를 구하는
우리는 세계시민

발행일   2022년 5월 16일 초판 1쇄 발행
　　　　　2023년 12월 1일 초판 3쇄 발행
지은이   백용희, 박지선, 박지희, 이시라
발행인   방득일
편 집   박현주, 허현정, 강정화
디자인   강수경
마케팅   김지훈

발행처   맘에드림
주 소   서울시 도봉구 노해로 379 대성빌딩 902호
전 화   02-2269-0425
팩 스   02-2269-0426
e-mail   momdreampub@naver.com

ISBN 979-11-89404-65-9 44300
ISBN 979-11-89404-03-1 44080(세트)

사회적 감수성을 높이는
청소년 세계시민교육

지구를 구하는 우리는 세계 시민

백용희 | 박지선 | 박지희 | 이시라 지음

맘에드림

세계시민교육,
나와 상관없는 먼 이야기 같아?

여러분 중에는 세계시민교육에 대한 관심이나 궁금증 해결을 위해 이 책을 직접 고른 사람도 있겠지만, 부모님이나 선생님의 추천 또는 과제 수행 등을 위해 어쩔 수 없이 선택한 사람도 있을지 모릅니다.

세계시민교육. 굳이 정의하면 "인류의 보편 가치라 할 수 있는 인권, 다문화, 세계평화 등을 아우르며, 이에 관한 폭넓은 이해를 도모하고 실천 방안을 함께 고민함으로써 책임 있는 시민을 기르는 교육"으로 정리할 수 있습니다. 딱 봐도 참 훌륭한 말 같은데, 한편으론 뭔지 모르게 도덕책 같은 데서나 볼 법한 현실과 동떨어진 말 같습니다. 모르고 살아도 별로 지장 없는 뜬구름 잡는 말장난 같기도 합니다. 하지만 세계시민교육은 결코 우리의 삶과 멀지 않습니다. 오히려 어쩌면 앞으로 우리가 지향해야 할 삶 그 자체라 할 수 있죠. 이에 필자들은 여러분과 세계시민교육 간의 거리를 조금이라도 좁히고 싶은 마음으로 집필을 시작했습니다.

왜 사회적 감수성을 키워야 하는가?

전 세계를 덮친 코로나19 팬데믹은 세계화로 야기된 세계시 지구촌의 불편한 진실들, 예컨대 차별, 빈곤, 기후위기, 불평등 등의 현주소를 한층 실감하게 해주었죠. 아울러 그동안 세계를 지배해온 주요 가치들에 대한 재평가를 촉구하며 대변환의 시대를 열었습니다.

팬데믹 초기 큰 혼란 속에서 공공선보다는 자국 우선주의 경향이 나타나기도 했죠. 하지만 이미 세계는 서로 너무나 깊이 연결되어 완전히 단절된 세상으로는 돌아갈 수 없습니다. 또 아무리 강한 나라도 글로벌위기에서 완전히 자유로울 수 없고, 어떤 개인이나 단체, 특정 국가의 대응만으로는 전 세계가 당면한 위기들을 해결하기에 역부족이죠. 이것이 현재 세계인이 마주하고 있는 현실입니다. 결국 세계에 산적한 문제들의 근본적 해결을 위해 국제사회가 다 함께 힘을 모을 수밖에 없습니다.

국제문제가 아무리 심각해도 아무도 내 일처럼 공감하지 않는다면 문제 해결을 위한 실천도 따르지 않을 것이고, 변화 또한 요원한 일입니다. 세계 곳곳, 심지어 우리 가까이에도 너무나 많은 사람들이 무관심 속에서 홀로 견디기 힘든 부정이나 불평등 등을 짊어지고 공동체에서 소외된 채 살아갑니다. 안타깝기는 해도 나랑 별 상관없는 타인의 불행이라는 이유로 외면하고 무시할 수도 있겠죠. 하지만 사회 전반에 그런 생각이 퍼지면 결국 부정의와 불평등이 언젠가 우리에게 향할지도 모릅니다. 우리 모두가 사회적 감수성을 키워야 하는 이유입니다.

우리 청소년들이 높은 사회적 감수성을 바탕으로 불평등과 부정의에 대해 최소한의 문제의식을 갖기 바랍니다. 시작은 타인의 아픔이나 슬픔에 공감하는 것입니다. 이러한 공감이 자기 일처럼 관심을 기울이게 하는 출발점이 되어, 문제 해결을 위해 냉철한 사고력을 발휘하도록 북돋는 도화선이 될 테니까요. 또한 생각한 것들을 실천할 수 있는 용기의 밑거름이 될 것입니다. 바로 이런 것들이 세계시민교육의 과제이며, 세계시민의 자질입니다.

🔍 오늘부터 1일, 연대와 협력으로 세상을 지키는 세계시민이 되자

다행히 지구촌 위기에 세계가 공감하며 실천도 따르고 있습니다. 인류의 지속가능한 발전은 전 세계가 주목하는 주요 화두 중 하나가 되었죠. 이를 위해 국제 연대와 협력 방안이 활발히 논의되고 있습니다. 대표적으로 코로나19 팬데믹 속에서도 유엔, 세계보건기구와 같은 국제기구뿐만 아니라 세계 여러 국가가 동참한 기금 마련을 통해 백신, 치료제, 진단키트 등 개발해 특정 국가뿐만 아니라 모두 공평하게 이용하는 방안을 모색했죠.

전문가들은 코로나19 이후에도 지구촌 인류의 생존을 위협할 만한 바이러스가 주기적으로 발생할 수 있다고 경고합니다. 바이러스뿐만 아니라 이미 첩첩이 쌓인 지구촌 문제들은 특정 지역이나 국가를 넘어 전 세계의 안위를 위협하고 있죠. 앞으로 전 세계가 함께 힘을 모아야 포스트코로나 시대를 현명하게 헤쳐 나갈 수 있습니다. 사회적 감수성을 바탕으로 한 세계인의 연대와 협력이 필요한 시대인 만큼 각 나라 국민들의 높은 세계시민의식도 한층 중요해졌습니다. 세계시 지구촌의 위기 대응을 위한 각국 시민들의 연대와 협력은 이제 선택이 아닌 필수입니다. 세계시민교육은 시민들의 연대와 협력을 가능케 하는 토대가 됩니다.

더 나은 미래를 꿈꾸는 오늘, 세계는 정답보다 해답이 필요합니다. 결과보다는 과정이, 속도보다는 방향을, 지식보다 지혜가 필요하죠. 이것이 코로나19 팬데믹을 극복하고 다가올 뉴노멀을 위한 해답이 될 수 있습니다. 그 해답을 찾는 첫걸음은 세계시민이 함께 연대를 맺고 협력하는 것이 아닐까요? 우리 한 사람 한 사람이 세계시민의식을 키워간다면, 분명 지속가능한 인류발전에 밑거름이 될 것입니다. 당장 뭔가를 바꿀 수는 없을지라도 아주 작은 실천이라도 해볼 수 있는 용기를 낼 수 있다면 여러분들이 변화를 주도하며 살아가게 될 미래사회의 모습은 밝을 것입니다.

저자 일동

CHAPTER
1

어쩌면 운명공동체
세계시 지구촌에서 함께 사는 우리

CHAPTER 2

전쟁과 평화
평화는 그 어떤 무기보다 힘이 세다

CHAPTER 3

인권

존중받아 마땅한 나, 너 그리고 우리

CHAPTER 4

빈곤퇴치
무엇이 이들을 지독한 가난에 빠뜨렸는가?

CHAPTER 5

환경과 기후재앙
지구에서 살아가는 누구도 안전하지 않다

"세계시 지구촌에서
함께 사는 우리"

여러분의 주소는 어디인가요? 세세한 주소야 다 다르겠지만, 대한민국 어딘가에 살고 있다는 공통점이 있을 것입니다. 하지만 좀 더 넓게 본다면 지구에서 살고 있다고 말할 수 있죠. 그 어떤 나라도 아직은 지구 밖에서 살아갈 방법을 찾지 못했으니까요. 그러니까 우리는 모두 지구인입니다. 세계화 이후, 우리는 거대한 네트워크로 복잡하게 연결된 세상에서 살아가고 있습니다. 때론 어떤 나라에서 벌어진 작은 사건이 지구 반대편에 있는 나라에 엄청난 반향을 일으킬 수도 있죠. 이미 세계인은 지구 안에서 온갖 종류의 문젯거리들을 공유합니다. 그런데 같은 문제라도 전 세계가 똑같은 무게로 위기를 체감하는 건 아닙니다. 어떤 나라는 좀 더 가볍게, 또 어떤 나라는 국가의 운명을 뒤흔들 만큼 엄청난 위기로 체감하기도 하죠. 또 한 나라 안에서도 개인이 처한 상황에 따라 체감하는 강도는 달라집니다. 세계화는 세계를 하나로 이었지만, 말로만 "세계는 하나!"라고 외칠 뿐, 정작 자국의 이익 앞에 다른 나라의 아픔이나 공공의 이익은 외면하기 일쑤입니다. 실제로 코로나19 팬데믹 속에서 자국의 이익만 추구하려는 움직임이 나타났으니까요. 심지어 이런 움직임은 세계화로 엄청난 이득을 취한 강대국을 중심으로 두드러졌습니다. 하지만 현재 지구상에 산적한 문제들 대부분은 특정 나라만 피해갈 수 없을 뿐만 아니라, 독자적으로 해결할 수도 없습니다. 이제라도 우리 모두 지구에서 함께 살아가는 운명공동체임을 받아들이고, 함께 머리를 맞대고 해결방안을 고민해야 합니다.

CHAPTER 1

어쩌면
운명공동체

하나로 연결된 세상에서 살아간다는 것의 의미

앞으로 이 책에 만나게 될 내용 중에는 현재 여러분의 삶과 다소 멀게 느껴지는 이야기도 분명 있을 것입니다. 어쩌면 이런 의문이 들지도 모르죠.

"대체 이런 얘기들이 나랑 무슨 상관이야?"

지구 반대편 어디쯤, 나와 너무 멀리 떨어진 곳에 있고, 존재조차 알지 못하는 사람들의 이야기라니. 어쩐지 요즘 말로 '안물안궁'[1]입니다. 하지만 감히 부탁하고 싶군요. 지금부터라도 관심을 좀 기울여줄 수 없겠냐고 말이죠. 가장 중요한 이유는 그것이 언제든 나와

1. '안 물어보았고, 안 궁금하다.'를 줄여서 이르는 신조어

내 가족의 현실이 될 수도 있기 때문입니다. 물론 남의 일을 내 일처럼 공감하기란 어려운 일입니다. 하지만 이러한 공감이 없다면 누구도 선뜻 문제 해결을 위해 적극적으로 나서지 않을 것입니다. 그래서 우리 모두에게 높은 사회적 감수성이 필요합니다. 이것은 선택이 아니라 미래 우리 인류의 생존을 위한 필수 역량이라고 할 수 있죠. 우리는 서로 깊이 연결된 세상을 살아가고 있으니까요. 우리는 모두 지구라는 행성에서 함께 살아가며, 각 나라는 매우 밀접하게 연결되어 있습니다. 소위 말하는 세계화입니다. 어느 한 나라에서 일어난 문제는 그 나라의 문제로만 끝나지 않고, 주변국을 넘어 세계 구석구석에 영향을 미칩니다. 심지어 우리가 일상에서 먹고 마시는 모든 것이 세계화와 밀접한 관계가 있습니다.

불판 위의 삼겹살에서 세계화를 보다

여러분도 삼겹살 좋아하나요? 아, '치느님'[2]이 더 좋다고요? 그래도 아는 맛이 제일 무섭다고, 대한민국 사람이라면 불판 위에서 지글지글 익어가는 삼겹살을 떠올리기만 해도 군침이 돌 것입니다. 대한민국은 전 세계 삼겹살을 모조리 빨아들이는

----
2. 치킨과 하나님을 결합한 신조어

블랙홀과 같습니다. 돼지 한 마리당 삼겹살은 약 2판씩 생산된다고 합니다. 수입산은 한 판당 무게가 4~5kg인 반면, 국내산은 5~6kg 정도이죠. 이런 차이는 돼지의 크기 때문이 아니라 해외에서는 삼겹살이 제일 저렴한 부위 중 하나이다 보니 삼겹살 부위를 최대한 작게 잡기 때문입니다. 우리는 삼겹살이 인기 있다 보니 주변부인 미추리나 배받이살까지 전부 삼겹살에 붙여서 생산하죠.

우리가 만약 오직 대한민국 안에서만 생산된 돼지고기만 먹을 수 있다면 어떨까요? 모르긴 해도 고깃값은 훨씬 비쌀 수밖에 없습니다. 아무리 축산기술이 발전해서 대규모 생산이 가능해졌다고 해도 우리나라는 20세기 후반부터 급속하게 공업화가 진행되는 과정에서 전체 산업 중 농업이나 축산업이 차지하는 비중이 매우 낮아졌기 때문이죠. 하지만 우리는 걱정할 필요가 없습니다. 식당이나 마트에 가면 독일, 네덜란드, 오스트리아, 스페인, 프랑스, 벨기에, 칠레, 미국, 캐나다 등에서 수입한 돼지고기를 쉽게 만나볼 수 있으니까요. 저렴한 수입 삼겹살이 유통되고, 더불어 가격 경쟁을 통해 국내산 삼겹살의 가격도 합리적으로 유지되기 때문에 우리는 맛있고 질 좋은 삼겹살을 맛볼 수 있죠. 간혹 수입산 고기의 위생 문제를 걱정하는 사람들도 있지만, 축산 전문가들의 말에 따르면 걱정하지 않아도 된다고 합니다. 돼지고기 수출국 대부분이 세계적인 축산업 선진국들로 사육과 도축, 유통과 수출의 단계별 절차가 까다롭고 검역 시스템도 철저하며, 심지어 육질도 우수하다고 하네요.

뜬금없이 삼겹살 이야기를 구구절절 늘어놓은 이유를 눈치 빠른 독자들은 벌써 눈치챘을지도 모르겠습니다. 네, 우리가 이런 질 좋고 저렴한 수입산 돼지고기를 쉽게 구하고 먹을 수 있는 건 '세계화(globalization)'의 영향입니다. 세계화와 헷갈릴 수 있는 개념으로 국제화(internationalization)가 있는데, 국제화는 "단순히 국민국가 간 교류가 양적으로 증대되는 현상"을 말한다면, 세계화는 좀 더 확장된 개념으로 볼 수 있습니다. 간단히 정리하면 "교통, 통신 등의 발달과 함께 국가 간 자유로운 교류 속에서 나날이 개인과 사회집단이 하나의 세계 안에서 삶을 살아가는 과정"을 말합니다. 단순히 나라 간 활발한 물적 교류를 넘어 세계가 하나로 이어져 개인과 사회집단 모두 하나의 세계 안에서 삶을 영위해가는 과정이 세계화인 거죠. 여기에 다양한 첨단기술의 혁신까지 더해져 먹거리부터 공산품, 에너지 자원은 물론 문화와 이념, 가치 등에 이르기까지 세계 어디로든 퍼져나갈 수 있습니다. 세계 각국의 삼겹살은 아주 작은 사례에 불과하죠.

세계화는 우리의 삶을 어떻게 바꾸었나?

세계시민교육에 관한 이야기의 출발점을 어디로 잡아야 할지에 관해 고민이 많았습니다. 이런저런 생각들을 떠올려도 결국 출발점은 '세계화'였죠. 만약 각 나라가 서로 고립된 세상이라면 남의 나라 사정은 쉽게 접할 수 없었을 테니 그저 막연히 궁금한 정도일 뿐, 내 삶에 별다른 영향을 미치지는 않을 것입니다. 하지만 이제 그런 세상으로는 돌아갈 수 없습니다.

한편에서는 부작용이나 한계에 관한 논의도 끊임없이 제기되었지만, 세계화는 한동안 세계 사회의 공동 번영을 위한 대체 불가능한 가치처럼 여겨졌습니다. 그리고 세계화가 미친 장점도 많습니다. 싸고 맛있는 삼겹살을 먹을 수 있게 된 건 아주 작은 장점에 불과합니다. 우리나라를 포함해 20세기 중후반 빠른 경제성장을 이룬 나라들 대부분은 세계화의 수혜 속에서 지금의 발전을 이루었다고 해도 과언은 아니니까요. 특히 보유자원이 거의 없는 우리나라는 세계화 속에서 먹거리나 에너지 문제 등을 해결하는 한편, 첨단 기술과 경쟁력 높은 문화 콘텐츠 등을 집중적으로 발전시키면서 오늘의 IT강국, 문화강국으로 우뚝 설 수 있었죠.

이처럼 세계화의 거대한 연결망은 비단 유형의 물건이나 상품뿐만 아니라, 무형의 자본과 기술, 문화와 노동 등을 자유롭게 이어줍니다. 즉 자본과 다양한 유무형의 상품을 이동, 교류시키는 동안 새로운 가치 창출로 이어지기도 하죠. 예컨대 BTS로 대표되는 우리의 K팝이나 오징어게임 등의 K드라마가 세계적인 인기를 끌고 있는데, 단지 가수나 배우, 콘텐츠의 인기에 머물지 않습니다. K팝이나 드라마에 매료되어 한글을 배우고 있다는 각국 팬들의 인증이 SNS에 쏟아지고 있죠. 또 해외 곳곳에서 K팝 팬을 중심으로 '세종학당'(해외 한국어 · 한국문화 교육기관)을 비롯, 한국어 강의 수강생도 크게 늘어나며 실제로 한글 확산에 기여하고 있습니다.

세계의 다양한 영화, 드라마, 음식 등 문화를 쉽게 접할 수 있다 보니 문화도 한층 다양하고 풍요로워졌습니다. 그뿐만이 아닙니다. 인권, 자유, 평등과 같은 보편적 가치도 세계화의 연결망을 통해 전 세계로 확산되었습니다. 선한 가치관과 에너지가 전 세계로 확산된 결과 각국은 전쟁, 기후위기, 빈곤, 인권 등 다양한 문제에 대해 공감하며 더 나은 세상을 만들기 위한 협력도 이루어졌죠.

한편으론 복잡하게 얽히고설킨 관계 속에서 위기도 공유하게 되었습니다. 대표적인 것이 지구온난화로 인한 환경문제일 것입니다. 하지만 위기는 모든 나라에 똑같은 무게로 다가오지 않습니다. 전 세계를 강타한 폭염이나 한파를 생각해 볼까요? 폭염과 한파 모두 지구온난화의 영향으로 인한 이상기온 현상입니다. 여러분은 아마 너무 덥거나 추운 날에는 냉난방이 잘 갖춰진 실내에 머물러 있으려 할 것입니다. 하지만 날씨에 상관없이 밖에서 꼭 일해야 하는 사람도 있지요. 뒤에서 좀 더 자세히 얘기하겠지만, 지구 어딘가에는 지구온난화로 인해 삶의 터전까지 잃어버리고 난민 신세가 된 기후난민들도 있습니다. 세계화라는 거대한 연결망은 전 세계가 위기를 공유하는 플랫폼이 되기도 합니다. 예컨대 2003년의 사스의 확산, 2008년의 글로벌 금융위기 등은 특정 국가를 넘어 전 세계를 위험에 빠트렸으니까요. 최근 수년간 세계인을 공포로 몰아넣은 코로나19 팬데믹도 우리는 모두 세계시 지구촌에 사는 운명공동체라는 사실을 새삼 깨닫게 해주었죠.

코로나19 팬데믹, 세계화의 위험성을 각인시키다

특히 코로나19 팬데믹은 수년 만에 세상을 크게 변화시킨 대표적인 사건 중 하나입니다. 아무리 평범한 일상을 회복한다고 해도 예전과 똑같은 세상으로는 결코 돌아갈 수 없을 테니까요. 만약 옛날처럼 국가 간 이동이 자유롭지 못한 세상이었다면 아마도 바이러스는 세계 곳곳으로 그렇게 빨리 퍼져나가지 못했겠죠. 하지만 세계화로 촘촘하게 연결된 세상에서 코로나19 바이러스는 순식간에 퍼져나갔고, 세계인의 평범한 일상을 하루아침에 바꾸고 말았습니다. 이런 치명적 위력 앞에서 사회 전반을 지배해온 전통적 가치관과 생활체계의 급속한 변화마저 일어났죠. 여러분도 아마 태어나서 처음으로 학교가 문을 닫는 대신 온라인 개학이라는 새로운 경험을 했을 것입니다.

예상치 못한 큰 위기 속에서 성급하게 탈세계화를 부르짖으며 각국이 앞다투어 자국의 이익만 취하려는 이기적인 경향도 나타났습니다. 심지어 이런 움직임은 세계화로 엄청난 이득을 취한 강대국을 중심으로 두드러졌습니다. 또한 팬데믹 초반 세계 여러 나라들이 국경을 봉쇄하는 등 국가 간 거리두기마저 강화되다 보니 상대적으로 세계주의가 약화되는 양상도 나타났습니다. 공공선을 추구하는 세계시민으로서의 입장과 국가의 주권이나 자국 시민의 이익을 우선해야 한다는 특정 국가 시민으로서의 입장이 서로 부딪힌 거죠. 하지만 이러한 대응은 일시적인 효과를 얻을 수 있을지는 몰라도 결코 장기적인 해결책이 될 순 없습니다. 기후위기나 평화, 인권, 빈곤 등의 국제문제에서 완전히 자유로울 수 있는 나라는 없으니까요. 게다가 이러한 문제들은 특정 국가의 노력만으로 해결할 수 없는 복잡한 이해관계가 얽히고설켜 있습니다.

우리가 코로나19 팬데믹 시대를 살아가게 될 거라고, 쉽게 예상하지 못했던 것처럼 다가올 미래에 또 어떤 위기가 찾아올지 섣불리 예측하기 어렵습니다. 게다가 이런 불확실성은 아마도 점점 더 짙어질 전망입니다. 불확실성 시대일수록 집단 지성의 가치는 더욱 빛을 발합니다. 즉 연대를 기반으로 함께 머리를 맞대고 더 나은 해결 방법을 찾아내는 노력이 그 어느 때보다 절실하다는 뜻입니다.

바이러스보다 무섭고
치명적인 것이 퍼지고 있다

　　　　　　　　세계를 온통 들쑤셔놓은 대사건인 만큼 코로나19 이야기를 좀 더 해볼까요? 바이러스가 세계 곳곳을 누비자 전 세계의 보건, 의료문제뿐만 아니라 경제적 피해도 막대했습니다. 하늘길, 바닷길 등이 막히면서 수출이나 수입에도 차질이 생겼고, 각국에 물류대란이 일어나기도 했죠. 또 하루아침에 직장을 잃어버린 사람도 있습니다. 어르신들은 갑자기 맞닥뜨린 비대면 체제에 낯설어하며 쉽게 적응하지 못했고, 여전히 힘들어하고 계시죠.

　바이러스의 무차별적 공세 속에서 우왕좌왕하는 동안 희한한 일이 일어났습니다. 마치 바이러스의 유행이 특정 사람들의 책임인 양 낙인찍기가 시작된 거죠. 이런 낙인은 바이러스만큼 빠르게 퍼져나갔습니다. 그와 함께 세계 곳곳에서 차별, 혐오, 배제가 고개를 들었죠. 세계 곳곳으로 혐오 바이러스가 무섭게 확산된 것입니다.

불평등의 씨앗이 된 낙인찍기,
"이건 다 너 때문이야!"

세계인의 첫 번째 혐오 대상은 중국이었습니다. 첫 환자가 중국의 우한이라는 도시에서 나왔다는 것과 함께 초기에 바이러스의 숙주로 지목된 천산갑이나 박쥐를 먹는 중국인의 식습관을 '야만'으로 규정했죠. 팬데믹 초기 이탈리아, 뉴질랜드, 러시아, 베트남 등 많은 국가에서 중국에서 출발하거나 환승한 모든 외국인의 입국을 금지했습니다.

입국 금지까지는 아니었지만, 중국인에 대한 거부감 확산은 우리나라도 다르지 않았습니다. 예컨대 유행 초기 일부 식당에는 중국인 출입을 금지한다는 팻말을 버젓이 붙기도 했고, 중국인 입국 금지를 요청하는 국민청원이 일었으며, 일부 국회의원들의 중국인 및 중국에서 입국하는 외국인의 입국 금지 촉구 결의안이 채택되기도 했으니까요. 세계인의 중국인에 대한 비난과 혐오, 차별의 강도가 높아지는 가운데, 우리나라도 어느새 동참한 것입니다. 하지만 이러한 낙인찍기(stigmatization)는 합리적 근거 없이 특정인을 혐오의 대상으로 규정하고 모든 책임을 떠넘김으로써, 자신이 감당해야 할 최소한의 책임마저 회피하려는 비겁한 행위였죠.

혐오의 낙인찍기는 중국과 중국인에 머물지 않았습니다. 결국 아시아인 전체로 확산되었죠. 유럽과 미국 각지에서 동양인을 향한 혐오 범죄들이 잇따른 것입니다. '묻지마 폭행' 등 오직 동양인이라는 이유만으로 무차별적 혐오 범죄의 대상이 되었습니다. 피해자들 중에는 안타깝게도 전 세계 곳곳에 터를 잡고 살아가는 우리 교민이나 유학생 등도 포함되었습니다. 중국인에 대한 혐오가 고스란히 우리나라 사람들에게 돌아온 셈이죠.

바이러스는 사유(思惟)하는 존재가 아닙니다. 따라서 의도적으로 부자와 가난한 사람을 차별한다거나 강자와 약자를 가려서 공격하지는 않죠. 하지만 사회적 약자일수록 좀 더 치명적인 피해를 입게 됩니다. 예컨대 위생적인 생활환경, 영양상태와 면역력 등이 잘 갖춰진 사람들은 그렇지 못한 사람들에 비해 상대적으로 안전하니까요. 모든 위기의 상황에서 가장 먼저, 그리고 많은 고통을 받은 건 사회적 취약계층입니다. 특히 바이러스 전파를 막기 위한 사회적 거리두기는 빈부 간의 사회적 거리도 예전보다 더욱 멀어지게 만들었고, 이는 계층 간의 불평등 심화로 이어졌습니다. 비단 코로나19 대유행의 사례가 아니라도 혐오의 낙인찍기 대상은 사회적 강자보다는 사회 주변부에 소외된 약자나 소수자가 되기 쉽습니다.

'나랑은 상관없는 문제 같아요. 난 나름 학교에서도 인싸[3]고, 사회적 약자도 아니고, 소수자도 아니니까요…'

지금 사회적 약자도 소수자가 아니면 과연 안심해도 될까요? 뒷장

. . . .
3. '인사이더'라는 뜻. 다양한 친목 모임에 속하고, 또 적극적으로 참여하면서 다양한 사람들과 잘 어울려 지내는 인기 많은 사람을 가리키는 신조어.

에서 좀 더 자세히 살펴보겠지만, 무차별적으로 확산되는 혐오의 화살은 언제 어느 때 나를 공격할지 모르는 일입니다. 중국인에 대한 혐오와 차별이 결국 우리 교민이나 유학생 등에게 돌아온 것처럼 말이죠. 즉 누구나 혐오의 대상이 될 수 있는 뜻입니다. 혐오는 내국인과 외국인, 수도권과 지방, 청년과 노인, 정규직과 비정규직, 이성애자와 동성애자, 이분법적 구분에서 시작됩니다. 혐오는 누군가를 비정상적인, 정당하지 못한 존재로 낙인을 찍어 이들을 우리 삶에서 배제하게 하죠. 그리고 이러한 배제는 더욱 강력한 낙인찍기가 되는데, 이런 악순환 속에서는 다수의 이상과 조금이라도 다르면 누구든 혐오의 대상이 될 수 있습니다.

코로나19 팬데믹은 그동안 세상을 지배해온 주요 가치인 세계화, 국제화의 심각한 문제점을 드러냈습니다. 그렇다고 해도 각 나라가 각자 살길을 도모하며 국경을 폐쇄하고 특정인을 혐오의 대상으로 규정해 책임을 돌리는 것으로는 아무런 문제도 해결할 수 없습니다. 폐쇄는 **구분**을 만들고, 구분은 **혐오**를 낳아, 이것이 결국에는 세상을 파국으로 몰아가는 전쟁의 씨앗이 되어 우리 모두를 위험에 **빠트릴지**도 모릅니다. 버락 오마바 전 미국 대통령의 말을 곰곰이 생각해볼 필요가 있습니다.

> "세계화는 찬성, 반대의 문제가 아니라 계속 진행되는 현상이기에 세계
> 화를 부정하거나 멈출 수 있느냐의 질문이 아니라 어떻게 대응할 것이
> 냐가 돼야 한다."

#경고_#코로나19보다_#치명적인_#혐오바이러스_#차별바이러스_#대유행

코로나19 위기에서 더욱 빛난 '시민'의 힘

코로나19 팬데믹 초반 K-방역은 해외에서도 큰 주목을 받았습니다. 팬데믹 초기부터 정부 중심의 신속한 대응체계를 갖추고, 정보의 투명성과 신뢰성을 보장했죠. IT기술의 발달, 스마트폰 보급 등 높은 정보화 수준도 한몫했습니다. 앞서 팬데믹 초기 여러 나라에서 앞다투어 해외 입국을 제한했다고 했습니다. 중국은 14개 도시를 봉쇄했고, 이탈리아는 아예 전국을 봉쇄하기도 했죠. 하지만 대한민국 정부는 여전히 국경을 개방했으며, 외국인의 입국도 제한하지 않았습니다. 또 우리나라는 특정 지역에 확진자가 증가해도 해당 지역을 봉쇄하지 않았습니다. 그 대신에 검사의 전방위 확대를 통한 정면대응 방식을 선택했죠. 질병청과 중소기업의 신속한 협업으로 간편하고 결과가 빠른 진단키트를 개발했고, 세계 그 어느 나라보다 많은 진단검사를 신속하게 실시했습니다. 이러한 체계적 대응에 해외도 호평했죠. 미국 〈ABC〉는 "한국이 가진 진단 역량의 빠르기와 범위를 따라갈 국가가 아직 없다."고 보도했습니다. 특히 '드라이브 스루 선별 진료소'는 가히 혁신이었죠. 코로나19 검사를 차 안에서 받을 수 있는 편리함, 10분 안에 모든 과정을 완료하는 신속성, 무엇보다 교차 감염의 위험성을 줄인 비대면 검사는 시간과 비용을 획기적으로 절약하는 고효율 모델이 되며, 이후 독일, 영국, 미국 등으로도 확산되었습니다.

그런데 K-방역의 뿌리를 좀 더 자세히 들여다보면 평범한 개개인의 솔선수범과 희생이 크게 자리합니다. 바이러스가 변이를 거듭하면서 전파력이 크게 높아지자 확진자도 걷잡을 수 없이 늘어났습니다. 순식간에 퍼지는 바이러스의 위력에 방역시스템은 과부하가 걸릴 수밖에 없었죠. 확진자 폭증 속에서 빛난 것이 바로 시민의식입니다. 마치 1998년 IMF 외환위기 상황에서 국가 경제를 다시 일으키고자 온 국민이 자발적으로 똘똘 뭉쳐 '금 모으기 운동'에 동참했던 모습을 연상시켰죠. 정부의 통제나 제재 때문이 아니라 자발적으로 민주주의 원칙을 지키면서 참여한 우리 시민들의 협력과 연대가 빛난 것입니다. 누가 시키지 않아도 개인위생에 신경 썼고, 공공장소에서는 당연히 마스크를 착용했으며, 사적인 모임을 최대한 자제하는 등 사회적 거리두기를 충실히 지켰습니다. 또 많은 자영업자들은 뼈를 깎는 희생으로 영업시간 단축 등 정부의 방역 정책에 협조했고, 임대료를 깎아주거나 잠시 유예하는 등 고통 분담을 자처하는 착한 건물주도 일부 있었습니다. 무엇보다 쓰러지기 직전까지 근무한 자원봉사자와 의료진의 헌신, 수많은 기부 행렬 등 거대한 위기 속에서 우리 사회를 지켜낸 것은 결국 국민들의 자발적 연대와 협력이었습니다. 이는 우리가 함께 국난을 극복해온 경험과 힘겹게 이룩한 민주주의의 힘이 있었기에 가능한 일이었죠. 우리나라 시민의 모습은 세계시민 모두가 한마음 한뜻으로 연대와 협력을 하는 것만이 코로나19처럼 언제 어느 때 찾아올지 모를 불확실한 글로벌 위기를 극복하는 최선의 길임을 다시금 보여줍니다.

사회적 감수성에 기반한 연대, "뭉치면 살고 흩어지면 죽는다"

연대 이야기를 좀 더 해볼까요? 우리나라 사람들에게 "뭉치면 살고 흩어지면 죽는다."는 말은 꽤 익숙한 구호입니다. 여러분에게 이 말은 "라떼는 말이야~"처럼 낡은 꼰대의 구호로 들릴지도 모르죠. 사실 이 구호는 대부분이 가난했던 시절, 벼랑 끝에서 함께 힘을 모아 우리나라의 산업화를 이끌었던 '하면 된다'와 더불어 많이 사용된 슬로건입니다. 말 그대로 혼자서는 어렵지만, 함께 힘을 모으면 뭐든 해낼 수 있다는 뜻이죠. 우리나라는 연대와 협력을 통해 단기간에 엄청난 경제성장 신화를 이루었습니다.

훨씬 더 이전으로 거슬러 올라가 볼까요? 반도라는 지리적 특성으로 인해 역사적으로 외세침략이 잦았던 우리나라를 끝까지 지켜낸 건 소수의 권력자들이 아니라 내 삶의 터전을 내 힘으로 지키겠다는 마음으로 자발적으로 힘을 합친 수많은 민초들의 힘이었다고 해도 과언이 아닙니다. 이처럼 우리나라는 코로나19 이전에도 연대를 바탕으로 역사와 경제를 발전시키고, 오늘의 눈부신 성장을 이루었죠. 또한 연대는 민주주의를 쟁취하고 성숙하게 하는 주요 수단이 되었습니다. 앞으로도 이러한 연대는 미래사회의 지속가능한 발전에 기여할 것으로 기대됩니다.

전문가들은 앞으로의 사회는 비대면과 사회적 거리두기가 일상화될 것이라 말합니다. 하지만 사회학자 강수택은 이런 때일수록 사회 구성원끼리 서로의 행복을 존중하고, 상호 이해와 소통이 필요하다고 주장하며 호모 솔리다리우스, 즉 연대하는 인간이 필요하다고 말합니다. 인간은 사회적 동물로 대면 없는 삶은 온전하기 어렵습니다. 사회적 거리두기가 일반화된 '포스트 코로나 사회'도 연대를 위해서는 과거 우리가 해왔던 것처럼 대면을 통해 서로를 바라보고 느끼면서 함께 사회를 살아가고 있음을 느낄 수 있어야 합니다. 만남을 통해서 타인의 이야기에 마음이 움직이고, 거기에 나의 감정을 더해야 공감의 씨앗이 싹을 틔울 테니까요. 이러한 공감의 씨앗이 곳곳에 싹트고 무럭무럭 잘 자라는 사회일수록 사회적 감수성이 높습니다. 타인의 아픔을 내 일처럼 여기는 사람들이 그만큼 많다는 뜻이니까요.

만남과 공감을 통해 개개인은 서로를 각자의 이야기를 가진 대상으로 존중하게 됩니다. 또한 서로를 행복한 삶의 당사자로 인정하며 서로의 아픔을 외면할 수 없게 되죠. 이러한 공감은 나아가 혐오를 연대로 바꾸는 힘이 됩니다. 다만 사회적 거리두기와 방역으로 인해 새로운 방식의 연대가 필요하겠지만, 인터넷과 IT 기술의 강국인 우리나라의 환경은 다양한 방식의 연대를 얼마든지 가능하게 해줄 유리한 조건을 갖추고 있습니다.

사회적 감수성을 키우기 위해 세계시 지구촌에서 발생하는 문제는 과연 나와 어떤 연결고리가 있을까 살펴보는 것은 의미 있는 일이 아닐까요? 이러한 연결고리를 통해 우리나라 시민, 나아가 세계시민으로서 아쉬운 점이 없는지 스스로를 돌아보고, 아주 작은 것이라도 하나씩 실천에 옮겨봄으로써 세상을 조금씩 변화시켜나가는 것이 중요합니다. 실천을 이끌어내는 출발점은 세계시 지구촌에 사는 우리 모두가 운명공동체임을 인정하고, 높은 사회적 감수성을 바탕으로 끈끈한 연대를 맺는 것입니다. 우리 각자가 지구촌의 행복을 만들어가는 당사자라는 사실을 인식해야 하죠. 서로를 포용하는 마음으로 소통하고, 바로 내 문제라는 절박한 인식도 필요합니다. 13세기 유럽은 흑사병 위기를 극복한 뒤 인간성을 회복하는 14세기 르네상스 시대를 열었습니다. 전화위복이라는 말처럼 분명 코로나19는 우리 인류의 위기이지만, 동시에 성장과 도약의 기회로 삼아야 합니다. 코로나19 팬데믹을 극복한 세계시 지구촌은 지금보다 얼마든지 더 나은 시대로 나아갈 수 있습니다.

이제부터 전 세계의 평화, 인권, 빈곤, 기후위기 등의 현주소를 살펴보려 합니다. 부디 나와 상관없는 남의 일로 여기지 말고, 감수성과 공감 능력을 최대한 발휘해주기를 다시 한번 부탁합니다. 타인의 아픔을 내 일처럼 여기는 것이야말로 세계시민의 출발점이 될 테니까요. 자, 지금부터 세계인이 마주한 다양한 글로벌 문제들을 살펴보고, 우리 Z세대 청소년은 문제 해결을 위해 어떤 실천을 할 수 있을지 지금부터 하나하나 들여다보기로 합시다.

"평화는 그 어떤
무기보다 힘이 세다"

여러분은 평화가 무엇이라고 생각하나요? 국어사전을 찾아보면 "평온하고 화목한 상태" 그리고 "전쟁, 분쟁 또는 어떤 갈등도 없는 평온함 또는 그런 상태"라고 나와 있습니다. 평상시 우리는 거의 잊어버린 채 살아가지만, 사실 우리나라는 휴전국입니다. 즉 전쟁을 완전히 끝낸 상태가 아니라 합의하에 전쟁을 멈춘 상태라는 거죠. 워낙 오랫동안 이 상태가 유지되다 보니 전쟁을 직접 경험한 어르신 세대를 제외하면 총포를 쏘아대고 옆에서 사람이 피를 흘리며 죽기도 하는 전쟁의 참혹성을 솔직히 체감하기 쉽지 않습니다. 하지만 지금도 지구 곳곳에는 끊이지 않는 내전 속에서 하루하루 살얼음판을 걷듯 위태로운 삶을 살아가는 사람들도 있습니다. 그런데 전쟁만 없으면 평화로운 삶이 보장될까요? 노르웨이의 평화학자 요한 갈퉁은 진정한 평화 실현을 위해 소극적 평화와 적극적 평화를 모두 추구해야 한다고 했죠. 소극적 평화는 전쟁이나 테러, 폭행과 같은 직접적이고 물리적인 폭력이 없는 상태입니다. 한편 적극적 평화는 빈곤이나 정치적 억압, 종교나 사상에 따른 차별과 같은 구조적인 폭력이 없는 상태를 말하죠. 그래서 이 장에서는 세계 곳곳에서 다양한 형태로 평화를 위협받은 채 위태롭게 살아가는 사람들의 이야기를 해보려고 합니다.

CHAPTER 2

전쟁과
평화

전쟁만 일어나지 않으면 평화라 말할 수 있을까?

'평화'의 반대말은 무엇일까요? 톨스토이 소설의 영향 때문일지 몰라도 문득 '전쟁'이 떠오릅니다. 전쟁이라고 하면 탱크와 총포, 미사일 같은 무기와 군대 등이 동원된 유혈사태를 떠올리기 쉽지만, 꼭 이런 것만 전쟁에 해당하는 것은 아닙니다. 예컨대 일상에서 무엇 하나 내가 바라는 대로 잘 풀리지 않고, 겨우 한고비 넘기기 무섭게 크고 작은 문제가 끊임없이 이어진다면, 삶이 마치 전쟁처럼 느껴질 수 있으니까요.

주먹을 휘두르거나 총포를 쏘아대는 것처럼 눈에 보이는 폭력 행위를 물리적 폭력이라고 합니다. 한편 눈에 보이지는 않지만, 사회적 억압이나 갈등, 차별 등의 형태로 존재하여 이루어지는 폭력을 구조적 폭력이라고 하죠. 진정한 평화는 이 두 가지 폭력이 모두 사라진 상태라 할 수 있습니다. 좀 어려운가요? 그래서 지구 곳곳에

서 평화를 위협받는 사람들에 대한 이야기를 살펴보기 전에 평화의
진정한 의미에 관해 함께 생각해보려고 합니다.

하루의 평화를 무너뜨린 전쟁 같은 시작

아침에 눈을 떠 하루를 시작하기 전에 이불 속
포근한 온기가 주는 잠깐의 행복과 평화를 만끽해 봅니다. 그런데
그것도 잠시, 갑자기 방문을 벌컥 열고 들어와 이불을 사납게 걷어
붙이며 날카롭게 외치는 엄마의 짜증스러운 목소리와 함께 평화로
운 시간은 와장창 깨지고 맙니다.

  "뭐야, 아직도 이불 속에서 꾸물거리고 있으면 어떻게 해! 학교 안

  갈 거야? 빨리 안 일어나!"

안 그래도 슬슬 일어나 알아서 학교 갈 준비를 하려던 참인데, 무턱
대고 다그치는 목소리에 불쑥 기분이 상합니다. 시험도 코앞이라
이래저래 걱정이 많은데, 이른 아침부터 잔소리를 들으니 오늘은
시작부터 영 기분이 좋지 않습니다. 짜증스러운 표정으로 씩씩대며
일어나 아침밥 먹고 가라는 말에 대꾸도 없이 거세게 문을 닫고 집
을 나섭니다. 그렇게 시작된 하루는 등굣길부터 왜 이리 마음이 불

편한지… 교실에 들어와 가방을 내리는데 여느 때처럼 친구가 다가와 친근하게 장난을 치며 어깨동무를 하는 것조차 귀찮게 느껴집니다. 귀찮게 하지 말라고 친구의 손을 신경질적으로 툭 쳐내니 오늘따라 왜 예민하게 그러냐며 친구도 언성을 높이는 바람에 결국 싸우고 맙니다. 일어나면서 시작된 불편했던 마음이 새로운 싸움으로 이어진 거죠. 온종일 사소한 일에도 불쑥불쑥 짜증이 나면서 이렇게 내 하루의 평화는 깨어지고 마네요.

여러분의 오늘 하루는 어땠나요? 평화로웠나요? 일상에서 문득문득 마음이 불편해지는 순간들이 있습니다. 누구나 기분 좋은 마음으로 평화롭게 하루를 보내고 싶지만, 생각처럼 쉽지 않죠. 그런데 사람들은 왜 **평화**를 원하는 걸까요? 여기에서는 먼저 평화의 의미와 종류를 살펴본 후에 그 이유에 대해 고민해 보겠습니다.

평화를 정의하는 것보다
중요한 것은?

평화의 사전적 의미를 찾아보면 "전쟁, 분쟁 또는 일체의 갈등이 없는 평온 또는 그런 상태"라고 되어 있습니다. 간혹 평화를 지루하게 여기는 사람은 있을지 몰라도, '악(惡)'으로 생각하는 사람은 없을 것입니다. 평화는 누구나 쉽게, 편하게 이야기할 수 있고, 또 대다수가 바라는 바이기 때문에 일반적으로 보편적 가치로 생각합니다. 하지만 평화는 누가 어느 입장에서 어떤 의도로 말하느냐에 따라 다양한 해석이 가능합니다. 따라서 엄밀히 따지면 보편적 가치로 볼 수 없죠.

다행히 노르웨이의 평화학자인 요한 갈퉁(Johan Galtung)이 평화와 폭력의 구조를 정리해 놓은 것이 있어 여러분에게 소개하려 합니다. 그는 전쟁의 폭격으로 죽거나 다치는 것처럼 전쟁, 테러, 학살, 고문 등 물리력에 의한 폭력을 직접적 폭력이라고 했습니다. 이러한 직접적 폭력이 없는 상태를 소극적 평화라고 정의했죠. 한편 직접적 폭력과 대조되는 개념으로 차별과 혐오, 빈곤 등 눈에 안 보이지만 개인의 삶을 파괴하는 다양한 종류의 사회구조적 폭력도 있습니다. 이를 가리켜 간접적 또는 구조적 폭력이라고 보았죠. 갈퉁은 앞서 설명한 직접적 폭력과 이러한 구조적 폭력이 모두 사라진 상태가 바로 적극적 평화라고 정의했습니다.

갈퉁의 정의에 따르면 내전 지역에 전쟁이 끝나면 소극적 평화가 시작된 것이라 할 수 있습니다. 하지만 전쟁에서 벗어나도 진정한 평화가 찾아왔다고 할 순 없습니다. 왜냐하면 전쟁 후 빈곤으로 인해 전쟁으로 입은 부상을 제대로 치료받지 못하는 것, 삶의 터전을 잃고 난민이 되어 타국 사람들의 혐오 대상이 되는 것 등등 개인의 삶을 파괴하는 사회구조적 폭력이 계속될 수 있으니까요. 다만 요한 갈퉁의 정의도 평화와 폭력에 대한 정답은 아닙니다. 하지만 평화와 폭력의 원인, 구조를 분석했다는 데 의미가 있죠.

여러분에게 평화는 무엇인가요? 이번 기회에 여러분도 각자 평화가 무엇일지 고민해보고 나름대로 정의를 내리는 것도 좋을 것 같습니다. 그렇다고 평화의 정의에 너무 얽매이지 말았으면 합니다. 평화의 정의보다는 실천, 즉 우리가 함께 살아가는 세상을 온갖 종류의 폭력에서 안전한 곳으로 만들기 위해 어떤 노력이 필요한지, 평화의 시선으로 바라보고 해석하면서 평화로운 곳으로 만들려는 노력이 훨씬 더 중요하니까요.

전쟁은 과연
인간의 본성일까?

갑자기 궁금증이 몰려옵니다. 많은 사람들이 평화를 원하는데, 왜 세계평화는 아직 이뤄지지 않는 걸까요? 2022년 러시아의 우크라이나 침략 전쟁을 비롯해 지금도 세계 곳곳에서는 크고 작은 분쟁이 끊이지 않습니다. 일부 전문가들은 지구상에 완전한 평화가 오지 않는 이유를 전쟁을 좋아하는 인간의 본성 때문이라고 말하기도 합니다. 하지만 솔직히 동의하기 어렵습니다. 여러분들이 전쟁에 참전 중인 군인이라고 가정해봅시다. 과연 적군이라고 눈앞의 상대에게 가차없이 방아쇠를 당길 수 있나요? 이 물음에 대한 대답은 각자 다르겠지만, 역사 속에서 실제 이런 상황을 겪었던 사람들의 사례를 살펴보는 것이 도움이 될 것입니다. 놀랍게도 적을 향해 조준 사격을 한 비율은 20%가 되지 않았습니다. 1차 세계대전에는 10%, 2차 세계대전에는 15~20%에 불과했죠. 인간의 본성이 전쟁을 좋아한다면 조준 사격을 했던 사람들의 비율도 훨씬 더 높게 나와야 하지 않을까요? 뭔가 앞뒤가 맞지 않는 것 같습니다.

그렇다면 전쟁이 인간의 본성이라는 주장은 대체 어디에서 시작되었을까요? "만인의 만인에 대한 투쟁"을 말한 《리바이어던》을 쓴 홉스식 사고방식에서 뿌리를 찾아볼 수 있습니다. 영국의 정치철학자 토마스 홉스가 살던 시절의 유럽은 대혼란기였습니다. 구교도와 신교도 간의 30년 전쟁, 영국의 내전 등 오랜 세월 이어진 잔인한 전쟁의 참상을 몸소 경험한 홉스는 인간을 이기적이라고 생각했죠. 그래서 사람들이 만인의 만인에 대한 투쟁(자연) 상태를 극복하고 자기 생명 보호와 안전을 보장받으려면 강력한 군주(절대군주)에게 자신의 권력을 위임하는 사회계약을 맺어야 한다고 주장했습니다. 바로 이 절대군주가 리바이어던[1]이고, 평화를 유지할 수 있는 강력한 힘을 가진 국가 탄생의 필요성을 강조한 거죠. 홉스는 개개인의 자발성보다는 강력한 권력의 통제하에서 평화를 유지할 수 있다고 믿었던 것입니다.

하지만 홉스의 주장대로라면 큰 재난 상황에서 사람들을 통제하지 않으면 매번 폭도가 되거나 무질서에 빠져야 합니다. 하지만 사실과 다르죠. 우리나라 예를 들어볼까요? 세월호 참사 때 실종자 수색을 위해 전국에서 자발적으로 모인 잠수사들, 코로나19 재난

----

1. 리바이어던은 구약성경 〈욥기 41장〉에 등장하는 괴물이다.

속에서 의료 봉사에 지원한 전국의 의료인들을 보더라도 인간을 오직 강력한 통제하에서만 움직이는 수동적 존재로 생각하기 어렵습니다. 오히려 시민들이 폭도가 되거나 무질서해질 거라고 섣불리 판단하며 늘 경계한 자들은 소수의 정치인, 군인 같은 권력자들이었죠. 그런 의미에서 전쟁은 인간의 속성이라기보다 권력의 속성이라 보는 것이 좀 더 정확하지 않을까요?

세계평화를 위한 우리 모두의 관심과 실천이 필요해요

앞서 얘기한 평화로운 하루 얘기를 다시 해봅시다. 하루의 평화를 망치고 기분이 상했다고 계속 화만 내고 아무런 노력도 기울이지 않는다면 어떻게 될까요? 오늘의 평화만 망치는 것이 아니라 엉망진창인 나날이 계속될 수 있습니다. 그로 인해 중요한 인간관계에 금이 가거나 목표했던 중대한 일을 망쳐버리는 등 돌이킬 수 없는 결과도 초래될 수 있겠죠?

그럼 어떻게 해야 할까요? 쉽지 않겠지만, 마음이 평화롭지 않은 날일수록 힘들고 불편한 자신의 마음을 있는 그대로 들여다볼 수 있어야 합니다. 그렇게 찬찬히 들여다본 후에 마음의 평화를 찾기 위한 자신만의 처방을 내려야 하죠. 예컨대 좋아하는 음악듣기, 맛있는 음식 먹기, 재밌는 드라마 보기, 명상에 잠기기, 등산, 캠핑 등 각자 자신에게 꼭 맞는 평화를 위한 처방, 즉 스트레스를 극복하는 방법을 찾아서 적극적으로 해결하려고 노력할수록 좀 더 빨리 마음의 평화를 찾을 수 있습니다.

세계평화도 마찬가지입니다. 아무도 세계평화를 위해 노력하지 않고 내버려둔다면 세상은 점점 더 돌이키기 어려운 혼란의 도가니 속으로 빠져들지도 모르죠. 전쟁을 예로 들어볼까요? 역사적으로 수많은 전쟁 앞에는 꽤 그럴듯한 명분이 따라붙곤 했습니다. 때론 종교가 명분이 되기도 했고, 때론 민주주의 같은 이념이 명분이 되기도 했죠. 그러한 명분은 사람들로 하여금 전쟁은 어쩔 수 없다고 생각하게 만들어 전쟁에 암묵적으로 동의하거나 심지어 꼭 필요한 전쟁이라는 생각마저 갖게 했죠. 명분이 전쟁을 막기 위한 노력을 차단하는 역할을 한 셈입니다.

하지만 아무리 그럴듯한 명분을 갖다 붙인다고 해도 전쟁에 의한 무고한 희생이 정당화될까요? 실제로 전쟁의 이면을 들여다보면 정의로운 전쟁, 좋은 전쟁은 찾아보기 어렵습니다. 나치의 파시즘에 맞서 인도주의를 수호하기 위한 싸움으로 포장되는 2차 세계대전도 결코 정의로운 전쟁이라 할 수 없습니다. 나치와 맞선 승전국인 미국, 영국, 프랑스만 해도 자국의 이익이 침해당했기 때문에 참전했을 뿐입니다. 오히려 그전까지는 독일에 전쟁물자를 수출하며 전쟁을 이용해 온갖 이익을 가져갔죠. 심지어 이들 나라에는 독일의 유대인 학살에 동조한 주요 인물들도 있었고, 전쟁 중 히로시마, 나카사키에 원자폭탄을 투하하거나, 독일 드레스덴에 대한 무차별

폭격의 희생자 대부분은 민간인이었다는 점에서 인도주의와는 한참 멀게만 느껴집니다. 특히 전쟁 당시 미국의 다국적기업들은 엄청난 이득을 보았죠.

아무리 그럴듯한 명분을 내세워 거창하게 포장해봤자, 전쟁은 힘 있는 나라가 자국의 이해관계를 폭력적, 극단적으로 관철시키는 일종의 정치 행위에 지나지 않습니다. 정치인과 군인들의 권력 놀이인 셈이죠. 사람들은 평화를 원하지만, 전쟁이 지구상에서 사라지지 않는 건 이처럼 전쟁을 통해 큰 이익을 챙기는 전쟁 수혜자들이 있기 때문입니다. 하지만 인간에게 전쟁은 평화를 무너뜨리는 가장 강력한 위협입니다. 약육강식의 동물세계에도 인간처럼 종족 전체의 생존을 위협하는 전쟁은 찾아보기 어렵습니다. 수많은 사람들의 평화를 앗아가는 불필요한 소모적 전쟁은 지구상에서 반드시 사라져야 합니다. 세계시민이 함께 전쟁을 반대하는 한목소리를 강하게 내야 하는 이유입니다.

이제부터 소극적 평화를 해치는 다양한 전쟁의 사례는 물론 적극적 평화를 해치는 혐오, 차별 등의 사례들도 차례로 살펴볼 것입니다. 이를 통해 진정한 평화란 무엇인지, 세계평화를 이루기 위해 어떻게 노력해야 할지 함께 생각해보았으면 합니다. 진정한 평화는 다툼과 갈등 속에서도 대화를 통한 진솔한 소통, 서로에 대한 공감, 상대에 대한 배려 등의 힘이 작용할 때 나타납니다. 그리고 평화는 한번 왔다고 안심할 수 없습니다. 평화는 아무런 노력 없이 머무르지 않습니다. 평화를 지키고 싶다면 늘 노력해야 한다는 뜻입니다. 언제 다시 훌쩍 떠날지 모르니까요. 내 마음의 평화를 찾는 일에도 노력이 필요하듯이 세계와 우리 주변의 평화를 찾는 일도 끊임없이 노력해야만 지켜나갈 수 있음을 꼭 기억합시다.

02

그곳의 평화가 깨진 건
누구의 잘못인가?

2022년 베이징동계올림픽 기간에도 내내 전운이 감돌던 우크라이나에 결국 전쟁이 터지고 말았습니다. 2022년 2월 24일 러시아는 대규모 군대와 무기를 투입해 우크라이나를 침략했죠. 이전에도 세계 곳곳에서 크고 작은 분쟁이 끊임없이 일어나고 있다는 것을 언론 등을 통해 접했을 것입니다. 2018년에는 내전에 휘말려 고국에서 탈출한 예맨 난민들 중 일부가 우리나라 제주도에까지 상륙한 적이 있었죠. 난민을 수용하는 문제를 두고 한동안 나라 전체가 시끌시끌했습니다. 난민 수용의 찬반 여부는 잠시 논외로 하더라도, 정든 삶의 터전에서 내몰릴 만큼 평화를 위협받은 그들의 신세가 참으로 안타깝습니다. 이곳에서는 물리적 폭력의 횡포로 평화를 갈가리 찢긴 채 위태롭게 살아가는 사람들의 몇 가지 이야기를 여러분과 함께 나누려고 합니다.

르완다 대학살,
"아프리카의 잘못이 아니야!"

여러분은 혹시 아프리카 지도를 본 적이 있나요? 아마 무심코 넘겼을지 모르지만, 다른 대륙에 비해 나라 간 국경선이 희한할 정도로 반듯하게 나뉘어 있습니다. 보통 국경이란 하천, 산맥 등 자연적인 구분에 따라 경계가 나뉘거나 역사적 사건에 의해 복합적으로 형성되기 때문에 구불구불 복잡한 형태가 일반적이죠. 하지만 아프리카 지도를 보면 다소 부자연스러운 직선의 형태입니다. 왜 그럴까요? 네, 그건 누군가 인위적으로 국경선을 그었기 때문입니다.

유럽 열강이 그은 인위적 국경선, 내전의 씨앗이 되다

우리나라가 포함된 동아시아 지역은 국가 단위의 의식이 강하고, 국가 중심적 사고가 지배적인 편입니다. 이런 이유로 마치 국가의 기원이 인류의 탄생과 일치한다고 착각하기 쉽죠. 하지만 사실 국가라는 개념 자체는 19세기에 만들어진 것으로 생각보다 그리 오래되지 않았습니다. 말하자면 국가는 현대의 발명품이나 다름없다는 뜻이죠. 아직도 전 세계적으로 국가 단위의 관점이 맞지 않는 지역들이 꽤 많습니다. 대표적인 곳이 바로 아프리카입니다. 아프리카는 기본적으로 부족, 민족의 개념이 훨씬 더 지배적인 곳이니까요.

아프리카 대륙은 1차 세계대전 발생 시기인 1881년부터 1914년 사이 유럽 열강의 쟁탈전 속에 땅덩이가 인위적으로 분할되고 맙니다. 당시 독일 총리였던 비스마르크는 아프리카 쟁탈 과정에서 발생할 수 있는 유럽 국가 간 충돌을 피하고, 각국의 이해관계를 조정하고자 베를린회의(1884~1885)를 열었죠. 하지만 정작 땅 주인인 아프리카인들의 의견은 철저히 배제된 채 유럽, 미국 등 14개 국가가 임의로 국경을 나누면서 아프리카에는 50개의 인위적인 국가가 만들어집니다. 이 회의는 유럽 열강의 아프리카 침략을 합법화하고 대륙 분할을 공식화했죠.

인위적인 경계로 나뉘다 보니 국가 단위의 의식은 매우 약할 수

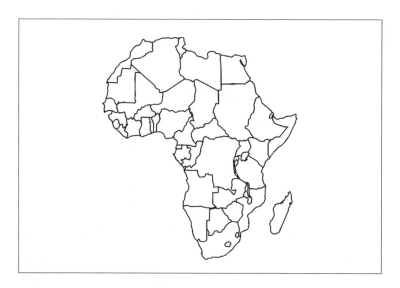

다른 대륙에 비해 국경선이 반듯한 아프리카 대륙
유럽 및 미국 등 14개 열강은 베를린회의에서 아프리카 대륙의 국경을 임의로 나눠 50개의 국가를 만들었다. 정작 땅의 주인인 아프리카인들은 철저히 배제된 이 인위적 국경으로 인해 아프리카는 내전의 소용돌이에 휩싸이고 만다.

밖에 없습니다. 국경선과 함께 어제까지 친구이자 이웃이던 옆집이 하루아침에 다른 나라로 속하며 생이별하는 일이 벌어지고, 반대로 가문의 원수처럼 앙숙관계로 지내온 부족끼리 한 국가로 통합되는 일도 벌어졌죠. 그 결과 독립한 후에도 수많은 내전을 치러야 했습니다. 열강들의 베를린회의는 아프리카 대륙에 내전의 씨앗을 뿌린 셈이죠. 지금도 아프리카의 많은 나라들은 내전으로 고통받고 있으며, 르완다도 그중 하나입니다.

피로 얼룩진 르완다 분쟁의 실상을 들여다보다

르완다 대학살(1994)을 처음 접한 사람도 있을지 모릅니다. 간단히 설명하면, 후투족과 투치족, 두 종족 간에 벌어진 내전으로 3개월 간 최소 100만 명 이상이 사망한 참혹한 사건입니다. 아직도 르완다 국민들에게 강한 트라우마로 남아 있으며, 대학살이 벌어진 4월 7일부터 7월 15일까지를 국가 애도 기간으로 지정해 매년 추모할 만큼 깊은 상처와 아픔을 남겼습니다.

참혹한 대학살의 이유가 행여 아프리카 사람들의 폭력적이고 야만적인 성향 때문일 거라는 오해는 없기를 바랍니다. 열강에 의해 식민 지배를 당하기 전까지만 해도 그곳은 평화로운 땅이었습니다. 르완다 전체 인구의 85%인 다수를 차지하는 후투족과 전체 인구의 14%를 차지하는 소수민족 투치족은 서로의 다름을 인정하며, 나름 평화롭게 살아가고 있었죠. 그러다가 1895년 독일의 식민 지배를 받게 되었고, 1차 세계대전에서 독일이 패망한 후에는 벨기에가 르완다를 통치하게 되었죠. 이때 벨기에는 수월한 지배를 위해 의도적으로 소수민족 투치가 백인에 더 가깝고 우월하여 식민지 관리에 적합하다는 그들만의 인종적 편견에 따라 투치에게만 권력을 몰아주며 분할통치[2]를 실시함으로써 부족 간 적대감을 부채질했습니다.

르완다 대학살 참상을 전 세계에 알리는 데 기여한 영화 〈호텔 르완다〉를 보면 종군 기자가 식당에서 후투족과 투치족을 보면서 이들이 대체 어디가 다른지 구분하지 못하는 장면이 나올 만큼 두 민족은 외적으로는 구분하기 힘들 만큼 닮았죠. 하지만 투치족에게만 모든 권한이 집중되면서 후투족의 불만이 점점 고조되었습니다. 급기야 벨기에는 1932년 투치족, 후투족, 외국인을 식별하는 카드까지 도입하면서 후투족의 반발이 본격화됩니다. 1962년 르완다는 벨기에로부터 독립합니다. 민족 간 갈등이 해소되지 않은 채 벨기에가 떠나자 투치족에게 쌓인 후투족의 분노와 증오가 폭발하고 맙니다. 결국 두 종족 간에 긴 내전이 발생했고, 1993년 후투족의 대통령은 내전을 끝내고자 투치족 반란군과 평화협정을 체결했습니다. UN도 이를 모니터링하고자 2,500명의 평화유지군을 파견했죠. 하지만 1994년 4월 6일 후투족 출신 하브자리마나 대통령이 탑승했던 비행기가 격추되어 사망하면서 르완다 대학살이 시작됩니다. 격추사건 범인이 투치족으로 지목되면서 복수심에 불탄 후투족 극단주의자들은 수도 키갈리를 장악합니다. 후투족 라디오 방송을 통해 투치족을

....
2. 영국이 미얀마를 지배할 당시 로힝야족에게 권력을 몰아준 것 같은 일종의 제국주의 지배 전략

범인으로 공공연히 낙인찍으며 "이웃에 있는 투치족을 제거하는 것이 유일한 해결책"이라는 선동으로 투치족을 죽이도록 했죠.

어제까지 이웃, 남편과 아내, 친구였던 후투와 투치는 이제 서로를 죽여야 하는 처지에 놓였습니다. 이 얼마나 비참한 일인가요? 결국 르완다 대학살로 인해 매일 10,000여 명씩, 투치족의 약 70%, 르완다 인구의 약 20%의 해당하는 무고한 사람들이 희생당하고 맙니다. 학살에 분노한 투치족이 반격하면서 르완다를 다시 점령하고 후투족이 도망가고 나서야 대학살은 멈추었죠.

국제사회의 방관과 프랑스의 학살 지원

르완다 대학살 당시 UN과 벨기에는 르완다에 주둔 병력이 있었다. 하지만 학살 중단 명령을 내리기는커녕, 사태의 심각성을 인지하고도 서구 국가들은 자국의 파견 인력의 안전을 위한다는 명목으로 지원을 소홀히 하며 사실상 방관했다는 점이 충격적이다. 그리고 이후 발간된 UN 특별 조사단 보고서에도 르완다 대학살을 '막을 수 있었던' 학살로 비판된 기록이 있다. 심지어 프랑스는 당시 후투족 중심의 르완다 정부와 동맹을 맺었기 때문에 학살을 주도했던 이들의 도피는 물론, 이들이 프랑스에 정착할 수 있도록 도왔다. 사실상 대학살을 지원한 것이나 다름없다고 봐야 한다. 국제사회의 방관과 지원이 사실상 르완다 대학살을 키운 것이라고 여겨지는 대목이다.

"나는 르완다인이다"

종족 간 참혹한 비극을 겪은 르완다에서 종족에 관한 질문은 금기입니다. 만약 르완다에서 누군가에게 "당신은 후투냐, 투치냐?" 같은 질문을 한다면 다음과 같은 대답을 들을 수 있다고 합니다.

　　"은두무니아 르완다"

이 말은 르완다의 공용어인 키냐르완다어로서 "나는 르완다인이다."라는 뜻입니다. 현재 르완다는 종족 구분 자체가 형법상 금지되어 있고, 이러한 우려가 있는 행동을 하면 최소 5년에서 최대 9년의 징역을 선고할 수 있습니다. 르완다애국전선을 이끌고 학살을 종식시킨 폴 카가메 대통령은 18년의 재위기간 동안 쓸모없는 구분 짓기와 차별, 혐오로 인한 갈등을 멈추고 르완다의 평화를 지키기 위해 노력했습니다. 또한 르완다 대학살의 진실규명을 통한 서방세계와의 관계 개선을 위해 노력했습니다. 르완다 대학살에 가담한 프랑스 관료들을 기소하는 정부 보고서를 지속적으로 발간해 책임을 묻기도 했죠. 프랑스는 계속 책임을 부인해왔지만, 2018년 5월 마크롱 대통령이 양국 관계 개선 노력을 약속한 이후 진실 규명을 위한 조사가 시작되었습니다. 그리고 2019년 4월 마크롱 대통령 직속의 르완다 집단학살 조사위원회가 구성되어 프랑스의 개입 여부를 살펴보고 발간한 보고서에 따르면 프랑스 정부가 학살에 "중대하고 압도적인 책임"이 있다고 결론짓고 있습니다.

'르완다 대학살'을 보는 세계시민

'르완다 대학살'이 발생한 건 불과 30년 남짓입니다. 생각보다 오래지 않은 역사 속에 이런 피로 얼룩진 끔찍한 대학살이 존재했다는게 참으로 놀랍습니다. 하지만 앞으로 얼마든지 이러한 일은 되풀이될 수 있습니다. '르완다 대학살'을 단순한 부족주의로 분석하는건 매우 그릇된 편견입니다. 르완다의 참상은 국민의 뜻과 무관한식민 통치에 의한 역사적 배경과 국제사회의 미온적인 대처와 방관등이 복합적으로 작용한 결과입니다. 특히 유럽이 식민 지배를 실현해가는 동안 아프리카의 민족, 부족, 종족을 고려하지 않고 서로에 대한 증오를 심고, 혐오를 전파하며 선동한 책임을 깊이 묻지 않을 수 없습니다. 게다가 그동안 유럽의 개입으로 그 진상이 은폐되는 과정에서 르완다에는 더 많은 피해가 발생했다는 점에서 현재아프리카 곳곳에서 일어나는 내전에 대해서도 국제사회가 방관해서는 안 된다는 것을 보여줍니다.

앞서 언급한 영화 〈호텔 르완다〉는 르완다 수도 키갈리의 후투족 호텔 지배인인 폴이 후투족과 투치족을 가리지 않고 1,200여 명의 사람들을 구해낸 이야기를 담고 있습니다. 폴은 종족과 상관없이 극한의 상황에서도 휴머니즘, 즉 인류애를 바탕으로 수많은 인명을 구했으며, 어렵고 힘든 이들이라면 누구든 차별하지 않고 도움의 손길을 주고자 노력했죠. 세계시민으로서 우리에게도 이러한 휴머니즘이 필요합니다.

우리나라도 동족 간의 뼈아픈 전쟁의 역사를 갖고 있습니다. 3년

간 서로를 향해 총구를 겨누며 수많은 무고한 인명 피해를 낸 한국 전쟁은 결국 어느 쪽도 승리하지 못한 채 휴전 상태로 현재에 이르고 있습니다. 전쟁으로 폐허가 된 나라를 일으키는 데 온 국민이 힘을 합쳐 노력했지만, 세계 여러 나라의 작은 도움조차 절실했던 어려운 시절이 있었죠.

그러니 나와 관계없는 전쟁이라며 방관할 게 아니라 고통받고 있는 모든 이들에게 인류애를 발휘해야 합니다. 하루빨리 그곳에 전쟁이 멈추도록, 평화가 찾아오도록 작은 행동이라도 실천하는 것이야말로 세계시민의 모습이 아닐까요? 세계 곳곳의 전쟁과 그곳에서 사는 사람들의 슬픔과 아픔에 공감하고, 전쟁의 원인을 다각도로 탐구하여 전쟁을 멈추고 평화가 찾아올 수 있도록 SNS 등 다양한 채널을 통해 목소리를 내야 합니다. 세계시민이 힘을 모아 그들과 함께한다면 전쟁터에 있는 사람들에게도 힘이 될 것이고, 그들에게도 언젠가는 평화의 날이 찾아올 거라고 생각합니다.

미얀마의 민주화 운동,
"미얀마에도 봄은 오는가?"

미얀마는 동남아시아에 위치한 국가로 인도와 방글라데시, 중국, 라오스, 태국 등과 국경을 접하고 있는 인도양 연안국입니다. 2021년 미얀마 군부의 무자비한 진압으로 시민 114

명이 희생된 날, 평화와 비폭력을 주제로 태국 방콕에서 열린 '미스 그랜드 인터내셔널 대회'에서 미얀마 대표 '한 레이'는 국제사회에 도움을 요청하는 간절한 호소로 많은 이들의 박수를 받았지만, 끝내 눈시울을 붉히고 말았습니다.

> "세계의 모든 사람은 조국의 번영과 평화를 원한다. 지도자들은 권력과 이기심을 보여서는 안 된다. 오늘 내가 이 무대에 서는 동안, 조국 미얀마에서는 많은 사람이 죽어가고 있다. 오늘만 100명 이상이 사망했다. 미얀마에서 사람들이 민주주의를 외치기 위해 거리에 나설 때, 저는 이 무대에서 제 시간을 이용해 똑같이 민주주의를 외치고 있다. 목숨을 잃은 모든 시민을 깊이 애도한다. 시민들은 민주주의를 원한다. 미얀마를 제발 도와 달라. 우리는 지금 당장 긴급한 국제적 도움이 필요하다. 우리는 후세대를 위해 평화로운 세상을 만들 책임이 있다."

연설로 미얀마 군부에 맞선 한 레이는 결국 고국으로 돌아가지 못한 채 '난민'을 신청하여 태국에 머물 수밖에 없었습니다. 비록 고국행은 좌절되었지만, 그녀는 시민으로 마땅히 해야 할 책임감과 의무를 다한 것이므로 전혀 후회가 없다고 했습니다. 또한 미얀마가 하루빨리 민주주의를 되찾고 평화로운 나라가 되길 바라며, 미얀마의 민주주의 운동을 응원해주고 지지해주는 한국에도 감사하다고 밝혔죠. 미얀마의 민주화 운동은 우리나라의 근현대사와도 닮아 있어 어쩐지 남 일 같지 않습니다. 미얀마 시민들의 평화는 왜 짓밟히

#미스미얀마_#한례이의_#눈물_#민주화운동_#국제사회_#연대

고 있으며, 앞으로 어떻게 진행될까요? 우리나라의 5.18 민주화 운동과도 어딘지 모르게 많이 닮아 있는 현재의 미얀마 민주화 운동을 좀 더 살펴보기로 합시다.

미얀마 불행의 근원, 제국주의 국가들의 식민 지배 역사

미얀마는 다음의 지도처럼(58쪽 참조) 태국, 중국, 라오스, 방글라데시 등과 국경을 맞대고 있습니다. 정식 명칭은 '미얀마연방공화국'이며, 1988년에 버마에서 미얀마로 개칭되었습니다. 미얀마의 불행의 근원도 영국의 식민 지배(1886~1942)에서 시작된 것이라 보아도 무방하니 아프리카의 비극과 크게 다르지 않습니다. 미얀마는 영국과 세 번의 전쟁에 치열하게 저항했지만 끝내 영국의 식민지가 되고 맙니다. 영국은 식민 지배의 수월성을 위해 민족 간 갈등을 유발하는 '분할통치' 실시했죠. 앞선 르완다처럼 말입니다.

영국은 방글라데시의 치타공 지역에 거주하던 로힝야족을 노동력으로 이용하고자 토지와 일자리를 제공하면서 미얀마의 라카인주로 이주시켰습니다. 그리고 이들을 영국의 보호 아래 지방의 중간관직에 배치하여 자국민의 수탈에 가담하게 했죠. 약 100년간 버마족을 포함한 미얀마의 소수민족들은 온갖 수탈과 박해에 시달렸습니다. 견디다 못한 미얀마 소수민족들은 당시 아시아의 제국주의 국가인 일본에 도움을 요청했죠. 이때도 로힝야족은 영국 편에서 일본과 싸웠고, 이것이 미얀마에서 로힝야족을 탄압하게 된 역사의 출발점이 되었습니다.

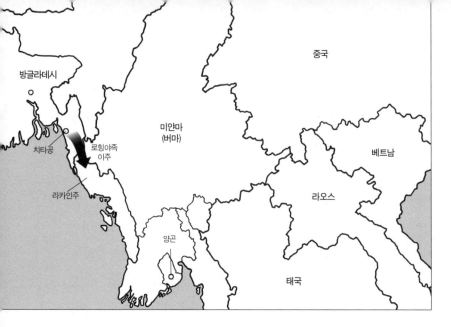

미얀마의 비극을 싹틔운 로힝야족의 이주
영국은 치타공에 거주하던 로힝야족에게 토지와 일자리를 제공하면서 미얀마 라카인주로 이주시킨 후 지방 중간 관직에 배치했다. 영국의 보호 아래 자국민의 수탈에 가담하게 했다. 이것이 로힝야족에 대한 복수심으로 대대적 학살을 일으킨 비극의 씨앗이 된 셈이다.

미얀마 소수민족들은 일본과 합세해 영국으로부터 독립했지만, 다시 일본의 식민 지배(1942~1945)가 시작되고 맙니다. 특히 일본 통치 후 민족 간 갈등은 더욱 고조되는데, 1942년 영국 정부가 제공한 무기로 로힝야족이 라카인주의 토착민 2만여 명을 학살하는 '라카인 대학살'이 발생합니다. 이에 대한 복수로 미얀마인들이 로힝야족 5천 명을 죽이는 등 서로를 겨눈 전쟁이 끊이지 않았죠. 일본이 2차 세계대전에서 패망하자 미얀마 독립군은 다시 영국과 독립 교섭을 실시합니다. 당시 영국은 미얀마를 쪼개 여러 개의 민족국가로 분리 독립시키고자 했지만, '하나의 버마'를 위해 결정적인 역할을 한 사람이 등장합니다. 바로 아웅산 장군으로, 아웅산 수치 여사의 아버지이기도 합니다.

우리가 주목해야 할 점이 바로 미얀마가 다민족 국가라는 점입니다. 버마족이 70%로 대부분을 구성하고 있지만, 샨족 10%, 카렌족 7%, 라카인족 4% 등 공인된 민족만 135개로, 민족의 다양성만큼 이들이 쓰는 언어, 종교, 문화도 다양합니다. 민족, 언어, 종교가 모두 서로 다르니 이런저런 갈등이 생길 수밖에 없습니다. 이는 미얀마 통합의 걸림돌로 작용할 수밖에 없죠. 같은 민족끼리도 통합이 어려운데, 다민족 국가의 통합은 더 말할 필요도 없겠죠? 이러한 상황에서 아웅산 장군은 샨, 카친 등 소수민족의 대표들을 모두 만나 '팡롱협정'[3]을 맺음으로써 소수민족 간의 대통합을 위해 노력한 독립 영웅으로 평가받습니다. 하지만 아웅산 장군은 미얀마 독립 6개월 전 폭탄 테러로 미얀마의 독립을 보지 못한 채 세상을 떠나고 맙니다.

군부 세력에 의한 소수민족 혐오와 차별

소수민족까지 통합한 '버마연방'(1948~1962)이 출범하기는 했지만, 독립 전 소수민족과의 약속을 지키지 못하며 또다시 불만이 속출했습니다. 결국 내전으로 이어지며 분열되었죠. 이러한 혼란한 상황을 틈타 1962년 당시 국방장관 네 윈 군부는 소수민족 반란으로 인한 국가 위기 해소를 명분으로 쿠데타를 일으켰고, 군부 철권 통치

----

3. 샨·카친 등 소수민족 지도자들과 협상, '소수민족에 대한 평등한 대우'를 핵심으로 히는 역사적인 '팡롱 협정'을 체결하고, 영국으로부터 버마 연방 독립 약속을 받아낸다. 아웅산-애틀리 협정이다. 팡롱 협정은 미얀마 근세사의 위대한 사건이었다. 미얀마가 2월 12일을 '연방의 날'로 기념하는 이유다.

에 의한 '버마 사회주의 연방공화국'(1962~1988)이 시작됩니다.

네 윈 군부는 '탓마도'라는 군대를 조직했는데, 이것은 국가를 수호하고 모든 국민을 보호하는 우리나라 국군과는 달랐습니다. 오직 버마족만 대변하는, 군부의 권력을 위해 존재하는 군대로서 규모는 50만 명으로 세계에서 12번째로 큰 병력이죠. '탓마도'는 철저한 사상교육과 감시체계 속에서 군사교육을 받으며, 현재 미얀마 시민들의 탄압에 동원되는 사람들도 바로 이들입니다.

네 윈 이후 군부 독재 시기(1962~2015)에 소수민족에 대한 탄압은 더욱 심해졌고, 특히 가장 가혹한 억압에 몰린 민족이 로힝야족입니다. 네 윈 정권은 정권 정당성을 확보하고자 식민 지배 시절 영국의 편에서 소수민족들을 탄압했던 로힝야족을 공공의 적으로 규정짓고, 개돼지만도 못한 존재로 취급했죠. 이것은 뒤에서 이야기할 나치의 히틀러가 유대인을 공공의 적으로 만들어 혐오와 차별을 통해 독일 국민의 지지를 얻었던 것과도 유사합니다. 특히 1982년 시민법 개정을 통해 국민을 3개 등급으로 나눕니다. 로힝야족의 시민권을 박탈하고, 투표권, 유산상속, 재산권마저 제한했죠. 하지만 군부는 선거가 있을 때면 로힝야족에게 '화이트 카드'라는 임시 시민권을 발급하여, 자신들에게 투표하면 이후 시민권을 주겠다고 약속했으나, 선거 승리 후 약속을 저버리죠. 2017년 로힝야족 일부가 미얀마 경찰 초소를 습격했다는 이유를 어린이 700명 이상을 포함한 로힝야족 6,700여 명을 무차별 학살했습니다. 2021년에도 민주화 운동을 하는 시민들에 대한 군부의 가혹행위가 이어지고 있습니다.

현재 미얀마 민주화 시위는 군부의 탐욕과 욕심을 견디다 못한 국민들의 자발적 움직임입니다. 군부는 미얀마의 풍부한 천연자원, 관광, 금융, 건설 등 국가 핵심 산업을 독점하고, 여기서 나오는 자금을 통해 권력을 유지하고 있죠. 국민의 지지를 잃은 지금의 군부 사령관은 쿠데타 없이 재집권이 불가능합니다. 이에 따라 탓마도의 영향력이 약화되는 것을 우려하는 위기의식에서 또다시 쿠데타를 일으켰고, 시민들이 이에 맞서고 있는 것입니다.

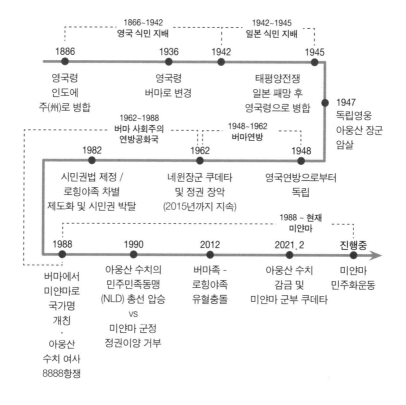

뒷짐만 지는 국제사회의 속내와 그럼에도 미얀마에 불어오는 봄바람

미얀마는 UN에게 'R2P', 즉 특정 국가가 자국민을 보호하지 못하면 국제사회가 일시적으로 개입할 수 있는 원칙의 '보호책임'을 요청하였습니다. 하지만 이를 위해서는 UN의 안전보장 이사회에서 결의안이 채택되어야 하는데, 상임이사국 중 러시아와 중국의 반대로 채택되지 못하고 있죠. 미얀마 군부는 중국이 사활을 걸고 추진하는 일대일로 사업의 핵심 파트너입니다. 그리고 중국은 미얀마 군부에 무기를 수출하는 1위 국가이기도 하죠. 또 미얀마 군부는 러시아에서 군부 무기의 16%를 수입하고 있습니다. 게다가 러시아와 중국 모두 다민족사회로 소수민족 간의 분쟁에 대한 국제사회의 개입 선례를 남기고 싶어하지 않는 것도 주요 이유입니다. 이에 '내정 간섭 불가'라는 명분을 앞세워 미얀마 사태에 개입하지 않으려는 거죠.

결국 시민들이 행동에 나섰습니다. 2021년 2월 22일 오후 2시에 미얀마 시민들의 불복종, 비폭력 저항 운동이 시작되었죠. 소위 '2222 항쟁'으로 불리며 역대 최대 규모의 시민들이 거리로 뛰쳐나왔고, 군부는 통신망 차단과 유혈 진압 등 폭력적으로 대응합니다. 지금도 죽음을 각오하고 거리로 나서는 미얀마 시민들, 그저 아들, 딸이 무사히 돌아오길 빌며 배웅하는 부모님들, 죽음을 각오하고 군부에 맞서 시위에 참여하는 일반 시민들은 50만 군부의 폭력보다 더욱 강한 저항의 마음으로 각자의 위치에서 나름의 방식으로 민주화 운동에 참가하고 있습니다. 특히 미얀마의 Z세대들은 SNS를 적극 활용하고, 거리 시위를 조직하고, 미얀마의 현재 상황을 세계에

알리는 등 국제사회의 동참을 촉구하고 있죠.

　복잡한 이해관계의 득실을 따지기에 바빠 서로 뒷짐만 지고 있는 국제사회의 모호한 태도를 맹비난하며, 미얀마 시민들을 응원하는 세계시민이 목소리가 점점 높아지는 것에 주목할 필요가 있습니다. 이들은 군부의 자금줄을 차단하도록 자국 기업에 적극적으로 압력을 행사하고 있습니다. 또 미얀마에서도 폭력적으로 가혹하게 시민들을 진압하는 군부에 반발하여 자발적으로 부대를 탈영하는 군인들도 늘고 있다고 합니다. 현재 미얀마 사태는 점차 내전 상태로 접어들고 있습니다. 미얀마 인권 상황을 감시하는 정치범지원협회(AAPP)에 따르면 쿠데타 이후 군부의 학살, 초토화 등 미얀마 군부 폭력으로 인한 사망자가 1,500여명에 육박한다고 합니다. 국제사회의 비판과 압박도 이어지고 있지만, 쉽게 군부의 변화가 있을 것 같지는 않습니다. 그럼에도 불구하고 세계시민들의 풀뿌리 연대와 협력 속에 미얀마에 봄은 반드시 올 거라고 믿습니다.

아프가니스탄과 탈레반, "왜 이 땅은 끝없는 전쟁터가 되었나?"

　여기 강대국 이권다툼의 체스판이 되어 오랜 시간 평화가 깨진 곳이 있습니다. 바로 끝없는 분쟁으로 바람 잘 날 없는 아프가니스탄입니다. 아프가니스탄은 우리에게 탈레반의 본

거지로 알려져 있죠. 2007년 아프가니스탄에서 탈레반에게 한국인 선교사 23명이 납치된 사건 이후로 그들은 우리에게 더욱 잔인한 단체로 각인되었죠. 2021년에 미국이 아프가니스탄에서 군대를 철수한다는 뉴스가 보도된 후로 현재 아프가니스탄은 탈레반이 장악하고 있습니다.

끝나지 않는 전쟁의 공포 속에서 살아가는 사람들

시리아, 이라크, 소말리아, 예멘 등 현재에도 전쟁을 겪고 있는 나라에 대한 보도를 국제 뉴스에서 접하곤 합니다. 이들 국경에 인접한 나라들은 몰려드는 엄청난 난민의 행렬로 골머리를 앓을 정도입니다. 특히 아프가니스탄은 세계에서 가장 오랜 기간 전쟁 중이죠. 아프가니스탄과 탈레반을 제대로 이해하려면 시간을 거슬러 올라갈 필요가 있습니다.

미국과 소련[4]이 팽팽한 힘겨루기를 하던 냉전시대인 1970년대, 아프가니스탄은 왕국이 폐지되고 쿠데타에 의해 공산정부가 수립됩니다. 하지만 이슬람교를 따르는 대다수 아프가니스탄 국민들은 '신'을 인정하지 않는 공산당에 크게 저항했죠. 이에 정권이 흔들리자 소련은 군대를 파견해 아프가니스탄을 침공합니다. 하지만 아프가니스탄 국민들은 정부에 끈질기게 저항했고, 당시 소련의 경쟁국으로 공산주의 확산을 우려한 미국이 끼어들죠. 미국은 아프가니스

....

4. 1922~1991년 유라시아 대륙 북부의 여러 나라로 구성된 최초의 사회주의 연방국가. 1991년 해체되었다.

탄에서 소련을 철수시키기 위해 이웃 나라 파키스탄을 통해 반정부 단체에 돈과 무기를 지원하며 전쟁에 간접 개입합니다. 미-소 두 열강이 아프가니스탄에서 대리전을 치른 셈이죠. 이때 결성된 단체가 오사마 빈 라덴을 중심으로 한 '알카에다'이며, 이들 중에는 훗날 탈레반의 시작이 된 단체도 포함되어 있었습니다. 결국 탈레반의 씨

탈레반 이야기

탈레반은 '종교의 학생들'이라는 뜻으로 실제 이들은 어린 시절부터 이슬람의 율법을 공부하는 신학생들이다. 아프가니스탄에는 총 14개의 부족이 있고 이들은 사용하는 언어가 다르다. 탈레반을 주로 구성하는 파슈툰족은 아프가니스탄 최대 민족으로 3,000만 명 중 40% 정도 차지하며, 칸다하르 지방을 중심으로 1,200만 명가량 거주한다. 그런데 파슈툰족은 아프가니스탄보다 파키스탄에 3배가량 더 많은 3,600만 명 정도가 살고 있다. 이는 과거 영국에 의한 강제적인 국경선 설정에 기인한다. 앞서 아프리카 국경 사례에서도 얘기한 바 있지만, 해당 지역에서 거주하는 사람들의 역사, 민족, 종교 등을 고려하지 않은 채 그저 열강들의 유전과 열강들의 이권만 고려해 국경선을 그은 것이다. 이러한 이유로 파키스탄은 오랜 시간 미국의 자금으로 탈레반을 지원해온 것이다. 특히 파키스탄은 역사적으로 주요 교역로였던 아프가니스탄의 수도 카불 진출이 어려워지자 중앙아시아의 교역로를 확보하고자 칸다하르를 통해 탈레반을 지원한 것이다.

앗을 싹틔운 것은 미국인 셈입니다.

미국의 물량공세 속에 소련도 경쟁적으로 엄청난 전쟁 비용을 쏟아붓지만, 결국 아프간에서 별다른 성과를 내지 못한 채 1988년 철수했고, 이는 급기야 소련의 체제 붕괴로 이어졌죠. 이후 아프간은 혼란한 시대, 내전 상태로 접어듭니다. 다양한 무장 세력들의 각축장이 되어 혼란, 무질서, 폭력 등이 난무하는 가운데 국민의 삶만 갈수록 힘들어졌죠. 이런 혼란 속에서 민심을 얻으며 1994년 아프가니스탄 남부 지역의 파슈툰족을 중심으로 조직되어 등장한 이슬람 단체가 바로 탈레반입니다. 탈레반은 강력하고도 극단적인 이슬람 원리주의를 내세우며, 1996년 아프가니스탄의 내전을 정리하고 정권을 잡았죠.

정권을 잡은 초창기의 탈레반은 비리, 뇌물, 마약 등 각종 부패 척결에 앞장서며 국민들의 지지를 받기도 했습니다. 하지만 너무 극단적이고 원리주의적인 이슬람법에 기반한 국가를 만들려 했죠. 이는 당시 이슬람 근본주의국가인 이란과 사우디아라비아마저 혀를 내두를 정도였습니다. 특히 국제사회로부터 많은 비난을 받은 부분이 아프가니스탄 내 불교 유적지 파괴와 여성에 대한 가혹한 인권탄압, 공개 처형과 같은 가혹한 형벌 집행 등이었습니다.

냉전 시대의 무기 확보, 아편(마약) 생산을 통한 자금줄 확보 등은 탈레반이 집권한 아프가니스탄을 전 세계 테러리스트의 근거지로 만들었습니다. 탈레반 하면 꼭 언급되는 것 중 하나가 바로 이슬람 분쟁 지역에서 미군의 철수를 요구하며 자행된 9·11 테러입니다. 2001년 9월 11일 미국의 심장부로 불리는 뉴욕 국제무역센터가 무너지는 모습이 세계에 중계됩니다. 역사상 가장 치명적인 테러로 꼽히는 이 테러로 3,000여 명의 사망자와 최소 6,000명 이상 부상자가 발생했죠. 미국은 즉시 테러와의 전쟁을 선포하고 탈레반에게 알카에다의 인도 요청을 했지만 거부당했고, 바로 아프가니스탄을 침공합니다. 아프가니스탄은 또다시 전쟁터가 되었죠.

미국은 침공 두 달도 채 되지 않아 아프가니스탄 전역을 함락시켰고, 친미 성향의 반탈레반 정권을 수립을 지원합니다. 그때만 해도 세계는 이 전쟁이 금방 끝날 거라고 생각했죠. 하지만 미국은 아프가니스탄에 자유민주주의 국가를 건설한다는 명분으로 무려 20년간 전쟁을 지속했고, 결국 2011년 5월 탈레반의 수장 오사마 빈 라덴을 축출합니다. 이후 미국은 2,300조 원이 넘는 천문학적 예산을 투입해 아프가니스탄 군대를 훈련시키고, 물품을 제공하는 등 아프가니스탄의 재건과 자립을 위해 매진하지만, 전쟁은 계속됩니다. 평균 해발고도 2,000m 이상 산악지대가 75%인 지형적 영향과 파키스탄 등에서 계속되는 탈레반 세력의 게릴라전 때문에 생각과 달리 완전히 탈레반을 몰아내지 못한 것입니다.

기나긴 전쟁 속에서 미군의 희생만 계속 늘어나자 결국 미국 정부는 2020년 2월 29일 미국과 탈레반의 평화 합의(도하 합의)를 맺어 미국과 동맹군에 대한 공격 중단 및 미군의 단계적 철수를 약속하고, 2021년에 군대를 철수했죠. 미군 철수가 시작된 지 불과 석 달도 되지 않아 탈레반이 다시 정권을 장악합니다. 아프가니스탄

내 친미 정권이 그동안 부정부패와 횡령 등으로 민심을 잡지 못한 것이 가장 큰 원인으로 꼽힙니다.

아프가니스탄의 평화를 위한 세계시민의 관심 촉구

아프가니스탄의 탈레반 정권 장악을 둘러싸고 향후 주변국에 많은 영향을 미칠 것으로 예상됩니다. 하지만 이 책에서는 그런 복잡한 이해관계보다는 오랜 내전 속에서 고통받고 있는 아프가니스탄 사람들에 주목하고 싶습니다. 오랜 시간 이어진 강대국들의 대리전과 정권의 무능 속에서 아프간 사람들은 전쟁과 폭력에 끊임없이 시달렸고, 결국 탈출을 위해 난민 신세를 자처합니다. 소련의 아프가니스탄 침공부터 시작된 민간인 사망자가 무려 100만 명 이상이며, 550만 명 이상의 난민이 발생했죠. '전 세계 난민의 50% 이상이 아프간 사람'이라고 말할 정도입니다.

아프가니스탄의 수도 카불에 거의 유일한 탈출 통로라 할 수 있는 카불공항이 있는데, 2021년 미군 철수 후 탈출하려고 공항에 몰려든 사람들은 아기만이라도 제발 비행기에 실어달라고 던질 만큼 절박한 모습이었습니다. 전 세계가 오직 아프간에서 미군의 철수에만 주목하지만, 정작 전쟁과 폭력, 억압을 피해 쏟아져 나오는 아프가니스탄 난민들에 대해서는 무관심을 넘어 멸시의 눈초리까지 보내고 있는 현실은 안타까움을 넘어 분노마저 느끼게 합니다.

아프가니스탄의 현 상황에 대해 우리나라도 책임감을 느껴야 합니다. 우리나라는 미국의 압력에 의해 2002년부터 아프가니스탄

재건을 위한 군대를 파견하고 자금을 지원했죠. 그래서 우리나라도 아프가니스탄 평화 정착을 위해 국제적 차원의 연대와 협력을 이끌어낼 만한 역할을 찾고 있죠. 난민 인권, 평화를 위해 활동해 온 106개 한국 시민사회단체는 최근 외교부 앞에서 한국 정부의 아프가니스탄 난민 보호책의 시급한 마련과 아프가니스탄의 평화 정착과 인권 보장, 난민 보호를 위한 외교적 노력을 촉구하는 기자회견을 개최하기도 했습니다.

아프가니스탄의 미군 철수와 탈레반의 정권 장악을 지켜보며 전쟁에 대해 다시금 생각해봅니다. 미국은 테러와의 전쟁으로 전쟁을 없애 평화를 지키겠다는 명분 아래 20년간 아프가니스탄을 전쟁터로 만들었습니다. 마치 전쟁만 끝나면 곧 살기 좋은 새로운 나라가 탄생할 것처럼 말이죠. 하지만 전쟁으로는 아무것도 얻을 수 없다는 점만 여실히 증명해주었습니다. 그리고 때론 국가의 결정이 틀릴 수 있다는 것도 보여주었죠. 전쟁 때문에 오랜 기간 피해와 고통을 받은 미군과 아프간 국민, 난민들만 걷잡을 수 없이 늘어났으니까요. 아프간의 사례는 그 어떤 전쟁도 평화를 위한 수단이 될 수 없음을 깨닫게 해줍니다. 아울러 왜 이 세상에서 전쟁이 사라져야 하는지 보여준 비극적인 사건이기도 합니다.

혐오와 차별은
어떻게 평화를 위협하는가?

앞에서는 온 나라가 전쟁터가 되어 평화를 빼앗긴 사람들의 이야기를 살펴보았습니다. 지금부터 살펴볼 이야기는 혐오와 차별이 집단에 전파되어 전쟁의 씨앗을 뿌리고, 결국 모두의 평화를 망가뜨린 사례입니다. 2장을 시작하며 적극적 평화와 소극적 평화에 관해 설명하였는데, 국제정치에서는 전쟁이 없는 상태를 가리켜 평화라고 하지만, 전쟁만 끝난다고 평화를 얻는 건 아닙니다. 예컨대 교육, 문화, 경제 불평등 등 각종 사회격차가 심화되고 자유를 억압당한 상태가 강요되고 있다면 이러한 구조적 모순에 대한 개혁이 필요합니다. 이러한 개혁의 노력을 적극적 평화의지로 볼 수 있죠. 만약 모두가 권력의 모순에 눈을 감은 채 아무런 개혁의 노력조차 없다면 평화는 요원한 일입니다. 심지어 그러한 안일한 태도가 모여 전 세계인의 평화를 위협하기도 합니다.

홀로코스트,
"혐오가 낳은 인류 최악의 범죄"

독일의 수도 베를린 시내 한가운데에는 '홀로코스트 메모리얼'이 마련되어 있습니다. 2차 세계대전 당시 나치에 의해 자행된 유대인 대학살을 기억하고 반성하기 위해 조성된 기념물이죠. 어두운 잿빛의 2,711개의 네모난 조형물 속을 다니다 보면 당시 나치의 모진 탄압 속에서 느꼈을 유대인들의 고통과 좌절이 전해지며 절로 숙연해집니다.

혐오라는 씨앗을 먹고 괴물이 된 나치

독일 나치는 2차 세계대전 중 6백만 명 이상의 유대인과 5백만 명 넘는 집시, 동성애자, 장애인 등 1,000만 명 이상의 사람들을 가스실, 총살, 강제 노동, 생체실험 등으로 무참히 살해했습니다. 여기에는 노약자나 어린아이조차 예외가 없었죠. 당시 유럽에 살던 유대인의 2/3가 나치에 의해 잔인한 죽임을 당한 것입니다. 이는 인간의 폭력성과 잔혹함을 극단적으로 보여준 인류 역사상 최악의 범죄로 '홀로코스트'라는 악명을 얻게 됩니다. 이전까지 홀로코스트는 일반적으로 수많은 사람을 학살하는 행위 전체를 말했으나, 이제는 유대인 학살만을 가리키는 고유명사가 되었죠.

왜 이토록 많은 사람들이 죽음에 이르렀을까요? 출발점은 바로 혐오입니다. 1차 세계대전 패전 이후 독일은 베르사유조약으로 인한 막대한 전쟁 배상금을 물어야 했습니다. 여기에 1931년 세계 대공황까지 겹치면서 독일은 파산에 직면했죠. 거리에는 빵 한 조각을 사기 위해 수레에 돈을 가득 싣고 다니는 사람들, 돈다발로 블록을 쌓고 노는 아이들, 휴지나 벽지, 땔감 대신 지폐를 사용하는 주부들 등 평생 모은 돈이 하룻밤 사이 휴지 조각으로 변하는 초인플레이션[5]을 경험한 독일 국민들의 고통과 분노는 차곡차곡 쌓였고, 이는 히틀러의 집권 토대가 되었습니다. 히틀러가 이끄는 나치당은 경제 회복, 일자리 창출, 전쟁 배상금 미상환 등을 공약으로 걸었고, 국민들의 지지를 얻으며 세력을 키웁니다. 인류사를 돌아보면 국가가 커다란 위기에 처하면 엉뚱한 희생양을

홀로코스트 메모리얼

베를린 시내 한복판에 만들어진 이 추모공간에는 2차 세계대전 당시 아우슈비츠에서 느꼈을 유대인들의 고통과 좌절이 전해져 보는 이들의 마음을 절로 숙연하게 만든다.

....

5. 물가가 극단적인 속도로 상승하는 현상(1개월에 50% 초과)을 말한다. 1차 대전 이후 전쟁배상과 경제복구비용을 통화증발에 의존했던 독일의 경우 매월 1000%이상의 물가상승으로 1923년 초인플레이션 현상이 종료되었을 때 단 2년 전에 비해 물가가 300억배 상승한 결과를 나타냈다.

찾아 집단 분노를 발산하곤 했습니다. 히틀러는 바로 이러한 심리를 이용했죠. '유대인 혐오'를 통해 나치당의 더 큰 지지를 확보하는 한편, 독일 재건의 수단으로 이용한 것입니다. 나치는 인종주의에 기반한 혐오와 차별을 지속적으로 유포했습니다.

사실 유럽 사회에서 유대인에 대한 차별은 역사적 뿌리가 매우 깊습니다. 고대 로마의 콘스탄티누스대제가 로마가톨릭을 승인하여, 유럽 사회가 기독교 문화권이 되면서 유대인은 예수를 십자가에 못 박히게 한 민족으로 낙인찍혀 온갖 박해와 왕따를 당하곤 했죠. 히틀러는 유럽 전반의 뿌리 깊은 반유대주의로 유대인들에 대한 혐오와 불신을 정치적으로 이용합니다. 1차 세계대전의 패배 및 경제 대공황의 원인을 몇몇 유대인의 사례를 거론하며 책임을 부풀려 유대인 민족 전체의 탓이라며 독일인들의 분노를 자극했죠. 유대인 혐오를 이용해 독일의 민족주의를 강화하였고 아리아인의 순수 혈통을 강조하면서 유대인뿐만 아니라 유럽 내 슬라브족, 집시, 장애인, 공산주의자 등도 혐오의 대상으로 지목했습니다. 히틀러는 당시 무역과 금융업에 종사하며 많은 부를 쌓은 유대인들의 자본을 빼앗아 전쟁 비용으로 충당하려는 속셈도 있었죠.

철저한 거짓 속에 자행된 거짓말 같은 대학살

특히 아우슈비츠에서의 유대인 대학살은 악명 높습니다. 이곳에 도착한 유대인들은 그나마 노동이 가능한 사람은 무기 만드는 작업장으로 이동했고, 그렇지 못한 사람은 가차없이 독가스실로 보내졌습니다. 독가스실에서는 1회에 2,000여 명의 대규모 학살이 자행되었는데, 대부분 병들거나 힘없는 노인과 여성 그리고 어린아이들이었다고 합니다. 어떻게 같은 인간에게 이런 잔혹행위를 할 수 있었을까요? 대체 무엇이 이들을 이토록 잔인하게 만들었을까요? 바로 **무분별한 혐오** 때문입니다. 이처럼 집단 전체로 퍼져나간 혐오의 위력은 그 어떤 무기보다도 강력하고 파괴적입니다.

혹자는 말합니다. 만약 히틀러가 태어나지 않았어도 홀로코스트는 발생했을 거라고 말이죠. 독일의 열악한 상황을 극복하려고 내부 단합을 위한 유대인 혐오를 조장하여 인류 역사의 최악의 비극을 만들어낸 건 오롯이 히틀러만의 책임은 아닙니다. 히틀러가 인류 최악의 대학살을 저지른 것은 맞지만, 그를 지지하고 자발적으로 동의한 건 독일 국민들이었죠. 그들 또한 홀로코스트의 주요 공범인 셈입니다. 이처럼 타인에 대한 혐오를 조장하는 것은 물론, 혐오를 퍼뜨리는 다른 친구를 말리지 않거나 무심코 동조하는 것 등은 모두 비극의 씨앗이 될 수 있습니다. 타인에 대한 혐오에 무관심한 것만으로도 우리는 누구나 히틀러가 될 수 있습니다. 홀로코스트도 얼마든지 반복될 수 있죠. 이것을 기억해야 다시는 이런 비극이 일어나지 않을 것입니다.

> "아우슈비츠로 가는 길은 증오에 의해 만들어졌고 무관심에 의해 길이 닦였다."
>
> —이안 커쇼, 셰필드대학 현대사 교수

악의 평범성: 생각하지 않는 자 누구나 악이 될 수 있다

나치행위로 전범재판을 받은 루돌프 아이히만은 나치 친위대 중령으로 유대인 수용소의 모든 일을 관장했고, 심지어 목표했던 수만큼 사람들을 죽이지 못한 것을 아쉬워했다고 알려졌다. 2차 세계대전 패망 후 도주하여 숨어 살다가 17년의 추적 끝에 체포되어 결국 법정에 섰다. 법정에 들어선 그의 모습에 사람들은 충격을 받았다. 왜냐하면 그는 너무나 평범한 이웃 아저씨의 모습이었기 때문이다. 그의 법정 진술에 사람들은 또다시 경악했다. 자신은 국가의 법과 명령에 따라 맡은 일을 열심히 했을 뿐이며, 따라서 무죄라고 주장했기 때문이다.

독일 태생의 유대인 정치철학자 한나 아렌트는 나치 반대 운동을 하다 1941년 미국으로 망명한 인물이기도 하다. 그녀는 아이히만의 재판을 참관했고, 참관 과정을 기록하여 책으로도 출간했는데, 《예수살렘의 아이히만 : 악의 평범성에 대한 보고서》다. 아이히만이 주장했던 "법과 명령에 따랐을 뿐이다."라는 항변에서 거대한 악의 실체가 모습을 드러냈다. 아이히만은 신념도, 악의도, 악마의 의지도 없었다. 다만 생각하기를 거부함으로써 사람이기를 거부한 행위를 하게 된 것이다. 사람들이 어떤 상황에 들어가면 객관적으로 스스로를 인지할 능력을 잊어버릴 수 있는데, 이것이 바로 '악의 평범성'이다. 생각하기를 거부했기에 도덕적 판단을 할 수가 없고, 많은 사람들에게 악을 저지를 수 있는 가능성이 생긴다.

주어진 일을 그저 열심히 하는 것과 자신이 맡은 일에 관해 잘 생각해보는 것은 전혀 다른 차원의 문제이다. 자기가 어떤 악을 행하는지 스스로 깨닫지 못하고, 타인의 입장에서 생각하지 못하는 무능함, 옳고 그름을 판단하지 못하는 사람은 누구든 히틀러, 아이히만이 될 수 있다.

인종차별과 혐오의 현주소,
"야, 너 다문화지?"

좀 전에 우리는 무분별하게 퍼져나간 유대인에 대한 혐오와 차별이 얼마나 끔찍한 결과를 초래했는지를 살펴보았습니다. 혐오와 차별을 주도한 것은 분명 히틀러의 나치이지만, 그것이 유례없는 참혹한 결과로 이어진 데는 옳지 않음을 알면서도 묵인 또는 동조한 수많은 사람들의 책임이 결코 적지 않습니다. 그런데 100년 가까이 지난 지금은 과연 얼마나 달라졌을까요? 과거의 비극을 반면교사로 삼아 세계는 좀 더 엄중한 관점에서 차별의 문제를 바라보려고 개선 노력을 해온 것이 사실입니다. 하지만 안타깝게도 차별과 혐오는 세상에서 완전히 사라지지 않은 채 여전히 많은 사람들의 평화를 위협하고 있죠. 특히 코로나19 팬데믹은 집단혐오 발생의 기폭제가 되었습니다.

늘어난 건 코로나19 확진자 수만이 아니라…
1장에서 코로나19 팬데믹 이후 유럽과 미국에서 발생한 중국인 혐오가 아시아인 혐오 범죄로 번진 이야기를 했습니다. 우리나라에도 외국인에 대한 혐오와 차별이 눈에 띄게 증가했죠. 코로나 확진자 수가 급증했던 2020년 11월 말의 일입니다. 인천에 사는 다문화가정의 25세 여성 A씨는 귀가하던 길에 집 근처 편의점 앞에서 술을 마시던 남성들과 마주쳤습니다. 그들은 지나가는 A씨를 향해, "야,

코로나!"라고 외쳤죠. 이 말에 불쾌감은 물론 위협을 느낀 A씨는 남편에게 연락했고, 바로 달려온 남편과 함께 경찰을 불렀습니다. 현장에 출동한 경찰과 함께 남성들에게 발언 이유를 해명하라고 했죠. 처음엔 그냥 건배사를 외친 것뿐이라고 발뺌을 하던 그들은 적반하장으로 A씨 부부에게 "남의 땅에 와서 피곤하게 한다."는 둥, "한국인을 상대로 한 사기꾼들"이라는 둥, 인종차별적 발언과 욕설을 퍼부었습니다. 서양인들이 아시아인을 '코로나'라고 부르며 혐오하는 행위가 우리나라에서 버젓이 벌어진 거죠.

이런 경우 아무리 경찰이 출동해도 이들을 단호히 제재하거나 처벌할 수 있는 마땅한 수단은 아직 없습니다. 우리나라는 현행법상 어떤 행위가 형법상의 모욕이라든지 직접 위협하는 수준에 이르지 않으면, 단지 인종차별과 혐오 표현을 했다는 것만으로 처벌할 수 없기 때문이죠. 특히 수많은 이주노동자들은 코로나19 확산 이후 심화된 인종차별과 혐오를 당하면서도 어디에도 마땅히 부당함을 호소하지 못하고 있다고 합니다.

한국 내 인종차별 현주소

SNS에 올라온 만화가 화제가 된 적이 있습니다. 외국인이 그린 것으로 보이는 영어로 된 만화였죠. 2부분으로 나뉜 그림에서 한쪽은 서양인의 아시아인 혐오에 눈물로 분노하며 '#StopAsianHate'를 외치는 한국인의 모습을 그렸고, 다른 한쪽에는 동남아시아인을 혐오의 대상으로 조롱하는 한국인의 모습을 그렸습니다. 인종차별에 대

#선택적_평등?_#평등도_#리콜이_되나요?

한 한국인들의 이중성을 꼬집은 거죠. OECD(경제협력개발기구)는 전체 인구 중 외국인 인구 비율이 5% 이상인 사회를 다문화 사회로 판단합니다. 한국에 거주하는 외국인 인구는 이미 250만 명이 넘어 전체 인구의 5%를 차지합니다. 이미 다문화 사회로 진입하여 관련된 다양한 정책과 제도를 시행하고 있죠. 하지만 현실은 다릅니다. 국내 거주 외국인의 70% 정도가 인종차별이 많다고 응답했으며, 국적, 인종, 피부색 때문에 차별받는다고 응답했으니까요.

3장에서 좀 더 살펴보겠지만, 특히 코로나19 팬데믹처럼 커다란 위기와 마주할 때마다 외국인 등 소수자 집단에 가장 먼저 차별과 비난의 화살이 돌아가곤 합니다. 다만 모든 외국인이 아닌 주로 저개발국가의 국민, 인종 등 자신들보다 약하다고 생각하는 대상만 골라서 차별합니다. 심지어 이러한 혐오와 차별은 사회구조적 차원에서 조장되기도 합니다. 코로나19 확산 당시 국내 일부 언론의 보도 행태만 봐도 알 수 있죠. 예컨대 코로나바이러스라는 명칭 대신에 중국발 진원지 명칭을 붙여 버젓이 보도했고, 조선족들에 대한 편견을 불러일으킬 만한 대림동 '차이나타운'의 비위생적 실태, 마스크를 쓰지 않는 상인 등을 연달아 보도함으로써 혐오와 차별을 부채질했습니다.

더욱 심각한 문제는 우리 사회 전반에 이런 차별과 혐오에 대한 문제의식이 별로 없다는 점입니다. 오히려 차별의 원인을 소수자에게 돌리며 무시하면서 우월감을 느끼는 경향도 적지 않습니다. 불행을 남 탓, 소수자의 탓으로 돌린 역사적 과오가 부른 참혹한 결과는 나치의 유대인 학살에서도 증명되었습니다. 아무리 소수자를 혐오한다고 해도 해결되는 문제는 아무것도 없습니다. 잘못된 법과 제도를 바꾸는 것이 필요하죠. 또 소수자 혐오를 조장해 이익을 얻는 세력이 있다는 것도 우리는 잊지 말아야 합니다. 세계시민의 날카로운 눈으로 이러한 혐오를 조장하는 세력에 대한 정당한 비판과 나아가 개선 요구도 필요합니다.

다문화에 대한 차별을 해소하는 교육이 필요해

다문화가족 자녀들은 학교에서 친구들에게 "야! 다문화!" 하고 불린다고 합니다. 국가인권위원회는 이러한 칭호가 '다문화' 본래 의미와 배치되는 혐오 맥락을 띤 표현이라고 밝혔습니다. 다문화주의는 다양한 문화의 상호존중과 공존을 강조하는 사상으로 각자의 정체성 존중과 평등한 관계를 전제로 합니다. 하지만 어느새 한국에서 '다문화'라는 말은 한국인으로 끼워줄 수 없는 사람을 구분하는 차별의 용어로 전락해버렸죠. 학교에서 다문화가정 아이들은 "다문화 아이들끼리 남아 방과 후 활동하자" 같은 말을 예사로 들으며 섞일 수 없는 이질적 존재로 취급받기 일쑤입니다. 즉 '다문화'는 누군가에게 낙인이자 차별과 배제의 용어가 된 것입니다.

불확실성이 짙은 미래사회일수록 융통성을 발휘해서 다양한 해결방안을 고민해야 합니다. 따라서 서로의 다양성을 인정하고 존중하는 것이 교육에서도 점점 더 중요해졌습니다. 교육에서도 특정 사고방식을 강요, 주입하는 것은 그 자체로 다양성 존중 원칙과 충돌하여 다양성을 훼손할 수 있습니다. 낯선 것에 대한 공포를 혐오가 아닌 호기심으로 바꿔야 할 때입니다. 혐오를 멈추는 것만으로도 지금보다 훨씬 더 다양한 가치를 발견할 수 있죠.

다문화는 단순히 나와 다른 나라에 거주하는, 나와 다른 생김새를 가진 인종, 종족 문제에 한정되지 않습니다. 나와 고향이 다른 것, 나와 나이가 다른 것, 나와 성별이 다른 것, 나와 직장이 다른 것 등 나와 다른 모든 것들을 다문화라고 할 수 있죠. 다문화에 대한 차별을 해소하는 교육이 진정한 다문화 교육입니다. 무조건 우리에게 흡수, 동화되는 다문화 교육이 아니라 문화의 다양성을 인정하는 상호문화교육으로서 다문화 교육이 이루어져야 합니다. 따라서 특정인이 아닌 우리 모두에게 다문화교육은 필요합니다.

상호존중의 시대,
"세상에 차별받아 마땅한 사람은 없다"

여러분은 누구에게나 차별 없이 대하고 있나요? 세상에 차별을 받아 마땅한 사람은 없습니다. 우리는 편견을 버리고 서로를 존엄한 인격체로 대해야 하죠. 자신의 특성과 상관없이 모두 스스로를 긍정할 수 있어야 합니다. 서로의 입장을 공감하고 존중할 때 비로소 사회도 적극적 평화를 이룰 수 있죠.

혐오는 가랑비에 옷 젖듯이 나도 모르게 천천히 내 안에 스며든다는 점에서 더 위험합니다. 사실 처음부터 악의를 품고 혐오 표현을 하는 사람들은 극소수입니다. 우연히 접한 재미난 말을 따라하고, 친구에게 장난삼아 한 번씩 말해보고, 함께 깔깔 웃고, 그렇게 한두 번 쓰다 보니까 입에 붙어버린 경우가 대부분입니다. 그런데 말과 함께 어느새 내 안에 혐오의 씨앗이 싹을 틔우게 되죠. 이것이 뿌리 깊은 나무로 성장하면 점점 더 강도 높은 혐오의 말을 아무렇지 않게 사용하게 됩니다. 단지 재미있다는 이유로 혐오 표현을 쓰거나 전파하면 안 되는 이유입니다. 말은 한번 입에 붙으면 혀에 착착 감기며 쉽게 떨어지지 않는 법이죠. 최소한 처음에 그런 뜻이 담긴 줄 몰라서 장난처럼 썼다고 해도 이미 입에 붙고 나면 고치기 어렵기 때문에 모르는 뜻의 말을 함부로 쓰지 않는 것이 중요합니다.

간혹 표현의 자유라는 말로 혐오 표현을 정당화하기도 합니다. 하지만 누군가의 마음에 치명적인 상처를 입히는 행위라면 자유는커녕 폭력일 뿐입니다. 그러한 폭력이 아무렇지 않게 행해지는 사회구조 안에서 누군가의 삶은 지속적으로 평화를 위협받게 됩니다.

조그만 짜증이 불씨가 되어 잠깐의 평화만 깨져도 언짢은 기분에 휩싸입니다. 그런데 매일 눈을 뜰 때마다 이러한 구조적 폭력에 노출된 채 살아가야 한다면 단순한 언짢음을 넘어 삶이 너무나 불행하지 않을까요? 우리가 누군가의 불행을 외면한다면 우리의 평화로운 삶도 보장받기 어렵습니다. 어느 날 문득 그러한 혐오의 화살이 나를 향해 날아왔을 때 아무도 도움의 손길을 내밀어주지 않을지도 모르니까요. 상호존중과 타인의 아픔에 진심으로 공감하는 사회적 감수성이 필요합니다. 우리나라 헌법 제11조에 다음과 같이 명시합니다.

> "모든 국민은 법 앞에 평등하다. 누구든지 성별·종교 또는 사회적 신분에 의하여 정치적·경제적·사회적·문화적 생활의 모든 영역에 있어 차별을 받지 아니한다."

한 개인은 동시에 여러 집단에 속하죠. 어느 곳에 서 있건, 어느 집단에 속하건 간에 모두가 차별받지 않는 세상은 비록 느리지만 분명 언젠가 찾아올 거라고 믿고 싶습니다.

차별금지법이 뭐야?

2007년 발의되었지만, 아직까지 제정되지 못한 채 여전히 제정을 위한 운동 중인 '차별금지법' 법안이 있다. 차별하면 안 된다는 원칙하에 차별에 관한 국가정책 계획을 수립하고, 영역별 차별의 유형을 구체화하여 차별로 인한 피해자가 소송 제기 통해 차별을 시정하고 손해 배상을 받을 수 있도록 하는 내용의 법안이다.

사람들은 누구나 차별하는 것에 반대하지만 10년이 지난 지금까지도 차별금지법이 제정되지 못하는 것은 여전히 우리 일상에서 아직도 많은 차별이 존재하고, 우리는 그것을 적극적으로 발견할 필요가 있다는 것을 말해준다.

우리 내면에는 평화를 지키는 천사가 살고 있어!

여러분은 태어나서 지금까지 한 번도 전쟁을 실제로 경험해본 적은 없을 것입니다. 접했다면 국제뉴스를 통해서, 아니면 영화나 드라마 또는 게임을 통해 '전쟁'을 간접적으로 경험했을 것입니다. 특히 인기 있는 게임 중에는 '전쟁'을 소재로 한 것이 꽤 많다 보니 죽고 죽이는 전쟁을 가볍게 생각하는 청소년도 적지 않은 것 같습니다.

언론은 세계 곳곳의 전쟁 뉴스를 발 빠르게 전합니다. 우리는 무자비한 폭력이 난무하는 장면을 지켜보면서 평화가 부서지고 깨지는 순간을 상상해볼 수 있죠. 조금만 진지하게 상상해봐도 그것이 얼마나 참혹한 일인지 충분히 공감할 수 있습니다. 로그아웃하는 순간 끝나는 게임 속 전쟁과는 차원이 다릅니다. 피해복원만 해도 엄청난 비용과 시간, 노력이 필요하니까요.

전쟁의 가장 큰 피해자는
선량한 시민

인류가 지구에 정착한 이후로 세계는 단 하루도 완전히 평화로운 날은 없습니다. 크고 작은 분쟁이 끝없이 이어졌고, 그 과정에서 승자건 패자건 상관없이 양쪽 모두 혹독한 대가를 치러야 했습니다. 평화가 깨질수록 인간은 더더욱 간절히 평화를 바라게 되죠.

그런데 전문가들은 현재가 우리 인류 역사상 가장 평화로운 시대라고 주장합니다. 다음의 그래프는(86쪽 참조) 옥스퍼드의 맥스 로저가 지난 600년간 전쟁으로 인한 사망률을 정리한 것입니다. 그래프를 보면 역사적으로 전쟁으로 인한 사망률이 일정했는데, 2차 세계대전을 정점으로 우리가 살아가는 시기까지 사망률이 급격히 감소하고 있다는 것을 알 수 있죠. 21세기만 더욱 확대하면 10만 명당 전쟁으로 인한 사망률은 거의 0에 가깝습니다. 하지만 0에 가깝다고 무(無)는 아닙니다. 전쟁 때문에 단 1명이라도 무고한 희생자가 생겨서는 안 된다는 뜻입니다.

역사 속에서 전쟁을 결정하고 일으킨 건 일부 정치인과 권력자였고, 전쟁을 수행하는 건 군인이었죠. 하지만 전쟁으로 인한 막대한 피해는 늘 대다수 선량한 시민들이 감당해야 했습니다. 그러니 당사자인 우리 세계시민이 전쟁을 없애는 데 앞장서야 합니다. 개개인에게는 그럴 만한 힘이 없을 수도 있지만, 연대하여 함께 행동한

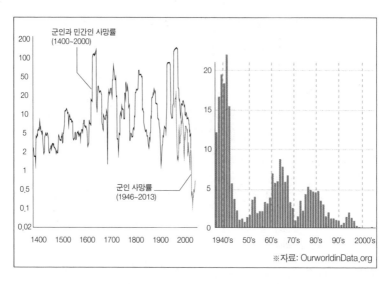

과거 600년간의 전쟁과 사망률(좌)과 100,000명당 세계전쟁으로 인한 사망자(우)

2차 세계대전을 정점으로 현재까지 사망률이 급격히 감소하고 있다는 것을 알 수 있다. 2000년대에 이르러서는 거의 0에 가깝다.

다면 전쟁을 반대하는 우리의 목소리는 분명 막강한 힘을 발휘할 것입니다. 이미 우리는 지난 1987년 6월 항쟁과 2000년대 이후 수차례 평화적 촛불집회를 통해 사회와 제도 변화를 이끌어낸 경험이 있습니다. 세계시민이 함께 전쟁을 반대하는 연대를 만들어 나가야 합니다. 간디의 소금행진, 촛불집회 등 연대를 통한 저항 사례, 베트남전 반대로 병역거부와 같은 부당함에 대한 불복종, 미국의 베트남전 중단 등 역사적으로 시민들의 전쟁반대 집회나 시위, 운동 등 연대한 사례를 찾아볼 수 있습니다. 전쟁을 중단시키지는 못했지만, 최소한 더 큰 피해를 막을 수 있었죠.

세상에서 폭력을 사라지게 할
우리 본성의 선한 천사

심리학자인 하버드대학교 스티븐 핑거 교수는 '우리 본성의 선한 천사'를 통해 인류의 폭력은 6가지 역사적 과정을 거쳐 감소했으며, 현재 우리는 가장 평화로운 시대를 살고 있다고 주장합니다. 이 6가지 역사적 과정을 설명하면 다음과 같습니다.

첫째, 수렵, 채집 생활에서 인류가 농업 문명을 발전시키며 대단위 규모의 생활로 변해가는 과정에서 만성적인 습격과 혈투의 감소와 함께 폭력적 사망자 비율이 1/5로 감소

둘째, 작은 단위의 통치가 중앙집권의 큰 왕국으로 통합되는 과정에서 살인율이 1/10 ~ 1/50로 감소

셋째, 중세 암흑기를 지나 17~18세기까지 이성을 강조한 계몽주의 영향으로 전제정치, 노예제, 결투, 고문, 미신적 살해. 가학적 처벌, 동물 학대 등이 확연히 감소

넷째, 2차 세계대전 이후 냉전 체제로 인한 세력균형으로 강대국 간의 전면전이 발생하지 않아 명목상 세계평화 도래

다섯째, 1989년 냉전 체제 종식 후, 내전, 집단 살해, 독재 정부의 억압, 테러가 세계적으로 감소

여섯째, 근대화 이후 인권으로부터 파생된 시민권, 여성권, 아동권, 동성애자권, 동물권 등으로 인해 폭력 감소

스티븐 핑거 교수는 이러한 역사적 과정을 언급하며, 폭력이 줄어들 수 있었던 가장 중요한 이유는 교육의 질적·양적 확대 및 발전 그리고 이성의 힘, 타인에 대한 공감 능력이 있기에 가능했다고 주장합니다. 사회적 감수성의 토대가 되는 이런 것들이야말로 우리 본성의 선한 천사가 아닐까요? 세상에서 전쟁을 없애고, 앞으로 더 평화로운 세계를 만들어가기 위해 우리 본성의 선한 천사를 더욱 이끌어내야 합니다.

우리 본성에는 타인의 고통을 마치 내 일처럼 여길 수 있는 감정이입 능력과 공감 능력이 있습니다. 그래서 안방에서 지켜보는 세계 곳곳의 전쟁 등 뉴스에 나오는 일이 우리에게도 벌어질 수도 있다는 생각을 얼마든지 해볼 수 있죠. 그리고 친구들과 이에 대해 함께 이야기하면서 평화를 해치는 폭력에 대한 감수성을 키워나가고, 이성을 통해 충동적 행동의 비극적 결과를 예상함으로써 절제하는 자기 통제력을 키우고 평화를 위한 끊임없는 반성과 탐구를 이어갈 수 있습니다. 하나 더 꼭 필요한 것이 차이를 있는 그대로 인정하고 받아들이는 것입니다. 각자 존중받고 싶다면 상대도 똑같이 존중해주어야 합니다. 다르다는 이유로 구분하려고 하면 그것이 차별이 되고, 차별은 그 자체로 폭력이 되어 평화를 해칠 테니까요. 이런 상호존중이 바로 세계시 지구촌 공동체 일원으로서 발휘되어야 할 사회적 감수성이죠. 예컨대 2022년 우크라이나 전쟁 속에서 우크라이나 국민들에게 세계 각국의 시민들이 보여준 연대 또한 사회적 감수성에 기인한 것이라 볼 수 있습니다.

또 우리는 세계시민으로서 전쟁이 잘못되었다고 말하고, 또 중단하자며 용기 있게 말해야 합니다. 신분제 철폐처럼 오늘날 우리가 당연시하는 많은 것들은 어느 날 갑자기 하늘에서 뚝 떨어지지 않았습니다. 기나긴 세월 인간으로서의 당연한 권리를 보장받기 위해 많은 사람들이 저항하고 선한 목소리를 낸 결과입니다. 우리는 역사 속 세계시민들에게 빚을 지고 살아가는 셈입니다. 그러니 우리도 평화를 바란다면 노력하고 저항해야 합니다. 우리 일상에서 전쟁과 폭력의 원인을 제거하는 일, 이것은 세계시민인 우리 모두의 의무이자 권리입니다.

지구촌 평화를 지키는 세계시민의 역할

앞으로의 세계는 과연 평화로울까요? 사실 그리 낙관적이지 않습니다. 하지만 평화란 갈등이 아예 사라진 상태가 아닙니다. 다양성 안에서 갈등은 얼마든지 일어날 수 있습니다. 오히려 갈등을 전혀 인정하지 않고 한쪽에 일방적으로 따르게 하는 것도 어떤 의미에서는 폭력입니다. 성숙한 사회라면 시민의 노력으로 갈등을 평화롭게 풀어가야 하죠. 오답과 정답, 적군과 아군, 패배와 승리 등의 이분법적 사고는 편 가르기가 난무하는 폭력적인 세상을 부를 뿐입니다.

2022년 초, 세계인의 시선이 온통 우크라이나로 쏠렸습니다. 군사적 긴장감이 팽팽히 이어지던 끝에 러시아가 우크라이나를 침공하며 마침내 전쟁이 발발하고 말았죠. 이 전쟁으로 군인들은 물론 수많은 민간인들이 목숨을 잃었습니다. 희생된 민간인 중에는 어린아이들도 포함되어 있었죠. 게다가 2022년 3월 15일 기준으로 유엔은 이 전쟁으로 발생한 난민이 이미 300만 명을 넘어섰다고 밝혔습니다. 유니세프에 따르면 우크라이나 전쟁으로 1초에 한 명의 어린이가 피란을 떠나고 있다고 합니다. 전쟁 발발에 관한 복잡한 국제 이해관계와 지정학적 원인 분석은 논외로 두고, 세계 곳곳에서 반전을 외치며 전쟁을 일으킨 러시아를 비난하는 한편, 무력 도발에 저항해 스스로 나라를 지키려는 우크라이나 국민을 응원하는 세계시민의 목소리가 이어졌습니다. 수많은 전쟁 역사를 돌아보면, 전쟁을 일으킨 나라의 권력자들은 늘 전쟁에 그럴듯한 명분을 붙이곤 합니다. 하지만 어떤 대단한 명분도 목숨을 내놓고 싸워야 하는 젊은 군인들, 하루아침에 가족, 연인 등 사랑하는 사람과 삶의 터전마저 잃어버리는 시민들의 희생을 합리화할 순 없습니다.

우리는 지금 경주하는 중입니다. 평화의 해결책을 찾으려는 사람들과 평화를 악화시키는 사람들 간의 경주, 우리 다음 세대를 위해 지금 경주의 결과가 좋은 것이길 바랍니다. 그래도 희망적인 것은 우리 주위를 둘러보면 선한 사람들이 참 많은 것 같다는 점입니다. 코로나19 팬데믹 속에서도 내가 아무리 힘들어도 나보다 더 힘든 사람을 보면 기꺼이 도움을 주려는 사람들의 모습을 보면서 새삼 세상의 온기를 느낄 수 있었죠. 이런 소소한 것들 모두가 평화로운 세상으로 만드는 데 기여하는 인류애입니다.

평화는 노력 없이 절대 이루어질 수 없습니다. 때론 세계평화가 잡을 수 없는 신기루처럼 보인다고 해도 반드시 잡을 수 있다는 확신을 가진 세계시민이 점점 늘어난다면 언젠가 세계평화도 반드시 이루어지지 않을까요? 다음 세대들의 세상은 지금보다 더 평화로운 세상이 될 수 있도록 점점 더 많은 사람들 내면의 선한 천사가 깨어나 행동하기를 간절히 바랍니다.

"존중받아 마땅한
나, 너 그리고 우리"

고대 그리스 철학자들은 사람들이 타인의 약함, 불행, 부족함, 서툰 점 등을 볼 때 즐거워하며, 이때 웃음은 일종의 유머라 생각했습니다. 여러분은 과연 어디까지 유머로 받아들 수 있나요? 우월성 이론에 따르면 내가 남보다 우월해지면 웃지만 깎아내려지면 웃지 않는다고 합니다. 유머라는 이름으로 놀이 또는 장난이 허용되어 약자를 향한 비하성 혐오 표현들이 등장했습니다. 분명 즐겁자고 한 말인데, 듣는 사람은 전혀 즐겁지 않습니다. 혹시 누군가를 짓밟은 채 웃고 있는 건 아닌지 돌아볼 필요가 있습니다. 예능 프로그램에서도 짓궂은 장난과 조롱 섞인 질문으로 시청자들의 웃음을 유발하는 장면이 종종 연출됩니다. 예능을 다큐로 받는 꽉 막힌 사람이라고 생각할지 모르지만, 눈살이 찌푸려지고 마음이 불편한 게 사실입니다. 굳이 비하와 조롱, 멸시를 동원해가면서 웃음을 끌어내야 할까 하는 의문이 듭니다. 심지어 이런 불편한 질문만 도맡아 할 밉상 캐릭터를 일부러 설정하는 경우도 많다 하니 우리 사회가 얼마나 타인의 불편함에 무감각한지 느껴집니다. 함께 웃고 즐기는 분위기에서 혐오나 조롱에 관한 문제 제기를 하려면 솔직히 대단한 용기가 필요합니다. 때론 분위기 파악 못하는 눈치 없는 사람, '진지충' 취급도 감내해야 하죠. 심지어 이런 문제 제기가 조롱의 화살을 본인에게 향하게 만드는 계기가 되기도 합니다. 하지만 최소한 누군가를 비하하고 조롱하는 농담에 웃지 않음으로써 그런 행동이 나쁘다는 메시지를 전달할 필요는 있다고 생각합니다. 무표정 같은 소심한 반대라도 말이죠. 이와 같은 소극적 저항은 실천할 수 있지 않을까요?

CHAPTER 3

인권

01

'그들'이라 불리며
'우리'에서 소외되는 사람들

　　　　　여러분은 사회적 소수자인가요? 대답하기 어려운가요? 그럼 질문을 조금 바꿔보겠습니다. 여러분은 지금껏 살아오면서 혹시 부당한 차별이나 배제를 경험한 적이 있나요? 일단 이 질문에 제대로 답하기 위해 사회적 소수자의 개념을 짚고 넘어갈 필요가 있습니다.

누가
사회적 소수자입니까?

　　여러분에게 질문을 하나 더 하겠습니다. 다음 중에서 사회적 소수자는 누구일까요?

A씨: 백인 남성으로 도축업에 종사하고 있다.

B씨: 흑인 여성으로 케냐 이민자 출신 국회의원이다.

① A씨　　② B씨　　③ 아무도 아니다　　④ 둘 다 해당될 수 있다

정답은 ④번 "둘 다 해당될 수 있다."입니다. 사회학자 앤소니 드워킨 (Anthony G. Dworkin)과 로잘린드 드워킨(Rosalind J.)에 따르면 사회적 소수자는 "첫째, 신체적 또는 문화적 특징 때문에, 둘째, 다른 사람들과 구별되는 차별 집단에 속하게 되어, 셋째, 불평등한 대우를 받고, 넷째, 자신이 차별받는 집단에 속해 있음을 인식하는 사람들"을 의미합니다. 즉 피부색, 인종, 장애, 성별 등의 신체적 특징과 언어, 종교, 국적, 정치적 신념, 학력 등 문화적 특징을 가진 집단의 사람들이 사회로부터 차별적 대우를 받게 되고, 본인 스스로도 그 안에 소속되어 있음을 인정한다면, 사회적 소수자에 포함되는 것입니다.

　사회적 소수자를 이해하려면 중요하게 인식해야 할 점이 있습니다. 첫 번째, 사회적 소수자 여부는 단지 구성원의 수가 적음으로 결정되는 것이 아니란 점입니다. 2021년 우리나라 남녀 성비 비율은 여성 100명당 남성 100.4명입니다. 수적으로는 남녀의 차이가 크지 않지만, 여성은 우리 사회에서 대표적인 사회적 소수자입니다.[1]

　두 번째, 사회적 소수자는 시·공간적 상대성을 지닙니다. 불리한

....
1. 이 지점에서 현대사회에서 여성이 무슨 사회적 소수자냐며 강하게 반발하고 싶은 사람도 있을지 모르지만, 뒤에서 논쟁할 기회가 있을 테니 잠시만 참고 기다려주기 바란다.

대우를 받는 원인이 시간과 공간에 따라 달라질 수 있다는 것입니다. 예컨대 좀 전에 예로 든 도축업종사자 A씨는 조선시대에는 백정이라 불리며 사람 대접조차 받지 못할 만큼 천대의 대상이었죠. 하지만 현대의 도축업자는 엄연한 전문 기술자로서 소수자에 해당하지 않습니다. 또 케냐에서는 소수자가 아니었던 B씨는 타국에 이민을 오면서 소수자가 되는 식으로 거주 공간에 따라 변화되었습니다.

세 번째, 사회적 소수자는 중첩적 개념을 가집니다. 즉 하나의 특성으로 정의할 수 없죠. 앞선 A와 B처럼 한 사람은 여러 신체적, 문화적 특징을 가집니다. 어떤 특징만 놓고 보면 사회적 약자가 되기도 하지만, 다른 특징으로 봤을 때는 아니기도 하죠. 예컨대 A는 백인, 남성으로는 소수자가 아니지만, 동성애자라는 특징으로는 소수자가 될 수 있습니다. B도 사회지도층인 국회의원이라는 특징만 보면 사회적 약자라 할 수 없지만, 이민자, 흑인, 여성이라는 점에서는 소수자가 될 수 있습니다. 이는 이 세상 어느 누구든 사회적 소수자가 될 수 있고, 사회로부터 차별을 받을 수 있음을 의미합니다.

혐오 표현의 표적이 되는 사회적 소수자

앞서 코로나19 유행 때 외국인에 대한 차별이 우리나라에서도 한층 심해졌다고 얘기했죠. 심지어 사회적 소수자에 대한 차별은 우리 곁에서도 자주 일어납니다. 가장 흔하게 일어나는 차별 행위 중 하나가 바로 혐오 표현입니다. 그런데 사람들은 '일부러 차별하려고 한 적 없다', '평소 혐오 감정을 드러내지 않는다'고 말합니다. 하지만 우리가 평소 잘 느끼지 못해도, 습관처럼 자주 쓰는 말에 혐오의 감정은 고스란히 녹아 있죠.

　　돼지, 저능아, 똥남아, 짱깨…

우스갯말로 아무렇지 않게 사용되는 이 말들에는 외모, 장애, 다문화 등에 대한 차별이 적나라하게 담겨 있죠. 나아가 여기에 해당되는 소수자들을 싸잡아 낮추는 말이기도 합니다. 딱히 대상 전체를 비하할 마음은 없었다고 변명할지 모르지만, 당사자의 입장에서 어떤 기분일지 생각해보면 답이 나옵니다. 앞서 혐오와 차별이 평화를 위협한다는 내용에서 서로의 입장을 고려하는 사회적 감수성이 중요하다고 이야기한 바 있습니다. 비록 내가 한 말이 혐오의 뜻은 없었다고 할지라도 듣는 사람에게 상처를 줄 수 있다면 반박 불가 혐오 표현입니다. 그래서인지 몰라도 차별은 늘 피해자는 있는데, 가해자는 없거나, 잘 보이지 않는다고 말하는 것입니다.

　사회적 소수자들에 대한 소외와 차별은 구체적인 피해로 나타납니다. 초·중·고등학교 청소년 6천 명을 면접하며 혐오 실태를 분석한 〈청소년의 혐오 표현 노출실태 및 대응 방안 연구〉의 설문 조사 결과에 따르면, 혐오 표현의 내용은 이주배경 차별, 여성비하,

장애인혐오, 범죄소년 등 주로 사회적 소수자에 대한 내용이었습니다. 혐오 표현을 접하게 되는 곳은 첫 번째가 '인터넷, 커뮤니티, SNS(79.1%)'이고, 두 번째가 방송, 신문(8.6%) 등으로 미디어를 통한 혐오 표현 노출 경험이 주를 차지했습니다. 소수자를 비하하는 혐오 표현은 그 자체로 소수자를 우리에서 '그들'로 분리하며 차별하는 행태입니다. 그런 표현들이 사회에 만연할수록 소수자들을 위축되게 만들고, 나아가 내면에 열등감까지 심어주기도 하죠.

혐오는 사람들 마음에 어떻게 내면화되는가?

조금 오래되었지만 중요한 실험 하나를 소개해 보려 합니다. 1947년 미국에서 6~9세 흑인 아이들에게 백인 인형과 흑인 인형 두 개를 주면서 갖고 놀고 싶은 인형을 선택하라고 하자 아이들 대부분이 백인 인형을 선택했다고 합니다. 또 아이들에게 색깔이 이쁜 인형, 둘 중 착한 인형이 무엇인지 질문하자 약 60%의 아이들이 백인 인형을 선택했죠. 실험에 참여한 흑인 아이들의 과반 이상이 백인 인형이 더 예쁘고 착하다고 선택한 거죠. 이 인형 실험의 마지막 질문은 다음과 같습니다.

"자신과 닮은 인형은 누구인가요?"

#차별하는_사람은_#없는데_#차별당한_사람은_#있다?

이 질문에 몇몇 아이들은 그 자리에서 울음을 터뜨리거나, 대답을 회피한 채 도망을 가기도 하고, 얼굴이 타서 그렇다며 횡설수설 답하기도 했습니다. 실험이 진행되었던 1940년대는 인종에 따라 흑인과 백인을 분리하여 가르치는 분리교육이 곳곳에서 진행되었는데, 분리교육을 받았던 흑인 아이들은 백인 인형이 더 착하고 예쁘다고 선택하는 경향이 강하게 나타났죠.

이 실험은 1954년 미국 연방대법원이 흑인과 백인 아동들의 분리교육에 대한 위헌판결을 내리는 데 결정적인 영향을 미쳤다고 합니다. 이전까지는 미국에서 같은 시설과 교육과정, 동질의 교사가 확보된 상태라면 흑인과 백인을 분리교육하는 것을 차별이라고 생각하지 않았던 것입니다. 하지만 인형 실험을 통해 분리 그 자체만으로 흑인 아동들의 마음속에 열등감을 심어줄 뿐만 아니라, 유색인종에 대한 부정적 고정관념을 형성하게 한다는 것을 보여주었습니다. 이 실험은 분리교육이 어린아이들에게 '인종적 고정관념'에 미치는 부정적 영향을 증명했다는 평가를 받습니다.

우리가 분리, 차별, 혐오에 대해 더 경계해야 할 것은 혐오에 내재된 차별구조가 사람들에게 내면화되면 피해자들 스스로 이런 상황을 당연하게 받아들이거나 상황을 변화시킬 수 없다고 생각하게 만드는 점입니다. 인형 실험에서 흑인 아이들이 놀고 싶은 인형으로 백인 인형을 고르고, 이쁜 인형, 착한 인형으로 백인 인형을 선택한 이유 또한 사회적 소수자로 구조적 차별에 지속적으로 노출된 과정에서 차별을 당연하게 여기며 내면화한 결과라고 볼 수 있죠.

누구나 처음 자신이 혐오 표현의 대상이 되었을 때는 이를 부정합니다. 하지만 오랜 기간 지속적으로 혐오 표현에 노출될수록 피해의 원인을 자신의 약점 때문이라 여기며 자책한다고 합니다. 즉 자신도 모르게 차별을 당연시하게 되는 거죠. 혐오 표현에 장기간 노출된 청소년의 경우, 신체적 이상 증후, 정신적 트라우마와 함께 심각한 정체성 혼란을 겪기도 합니다.

너도 힘드냐?
나도 힘들다!

최근 우리 사회에서 뜨거운 감자로 떠오른 집단이 있습니다. 소위 이대남이라 불리는 20대 남성들입니다. 이들은 페미니즘에 대해 지나치다 싶을 만큼 노골적 거부감을 드러내고, 때론 집단행동도 마다하지 않습니다. 오마이뉴스의 심층 분석 기사의 이대남 정체성의 핵심에 따르면 58.6%의 20대 남성들이 "한국 사회에서 남성이 사회적으로 차별받고 있다."는 데 동의(20대 여성은 18.4%가 동의)했다고 합니다. 이러한 생각을 가진 20대의 남성들이 소위 '이대남'의 핵심입니다. 이들은 왜 스스로를 우리 사회에서 소외된 차별의 대상이라고 굳게 믿는 걸까요?

우리나라는 오랜 시간 유교적 사고방식이 지배해온 탓에 여성은 독립된 존재라기보다는 마치 가장에게 종속된 존재로 여겨졌습니다. 또한 남성들과 달리 교육도 제대로 받을 수 없었고, 심지어 가정에서도 목소리조차 크게 낼 수 없는 약자이자 일방적인 차별의 대상이었습니다. 근대로 접어들면서 교육 기회의 확대와 여성들의 자각, 사회 전반의 인식개선 등으로 인해 여성의 사회적 지위도 과거에 비하면 크게 향상된 것이 사실입니다. 그리고 현대의 이대남은 여성의 사회적 지위가 어느 정도 향상된 분위기에서 나고 자란 세대입니다. 그들의 주장에 따르면 여자든 남자든 동등하게 사랑받고 자랐는데, 사회에 나와 보니 정부의 병역제도, 여성할당제, 남성 혐오, 페미니즘 등 기성세대가 여성 차별을 해결한다는 명분으로 만든 정책 때문에 역차별의 피해를 보고 있다고 호소합니다.

하지만 양성평등의 관점에서 그동안 여러모로 소외되어온 여성을 위한 정책 추진이 과연 부당할까요? 그건 아닙니다. 따라서 이 시점에서 필요한 건 여성을 위한 정책들을 재고하거나 없애는 것이 아니라 남성들, 즉 이대남을 위한 정책은 무엇이 추진되고 있는지 살펴보는 것이 훨씬 생산적입니다. 예컨대 "나라를 지키는 일에 남녀 구분이 있는가? 남녀가 평등하다면서 국방은 왜 예외인가?"라는 이대남의 질문에 어떻게 답해야 할까요?

"야, 치사하게 그런 것까지 따지냐? 남자답지 못하다!"
"그러는 너네 남자들은 출산 안 하지 않냐?"

만약 이런 대답만 늘어놓는다면 그들은 절대 공감하지 못하겠죠. 사실 아직 우리 사회는 이대남에게도 또 여성들에게도 뾰족한 답을 내놓지 못하고 있습니다. 서로 공감할 수 있는 답을 찾기 위해 노력하기보다는 정치적 유불리에 따라 한쪽 편을 들어주는 식으로 성별 갈등을 부추기는 발언만 쏟아내고 있죠. 이제는 감정적 대응, 갚아먹기식 대응, 편 가르기 대응에서 벗어나 여성과 남성 모두 인간으로서 평등하게 존중받을 수 있는 답을 찾기 위해 집중해야 합니다.

이미 기울어진 운동장, 공정이란 무엇인가?

지금의 세계는 과연 공정한가요? 누구나 노력하면 성공할 수 있는, 또는 좋은 성과를 낼 수 있는 세상은 아니라는 것을 알고 있습니다. 말하자면 세상은 이미 기울어진 운동장이라는 거죠. 예컨대 A는 태어나 보니 온 나라가 전쟁터가 되어 불타고 있고, B는 세계적인 다국적기업의 재벌 3세, C는 부모에게 버림받아 어딘가에 유기되었고, D는 타고난 IQ가 200이 넘는 천재라고 합시다. 좀 극단적인 예시이기는 하지만, 사람마다 타고난 조건은 천차만별입니다. 그리고 이러한 조건에 대한 선택권은 개인에게 전혀 주어지지 않죠. 태어날 때부터 불평등이 시작된 셈입니다.

이런 불평등한 상황에서도 공정한 게임이 되려면 어떻게 해야 할까요? 하버드대학교 정치학과 교수 마이클 샌델의 스승이자 평생을 '정의' 연구에 매진한 철학자 존 롤스는 정의로운 사회를 만드는 데 방해 요인이라 할 수 있는 사회적 지위, 재능과 능력, 인종과 젠더 등은 누구도 맘대로 선택할 수 없는 것이므로 최소 수혜자인 사회적 약자에게 최대 이익을 보장하는 것이 가장 공정하다고 보았죠. 스스로 선택한 것도 아니고 그저 우연히 타고난 조건이 저마다 다른데, 이를 무시한 채 모두에게 그저 똑같은 기준만 적용한다면 그건 오히려 차별이 된다는 뜻입니다.

혐오와 차별도 이와 비슷한 맥락에서 생각해보면 어떨까요? 대체로 사회적 약자, 즉 우리와 다른 그들을 가르는 경계는 분류기준과 범주에 따라 다양합니다. 그런데 이 경계는 객관적이지 않고 모호하며 주관적입니다. 그리고 소위 "우리가 남이가~"라는 말처럼 우리에게는 한없이 관대하고 친절하며 헌신적인 반면, '그들'에게는 지나치게 엄격하고 매정하며 배타적인 경향을 띱니다. 즉 '우리'에 끼지 못한 이유로 이미 혐오와 차별의 대상이 되는 거죠.

어떻게 보면 '이대남'이라는 단어도 이미 '그들'을 규정하는 편 가르기입니다. 어느새 '이대녀'라는 말도 생겨났고, 벌써 서로 날선 공방을 주고받습니다. 이대남, 이대녀 모두 20대의 남성 또는 여성을 편견과 차별의 대상으로 만들어버릴 수 있는 매우 위험한 단어입니다. 대상을 규정하여 편 가르기에 몰두하고, 평등이나 공정이라는 명목으로 모두에게 똑같은 기준을 적용할 방안을 찾기보다는 이 시대 청년 각자의 다채로운 삶과 나름의 어려움에 귀 기울이고 공감하려는 노력이 더욱 필요한 때입니다.

토끼와 거북이

이솝우화 〈토끼와 거북이〉의 내용은 여러분도 잘 알고 있을 것이다. 토끼와 거북이가 경주를 벌이는 내용이다. 그런데 우리의 삶도 어찌 보면 경주의 연속이다. 우리는 살면서 이런저런 경주를 경험하는데, 경주마다 처한 상황과 역할에 따라 때로는 토끼가 되기도 하고, 또 때로는 거북이가 되기도 한다. 때때로 나에게는 쉬운 일이 누군가에게는 어렵기도 하고, 또 나에게 어려운 일을 누군가는 쉽게 해낼 수도 있다. 하지만 급박하게 돌아가는 경주 속에서 우리는 다른 사람까지 생각하며 살 여유가 없다. 그것을 우리 각자의 문제로 돌리면 그건 너무 마음이 아프다. 삶을 팍팍하게 만들어 주위를 돌아볼 여유조차 없게 만드는 사회구조적 문제다. 그럼 우선 사회가 먼저 개인들이 여유를 가질 수 있도록 개선되어야 한다. 그리고 우리 시민들이 먼저 서로 배려하고 함께하는 법을 배워야 한다.

우리는 서로 다르게 힘들다. 이를 인정하고 너와 나를 다르게 힘들게 만드는 이 불평등과 차별에 대해 이야기하자는 공통의 주제로 이어져야 한다. 함께 세상을 평화롭게 살아가는 법, 공존의 조건으로 평등의 의미를 생각해봐야 한다. 한나 아렌트는 평등을 우리가 함께 모여 결의할 때 지금 바로 여기에서 이루어진다고 하였다.

"평등은 그냥 우리에게 주어진 것이 아니다. 평등은 인간 조직이 정의의 원칙에 의해 지배받는 한, 그 결과로 나타나는 것이다. 우리는 평등하게 태어나지 않았다. 우리는 상호간 동등한 권리를 보장하겠다는 우리의 결정에 따라 한 집단의 구성원으로서 평등하게 되는 것이다."

어째서 단지
여자라는 이유만으로…

이제부터는 온갖 차별과 학대 속에서 힘겹게 살아가는 사람들의 이야기를 할 것입니다. 먼저 여성입니다. 요즘에는 어설프게 여성 인권 이야기를 꺼냈다가는 편 가르기로 젠더 갈등을 조장한다며 괜한 오해를 받기도 합니다. 때론 엄청난 비난까지 감수해야 하죠.

앞서 이대남들이 현대사회의 여성들은 사회적 약자가 아니라고 주장한다고 했는데, 어쩌면 "또 여자만?" 하는 불만의 목소리가 터져 나올지도 모르겠네요. 오늘날 여성은 결코 사회적 약자도 차별받는 대상도 아니라고 생각할 테니까요. 하지만 아무리 인정하기 싫어도 세계 곳곳에서 여성에 대한 심각한 차별은 여전히 만연해 있습니다. 심지어 우리가 생각하는 것보다 훨씬 강도 높은 가혹한 차별과 인권탄압이 자행되고 있죠.

전쟁 무기, 성노예 등 여전히 짓밟히는 여성 인권

이라크 야디지족 출신의 여성 인권운동가 나디아 무라드는 2018년 노벨 평화상을 받았습니다. 사실 무라드는 이라크를 급습한 이슬람 수니파 극단주의 조직인 IS에 납치되어 학대받은 6천여 명의 성노예 중 한 명이었죠. 다후크 난민수용소에서 간신히 탈출한 무라드는 '사비야'라고 불리는 성노예로 3개월간 겪었던 자신의 삶을 벨기에 일간지 《자유 벨기에》에 증언했습니다. 그녀는 현재에도 시리아, 이라크, 이란, 터키 등의 중동 지역에서 여전히 여성들을 대상으로 자행되고 있는 전쟁 성범죄의 잔혹성을 용기 있게 세상에 알리고 있습니다.

세계 분쟁 속 성노예 실태는?

사실 분쟁 지역에서 자행되는 여성 인권탄압은 어제오늘의 일이 아닙니다. 혹시 유고슬라비아라는 나라를 아시나요? 지금은 여러 나라로 해체되었지만, 1990년부터 2000년대 초반까지 내전을 겪는 동안 나라는 참혹한 전쟁터가 되었죠. 1992년 유고슬라비아가 세르비아, 보스니아, 크로아티아, 마케도니아, 슬로베니아 등으로 해체되는 과정에는 민족 간, 종교 간 무력 분쟁이 있었습니다. 동방정교회에 뿌리를 둔 세르비아계와 이슬람 중심의 보스니아계, 로마가톨릭인 크로아티아계 사이의 종교분쟁과 함께, 독립을 주장했던 보스니아계와 독립을 반대했던 세르비아계를 중심으로 발생한 내전도 3년 넘게 계속되었습니다. 특히 내전에서 유고 연방군의 지원을 받은 세르비아계군은 5만여 명의 보스니아계 여자와 소녀들을 강간했습니다. 그들에게 강간은 세르비아 팽창을 위한 전략적 행위였죠. 남편과 자식들 앞에서, 또 공공장소에서도 강간을 자행함으로써 극한의 수치심을 주고, 공동체를 도덕적으로 붕괴시켜 고향 땅에서 몰아내려는 의도였습니다. 2016년 국제유고전범재판소(ICTY)는 보스니아 주민 집단학살을 주도한 라도반 카라지치 전 세르비아계 공화국 대통령에게 징역 40년을 선고했고, 2021년 유엔 산하 구유고 · 르완다 국제형사재판소(IRMCT)는 라트코 플라디치 전 세르비아계 사령관에게 종신형을 선고했죠.

또 아프리카 콩고민주공화국은 1996년부터 현재까지 정부군과 반란군 그리고 다양한 소수민족 집단과 사병들로 이루어진 수십 개의 민병대가 다이아몬드, 금, 콜탄 등의 자원과 지배권을 두고 치열한 전쟁 중입니다. 그런데 내전 과정에서 민간인들을 통제하기 위해 자행하는 민병대들의 여성 성폭력 규모는 가히 상상을 초월합니다. 전 세계 인권 증진과 보호를 위한 단체인 휴먼라이츠워치(Human Rights Watch)의 보고서에 따르면, 강간 피해자들은 자신의 몸이 전쟁터가 되었다고 묘사한다고 합니다. 이 야만스러운 전쟁 무기, 강간의 역사는 실로 오래 전부터 반복됩니다. 2022년 러시아 군대에 의해 우크라이나 여성들이, 1944년 소련 군대에 의해 독일 여성들이, 1937년 일본제국 군인들에게 수만 명의 중국 난징 여성들이, 19세기에는 칭기즈칸 군대와 로마 정복군에 의해 많은 여성들이 전쟁 성폭력에 내몰렸습니다. 전쟁은 누구에게나 비극이지만, 전쟁에서 오랜 세월 가장 심한 탄압에 시달려온 집단은 여성입니다.

위안부 피해 여성들의 아픔 함께 나누기

전쟁에 휘말려 무참히, 함부로 짓밟힌 여성 이야기는 우리 가슴 한편의 깊은 상처를 건드립니다. 아직도 해결되지 않은 일본군 위안부 피해자 할머니들의 아픔을 떠올리게 하니까요.

반대로 우리에게도 전쟁 성폭력 가해자로서의 부끄러운 역사가 있다는 얘기를 들어보았나요? 우리나라는 1964년부터 1972년까지 베트남전에 군대를 파병했는데, 참전했던 한국군 중 일부는 베트남 여성에게 끔찍한 성범죄를 저질렀습니다. 1980년대 초 베트남 전쟁범죄조사위원회에서 작성한 〈남베트남에서 남한 군대의 죄악〉이라는 문건에는 부끄럽게도 한국군에 의한 베트남 여성 강간 범죄 조사 결과가 담겨 있죠. 영국 시민단체인 JLDH에 따르면, 한국군 성폭행 피해 사실을 주장하는 베트남 여성은 800여 명입니다. 하지만 자신의 피해 사실을 차마 밝히지 못한 피해자들이 더 존재한다는 것을 우리는 누구보다 잘 알고 있습니다.

한국군 위안부 베트남 할머니들도 일본군 위안부 할머니들과 마찬가지로 지금까지 전쟁 성노예 트라우마 속에서 힘들게 살아가고 있습니다. 주월한국군사령부의 공식 집계에 따르면 2015년 기준 한국군의 강간 범죄 심판 및 징계 발생은 21건입니다. 김대중, 노무현 전 대통령의 베트남전 관련 과거사 유감 표명 이후, 2018년 문재인 대통령은 쩐 다이 꽝 국가주석(제9대 국가주석, 2016~2018)과의 정상회담에서 "우리 마음에 남은 양국 간의 불행한 역사에 대해 유감의 뜻을 표한다."고 밝히기도 했죠. 청와대는 애초 정부 차원의 진상 조사와 배상 등의 공식 사과를 하려 하였으나, 동족상잔의 내부 문제가 불거지는 것을 우려한 베트남 정부의 요청에 의해 사과 수위를 크게 낮췄다고 전했습니다. 프랑스 철학자 알베르 카뮈의 말은 많은 것을 생각하게 합니다.

"과거의 잘못을 단죄하지 않는 것은 미래의 범죄에 용기를 주는 것이다."

위안부 문제에 대한 피해자이면서 가해자이기도 한 우리의 역사를 숨기지 않고 용기 있게 똑바로 마주하며, 문제의 근원부터 해결해 나가려는 자세가 필요합니다. 서울 마포구에는 오늘날 전쟁 속에서 고통받는 세계 여성들의 이야기를 중심으로 전쟁과 여성 인권, 평화에 대한 해결책을 모색할 수 있는 '전쟁과여성인권박물관'이 있습니다. 현재 살아계신 위안부 피해 할머니들로부터 전쟁터와 위안소에서 겪었던 고통스러운 삶의 이야기를 듣고, 일본군 문서를 통해 일본군 위안부 문제의 진상을 알아보며 할머니들의 명예 회복을 위한 노력에 동참해보면 어떨까요? 더 나아가 전쟁터에서 성폭력 위협에 놓여있는 세계의 수많은 여성들을 구제할 방법에 대해서도 함께 고민해보았으면 합니다.

종교의 이름으로 행해진
현대판 마녀사냥

지금까지 전쟁에서 가장 취약한 인권탄압 대상으로서의 여성 이야기를 살펴보았습니다. 그런데 역사를 돌아보면 종교전쟁이야말로 소리 없는 잔혹한 전쟁입니다. 신의 뜻이라는 명분하에 폭력을 포함한 모든 잔인한 행위들이 합리화되었기 때문이겠지요. 지금도 종교를 앞세워 여성의 자유를 억압하고 인권을 탄압하는 나라들이 존재합니다.

이슬람 교리마저 왜곡한 아프간과 사우디의 여성 탄압

2021년 5월 미국이 아프가니스탄에서 군대를 철수한 이후, 무능하고 부패한 아프가니스탄 정부는 금세 무너졌고, 이슬람 근본주의 무장조직 탈레반이 다시 정권을 장악했습니다. 그런데 정권을 장악하기 무섭게 탈레반 정권은 여성 탄압을 본격화하였습니다. 먼저 여성부를 폐지하고, 1990년대 탈레반 통치 기간에 엄격한 규칙과 가혹한 제한을 강요했던 도덕부로 대체했죠. 부처의 정확한 이름은 권선징악부(Ministry for Propagation of Virtue and Prevention of Vice)로 이슬람 종교법인 '샤리아' 시행을 위해 거리에 도덕경찰 배치를 담당합니다. 이 부처의 규정에 따르면, 모든 여성들은 눈을 제외한 얼굴 전체를 가리는 '니캅'을 착용해야 하고, 공공보건 분야를 제외한 직장에는 더 이상 다닐 수 없습니다. 학교에서는 남녀 강의실을 분리하고,

남녀의 수업 종료시간 차이를 적용하며, 여학생은 여교사에게만 수업을 받아야 한다고 주장합니다. 심지어 여성에게 이슬람 경전인 코란(coran)도 남자의 허락 없이 손대지 못하게 하죠. 수도 카불 등지에서 남녀평등을 요구하는 여성 시위자들을 채찍과 몽둥이로 진압하고, 시위를 취재하던 해외 여성 기자까지 감금했다고 합니다.

탈레반의 여성 탄압만큼 사우디아라비아의 상황도 심각합니다. 이슬람 창시자인 무함마드의 출생지로서 이슬람 성지로 추앙받는 '메카'가 위치하고, 이슬람 율법을 엄격히 따라 이슬람의 종주국이라 자부하는 사우디아라비아는 여성들에게 마치 감옥과도 같습니다. 사우디아라비아 지배세력은 수니파 이슬람 근본주의인 와하비즘(Wahhabism)을 채택하는데, 이들의 관점에서 여성은 미성숙한 존재로서 영원히 성숙할 수 없다고 봅니다. 따라서 여성은 반드시 남성의 보호와 허락하에서만 외출할 수 있습니다. 남성의 허락 없이는 병원 진료는 물론 교육기관에 입학할 수도 없죠.

종속은 학대로 이어집니다. 예컨대 가정폭력을 당한 여성들이 남편을 신고하려면 자신을 때린 남편에게 경찰서에 데려가달라고 요청해야 합니다. 더 비참한 것은 남자 없이 살아가는 여성들의 상황입니다. 남편과 사별하거나 버림받은 여성과 그의 딸들은 자신들의 행동을 허락해줄 남자가 없어 아예 영원히 집 밖으로 나갈 수조차 없습니다. 다행히 2018년부터 사우디아라비아 여성들에게 운전이 허용되는 등 변화가 시작되었지만, 여전히 '성별분리규정' 속에 사우디법의 많은 부분은 여성의 인권을 침해하고 있습니다.

이슬람 경전 코란 속 여성의 위치

아프가니스탄 탈레반과 사우디아라비아의 사례를 보면 마치 이슬람교 자체가 여성을 타락한 존재로 정의하고, 남성으로부터 분리되고 종속되어야 마땅한 존재로 바라본다고 생각할지 모른다. 과연 그럴까? 다음은 코란의 한 구절이다. 내용을 살펴보면 여성과 남성은 동등한 존재이며, 그들의 노력에 따라 동일하게 보상받음을 강조하고 있다.

> "실로 무슬림 남녀에게, 믿음이 있는 남녀에게, 진실한 남녀에게, 인내하는 남녀에게, 두려워하는 남녀에게, 자선을 베푸는 남녀에게 관용과 크나큰 보상을 준비하셨노라. (33:35)"
> "믿음으로 선을 행하는 모든 남녀에게 하나님은 행복한 삶을 부여할 것이다. (16:97)"

또한 교육에 대해서도 여성과 남성을 구분하지 않고 모든 무슬림에게 동일하게 주어진 의무라고 명시했다.

> "지식을 추구하는 것은 모든 무슬림에게 의무이다. 요람에서부터 무덤까지 지식을 구하라. (35:28)"

그러니 이들 나라에서 이슬람의 경전인 코란 그리고 예언자 무함마드의 가르침을 자신의 입맛에 맞춰 왜곡해 해석하고 있다고 볼 수 있다.

세계시민으로 이슬람에 대해 바르게 이해하기

서울시 용산구 한남동에는 1976년에 개원한 '한국 최초의 이슬람 사원(www.koreaislam.org)'이 있습니다. 한국에 거주하는 무슬림이 예배를 드릴 수 있는 공간이자, 이슬람에 대해 바르게 이해하고 싶은 사람들을 위한 프로그램을 운영하기도 합니다. 세상에는 탈레반과 와하브파처럼 견제해야 할 극단적 무슬림도 존재하지만, 서구의 주장처럼 모든 무슬림은 곧 테러리스트이고, 모든 이슬람 국가는 테러 집단이라고 규정하는 것 또한 매우 잘못된 프레임입니다.

우리나라에서 실제로 벌어진 일입니다. 대구에 이슬람 사원 건립을 두고 '이슬람 세력화 거점을 건설하려 한다', '대한민국을 이슬람화하려 한다'는 식의 주장을 앞세워 많은 주민들이 반대했죠. 처음 사원 건립을 허가했던 북구청은 반대 민원을 무비판적으로 수용하며 이슬람 사원 건축주들에게 공사 중지 처분을 내려 역으로 행정소송에 휘말렸습니다. 이에 대해 법원은 구청의 이슬람 사원 건립 공사 중지 처분을 법적 근거 없는 위법행위로 판결했죠. 이러한 법원 판결에도 불구하고, 반대 주민들은 항소심과 국민청원을 이어가고 있습니다.

인권의 가치가 경제 발전에 밀려 후순위였던 시절에나 일어났을 법한 혐오와 차별의 행위가 세계시민으로서 공존과 화합을 강조하는 2021년에 발생하였다는 것이 놀라울 따름입니다. 세계적인 통계 사이트인 월도미터(Worldometer)의 통계에 따르면, 2022년 기준 무슬림은 약 15억 명으로 전 세계 인구 중 23.2%를 차지합니다. 하

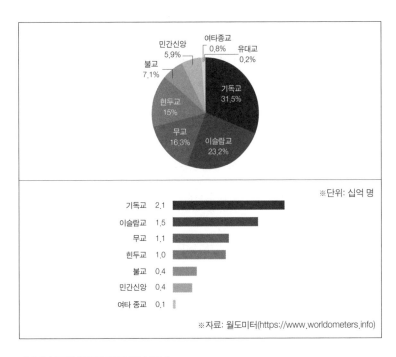

세계의 종교별 인구분포(2022년 기준)
세계 인구 중 가장 큰 규모를 차지하는 종교는 기독교이며, 그 다음으로 많은 인구가 무슬림으로 나타난다.

지만 한국이슬람교중앙회의 조사에 따르면 2018년 우리나라에서 무슬림 수는 약 6만 명으로 우리나라 인구 중 0.12%에 불과합니다. 2013년 이후로 국내 무슬림의 수는 꾸준히 늘어나는 추세이지만, 아직 우리나라 사람들에게 이슬람은 생소한 종교이다 보니 문화 갈등과 오해가 발생할 가능성도 높은 편입니다. 따라서 세계시민이라면 일방적인 배제가 아니라 객관적인 시선으로 무슬림을 바라보며, 우리 사회의 일원으로 받아들이려는 노력이 필요합니다.

난 아직
시집가기 싫어요!

현대사회에도 여전히 여성 차별과 인권탄압이
전 세계적으로 심각하게 발생하고 있음을 알게 되었을 것입니다.
하지만 이것은 불과 몇몇 사례를 언급한 것에 불과합니다. 심지어
수면으로 드러나지 않은 채 가혹한 차별과 탄압이 암암리에 계속되
고 있죠. 특히 분노할 수밖에 없는 점은 지구 곳곳에서 어린 여자아
이들에 대해 자행되는 인권탄압입니다.

상상을 초월하는 조혼 아동 수와 발생 원인들

유니세프가 발표한 2018년 조혼 통계에 따르면, 전 세계 여성 인구
중 18세 이하 조혼 여자 어린이는 6억 5천만 명에 달합니다. 이 수
치는 세계 여자 어린이의 20%에 해당하며, 전 세계 여자 어린이 5
명 중 1명이 조혼한다는 것을 보여줍니다. 아직 성적으로 완전히
성장하지도 않은 몸으로 출산까지 감행하면 합병증 발생 위험이 커
서 미성년 산모 사망률은 결혼 적령기의 여성보다 5배가 높고, 어
린 산모에게 태어난 신생아의 사망률은 60%까지 증가한다고 합니
다. 세계 곳곳에서 자행되는 조혼은 그 자체로 여성에 대한 뿌리 깊
은 차별을 보여줍니다.

아프리카 말라위 여자아이들은 사춘기가 시작될 무렵인 열 살이
되면 성교육을 받기 위해 성인식 캠프에 참여합니다. 말라위에서 성

교육이란 남자의 성적 욕망을 채워주는 방법을 배우는 것입니다. 그러다 2차성징이 시작되면, 부모의 동의하에 지역사회에서 고용된 하이에나라는 남성과 성관계를 하며 일종의 정화 의식을 치르죠. 정화 의식을 마친 소녀들은 이 의식이 자신들의 몸과 마음을 정화시켜 좋은 아내가 될 수 있게 도와준다고 믿으며, 스스로를 자랑스럽게 여긴다고 합니다. 이후 소녀들은 곧 성인 남자와 결혼하고, 십 대 후반이 되면 이미 여러 명의 자식을 출산한 엄마가 됩니다.

인도의 사례를 살펴볼까요? 인도에서 아동 결혼법은 혼인 가능 나이를 여성 18세, 남성 21세로 규정하고 있습니다. 하지만 18세 미만 인도 여성의 결혼 비율은 무려 30%에 이릅니다. 딸을 집안 경제에 도움도 되지 않고, 밥만 축내는 가족의 잉여구성원으로 여기기도 합니다. 이러한 생각이 결혼을 통해 여자아이들을 '처리'한다는 잘못된 사회관념을 합리화하죠. 게다가 인도에는 딸을 결혼시킬 때 많은 돈을 신랑 쪽에 주는 신부 지참금 제도가 남아있는데, 신부의 나이가 어릴수록 지참금을 조금만 주어도 되기 때문에 아직도 일부 가정에서 딸을 되도록 일찍 시집보내려고 합니다.

또 파키스탄 남성들은 영국 이주권을 받기 위해 '조혼'이라는 '관습'을 악용한다고 합니다. 영주권을 바라는 파키스탄 남자들은 민족 간 유대를 중시하는 파키스탄의 문화를 악용해 파키스탄계 영국 소녀의 부모에게 결혼을 요구합니다. 어린 소녀들은 부모의 강압에 못 이겨 원하지 않는 결혼을 하게 되죠. 조혼을 거부하는 소녀들은 어떻게 될까요? 가족의 명예를 더럽혔다는 이유로 아버지와 남자 형제들에게 '명예살인'을 당합니다. 이것은 옛날이야기가 아니라 현재 세계 곳곳에서 실제로 벌어지고 있는 일들입니다.

우리가 이 아이들을 도와줄 방법은 없을까?

혹시 세계 최고의 선진국이라고 인정받는 미국에서도 조혼이 합법적으로 이뤄지고 있다는 것을 알고 있나요? 플로리다주에서는 미성년자이더라도 임신을 했을 경우, 판사가 허락하면 합법적으로 결혼할 수 있습니다. 또 미주리주를 포함한 25개 주에서는 결혼 연령의 제한이 없어 판사의 승낙만 있으면 어린 나이에도 결혼할 수 있죠. 2000년부터 10년간 미국에서는 약 24만 8,000명의 미성년자가 결혼했습니다. 물론 이들 중에는 서로 사랑에 빠져서 결혼한 경우도 있지만, 강간이나 종교적인 이유로 원치 않는 결혼을 해야 했던 미성년자들이 많이 존재합니다. 미국에서 조혼 금지를 위해 앞장선 셰리 존슨이라는 여성이 있습니다. 그녀는 9살 때 이웃에게 성폭행을 당했고, 10살에 아이를 낳았습니다. 가해자의 압박에 셰리의 부모는 결혼을 허락했고, 판사는 11살 여자아이의 결혼을 승낙했습니다. 수십 년이 지나 폭력적 결혼생활에서 탈출한 그녀는 다시는 자신과 같은 조혼의 피해자를 만들지 않겠다는 일념으로 2018년 법안 통과까지 이끌어냈죠. 하지만 일부 비판론자들은 조혼 금지는 국민의 사생활 간섭이라며 반발하고 있습니다.

하지만 강제 결혼을 당하는 여자아이들의 나이는 너무 어립니다. 이 시기는 결혼이 아니라 자아 정체성을 형성하고, 미래에 대한 꿈을 키워야 할 때입니다. '무비판적 관습 수용', '잉여구성원으로서의 존재', '이주를 위한 도구', '어른들의 일방적 승인' 속에 자신의 존재 의미와 가치를 탐색할 기회를 빼앗기는 소녀들의 현실이 너무 안타깝습니다. 혹시 유튜브에서 아프가니스탄 소녀 소니타 알리자데의 뮤직비디오 〈신부를 팝니다〉를 본 적이 있나요? 공개한 지 한 달 만에 엄청난 조회 수를 기록했죠. 웨딩드레스를 입은 소니타의 이마엔 바코드가 찍혀 있고, 눈에는 피멍이 들어 있습니다. 영상 속에서 그녀는 랩을 하는데, 번역하면 다음과 같습니다.

> "케이지에서 당신들이 붙여 놓은 가격표 아래 망가져 가고 있는 우리를 위해 나는 외쳐요. 부모들은 그저 돈을 위해 딸들을 팔아버려요. 우리에겐 선택의 기회 따위 없어요. 마치 잡아먹기 위해 길러지는 양처럼 우린 케이지에 갇혀 있지요. 신이 우리에게 허용하신 우리의 삶에 보답하기 위해 나는 무엇을 해야 할까요?[2]"

평소 미국 래퍼 에미넴의 랩을 좋아하던 소니타 알리자데는 돈에 팔려 가는 6억 5천만 명 친구들의 상황을 랩에 담았죠. 조혼의 부당함과 소녀들의 인권유린 문제를 해결하기 위해서는 우리 모두의 관심이 필요함을 알린 것입니다. 소니타 알리자데처럼 우리도 우리의 방법으로 세계의 친구들을 도울 수 있지 않을까요?

....
2. 유튜브(https://www.youtube.com/watch?v=n65w1DU8cGU) 〈신부를 팝니다〉의 가사 일부에 대한 필자의 의역

학대 속에서
꿈을 잃어버린 아이들

　　　　　　　　　앞서 여성 인권탄압 사례 중 하나로 이야기한 조혼은 여성 인권의 문제이기도 하지만, 아동 인권탄압의 대표적인 사례이기도 합니다. 조혼뿐만 아니라 지금도 세계 곳곳에서 많은 아이들이 온갖 가혹한 학대 속에서 꿈을 잃은 채 살아가고 있고, 때론 목숨을 잃기도 합니다.

　특히 아동학대는 많은 경우 가해자가 부모 등 보호자인 경우가 많아 행여 버림받을까 두려운 마음에 아이들 스스로 학대 사실을 숨기는 경향도 적지 않습니다. 또 나이가 어릴수록 명확한 의사 표현이 어렵다는 점에서도 외부로 학대 사실이 잘 알려지지 않은 채 은폐되기 쉽습니다. 또 외부로 알려지더라도 훈육이라는 명분을 앞세워 학대를 합리화하는 경우도 빈번합니다.

　최근 우리나라에서도 몇몇 끔찍한 아동학대 사례가 언론을 통해 알려지며 공분을 사기도 했습니다. 의사 표현조차 자유롭지 않은 어린아이에게 따뜻한 돌봄은커녕 상상하기 힘들 만큼 끔찍한 학대가 지속되었고, 결국 아이는 목숨을 잃고 말았죠. 언론을 통해 공개된 사진에서 해맑게 웃는 아이의 모습을 본 사람들은 더욱 안타까워했고, 이 천사 같은 아이를 학대한 것이 부모였다는 것에 분노하며 한동안 세상이 시끄러웠습니다. 우리 모두를 경악하게 만든 '정인이 사건'입니다. 16개월 된 건강한 아이 정인이는 입양 후 양부모의 지속적인 학대 끝에 췌장이 터지고 후두부, 쇄골, 대퇴골 등이 골절된 채 숨지고 말았습니다. 양부모의 학대 가능성을 유아교육기관에서 의심했을 땐 이미 너무 늦어버렸죠. 이 사건은 우리 사회에 생각보다 '아동학대'가 만연해 있고, 학대 강도가 얼마나 심각한지 돌아보게 했습니다.

「유엔아동권리협약」을 통해 짚어보는 세계 아동 인권

아동복지법 제3조 7항에 따르면, '아동학대'란 "보호자를 포함한 성인이 아동의 건강 또는 복지를 해치거나 정상적 발달을 저해할 수 있는 신체적, 정신적, 성적 폭력이나 가혹행위를 하는 것"과 "아동의 보호자가 아동을 유기하거나 방임하는 것"입니다. 다시 말해 정인이처럼 직접적으로 신체적 폭행을 당한 경우

뿐만 아니라, 아동이 보장받아야 할 권리를 제대로 지켜주지 못하는 것 또한 아동학대에 포함된다는 뜻입니다.

아동이 보장받아야 하는 권리란 무엇일까요? 1989년 유엔총회에서 회원국들은 만장일치로 「유엔아동권리협약」을 맺었습니다. 전세계 18세 미만의 어린이와 청소년들에게 생존, 보호, 발달, 참여의 권리를 보장하자는 협약입니다. 협약의 기본 원칙은 '비차별', '아동이익 최우선', '생존과 발달의 권리', '아동 의견 존중'입니다. 2021년 현재 한국을 포함한 193개국이 전 세계 아동의 권리 보장을 위해 협약 이행에 동의하였습니다. 그렇다면 「유엔아동권리협약」은 실제 잘 지켜지고 있을까요? 사회적 약자인 '아동'들은 안전하게 잘 살아가고 있을까요?

전 세계 출생신고 미등록 아이들 실태와 그 위험성

우리는 자신의 생년월일로 시작하는 주민등록번호를 가진 것이 당연하다고 생각합니다. 하지만 세계 아이들의 10명 중 7명이나 출생신고 없이 투명인간으로 살아가고 있습니다. 1970년대 말부터 2015년까지 강제적인 산아제한정책을 시행했던 중국에는 둘째 자녀 출생신고 시 부과되는 사회부양비 명목의 벌금 5,000위안을 물렸습니다. 벌금을 낼 수 없는 가난한 사람들은 출생신고를 하지 못했고, 호적 없이 살아가는 1,300만 명의 '헤이후(黑戶 또는 헤이하이즈(黑孩子)라고도 함)'들이 생겨났죠. 2016년 시진핑 주석은 호적 등기는 법률이 부여한 공민의 기본적 권리임을 강조하며 헤이후들에게 호적을 되찾아주었지만, 사회보장제도는 물론이고 신분증을 제시해야만 이용할 수 있는 철도, 항공기 등 기타 공공 서비스도 전혀 이용할 수 없던 헤이후들의 지난 삶을 되돌릴 순 없었습니다.

또 해적국가로 악명높은 저개발국인 소말리아에서는 행정력의 부재와 비용 문제로 출생신고 비율이 겨우 3%에 불과하다고 합니다. 그리고 전쟁을 피해 피난 온 이후, 요르단, 레바논 등의 난민촌에서 태어난 시리아 아동들의 77%는 출생신고를 하지 못해 법적 신분을 부여받지 못했습니다. 현재 세계 5억 명이 넘는 아동들이 「유엔아동권리협약」 7조 출생 후 이름과 국적을 가질 권리를 누리지 못하고 있다고 합니다.

출생신고 미등록 아동의 가장 큰 문제는 서류상으로 존재하지 않다 보니 최소한의 법적 보호조차 제대로 받을 수 없다는 점입니다. 건강보험을 포함한 각종 의료 혜택, 보육 지원, 의무교육 등으로부터 배제됨은 물론, 가정폭력과 학대에 노출되기 쉽습니다. 심지어 각종 사회 범죄에 이용당할 가능성도 매우 높습니다.

그저 남의 나라의 일 같나요? 그런데 우리나라에도 출생신고가 되지 않은 2만 명이나 되는 그림자 같은 아이들이 존재합니다. 2020년 여수에서는 2년 동안이나 냉장고에 보관되어 있던 생후 2개월 된 영아의 시신이 발견되어 충격을 안겨주었습니다. 또 2021년에는 구미의 한 원룸에서 3세 아이가 숨진 채 발견되어 아동학대 여부를 확인하기 위해 가족관계부에 등록된 친모 A씨를 조사하던 중, 제3의 인물인 B씨가 숨진 아이의 친모로 밝혀지기도 했죠. 당초 친모로 지목된 A씨가 낳은 아이는 끝까지 행방조차 찾을 수 없었죠. 아이들이 살아있을 땐 사회의 무관심 속에서 아무도 이들이 세상에 존재하는지도 모르다가, 죽고 나서야 비로소 이들의 존재를 세상이 알게 된 비극적인 사건입니다.

출생 미등록 아동 발생의 원인 중 하나로 현재 우리나라의 출생신고제를 꼽습니다. 현행법에 따르면, 아동의 출생신고는 부모의 자발적 신고에 달려있어, 만약 부모가 고의로 출생신고를 하지 않으면 아이의 존재에 대한 실태 파악이 어렵습니다. 특히 미혼부모의 자녀, 부모의 이혼 과정 중에 태어난 자녀, 한국인 남성과 사실

날 태어나게 한 사람들을 고발합니다!

2019년 제71회 칸영화제에서 심사위원상을 받은 영화 〈가버나움〉은 "나를 세상에 태어나게 한 부모님을 고소합니다."라는 주인공 소년의 대사로 시작한다. 그리고 영화를 통해 출생신고가 되지 않아 자신의 나이조차 정확히 알지 못하는 소년이 법정에서 부모를 고소하기까지 출생 미등록 아동으로서 겪어야 했던 고단한 자기 삶의 이야기를 풀어간다. 심지어 이 이야기는 단지 영화적 허구가 아니었다. 주인공으로 출연한 아역 배우는 실제 출생신고 미등록아로 칸영화제 시상식 참여 일주일 전까지 법적으로 존재하지 않는 신분이었다고 한다. 만약 출생신고 미등록아의 현실이 잘 와닿지 않는다면 이 영화를 추천한다. 출생신고 미등록자의 고단한 삶에 대한 사회적 감수성을 높이는 데 도움이 될 것이다.

혼 관계에 있는 외국인 여성의 자녀 등등 관습적으로 인정되는 결혼제도 밖에서 태어난 아동 등은 출생 등록 절차마저 까다로워 출생신고에서 누락되기 쉽습니다.

이와 같은 문제를 방지하기 위해 많은 아동 인권 전문가들은 출생 등록의 주체가 부모가 아닌, 아동이 출생한 의료기관의 장이 되는 **출생통보제**가 도입되어야 한다고 주장합니다. 의료기관에서 출생하는 모든 아이들을 국가기관에 직접 통보한다면, 적어도 존재조차 파악되지 않은 채 부모로부터 방치되고 학대받는 아이들의 수를 크게 줄일 수 있을 거라고 강조합니다.[3]

나도
학교에 다니고 싶어요!

세상에서 여러분의 미래를 여러분만큼이나 가장 기대하고 또 축복하는 존재를 꼽으라면 아마도 부모님이 아닐까요? 넘치는 사랑만큼 조언도 아끼지 않는데, 가끔은 조언을 넘어 이런저런 잔소리가 이어지기도 합니다. 특히 부모님의 잔소리 중에는 아마 이런 내용도 있을 것입니다.

....
3. 다행히 출생통보제의 필요성에 대해 끊임없이 한목소리를 낸 결과, 2021년 6월 법무부는 출생통보제 도입을 골자로 하는 '가족관계의 등록 등에 관한 법률'의 개정안을 입법 예고하였다. 영국, 미국, 독일처럼 대한민국에서도 출생통보제가 시행되는 그 날이 빨리 오기를 바란다.

"내가 너한테 밖에 나가서 돈을 벌어오라고 했니? 그냥 공부만 열심히 하라는데, 그게 그렇게 어려워?"

혹시 공부하라는 부모님의 잔소리에 질려 차라리 밖에 나가서 돈을 버는 게 낫겠다고 생각했던 적이 있는지도 모르겠습니다. 하지만 경제활동은 결코 만만한 것이 아닙니다. 게다가 열심히 일한 것에 대한 대가를 제대로 받지 못한다면 어떨까요? 세상에는 하루하루 고된 노동에 시달리면서도 끼니조차 해결하기 어렵고, 자신의 미래에 대한 꿈을 꾸는 건 사치인 아이들이 있습니다. 그런 아이들에게 부모님의 경제적 보호 아래 애정 가득한 잔소리 속에서 공부만 하는 건 꿈 같은 삶일지 모릅니다.

32조 노동과 착취로부터 보호받을 권리를 보장받지 못하는 아이들

세계에서 얼마나 많은 아이들이 열악한 환경에서 가혹한 노동에 시달리고 있는지 한번 살펴볼까요? 필리핀에는 금을 채취하기 위해 달랑 고무호스 하나를 입에 물고 지하 25m 갱도 물속으로 들어가는 아이들이 있습니다. 또 인도에는 펄 화장품 재료로 쓰이는 운모를 얻기 위해 어른들이 들어갈 수 없는 좁은 구멍 속에서 제대로 된 안전모나 신발도 없이 망치를 두들기는 아이들이 있지요. 또한 인도네시아에는 아무런 안전 장비 없이 맨손으로 10m가 훌쩍 넘는 망고나무에 올라 매일 8시간씩 망고를 따는 아이들도 있습니다. 어디 그뿐인가요? 태국에는 칵테일 새우를 가공하는 아이들이, 코트

디부아르에서는 카카오를 수확하는 아이들이, 터키에는 옷을 제조하는 아이들이 있습니다. 모두 교육은커녕, 열악한 환경에서 온종일 강도 높은 노동에 시달리고 있습니다.

국제노동기구에 따르면, 전 세계 아동 노동자 수는 1억 7천만 명으로 전 세계 어린이의 13%를 차지한다고 합니다. 이들의 평균 일당이라고 해봐야 우리나라 돈으로 고작 3,000원 정도에 불과하죠. 겨우 이 돈을 벌기 위해 학교도 가지 못한 채 고된 노동에 시달리고 있는 것입니다. 아동을 학교에 보내지 않는 것은 「유엔아동권리협약」 28조 교육받을 권리를, 아동들에게 일을 시키는 것은 32조 노동과 착취로부터 보호받을 권리를 해치는 행위입니다.

심지어 남아메리카에는 10세 아동의 노동을 합법화한 나라가 있습니다. 바로 볼리비아입니다. 은광, 주석, 소금 등 풍부한 천연자원 보유국이지만, 끝없는 외세의 침략과 내전으로 세계에서 가장 빈곤한 나라 중 하나가 된 볼리비아에서는 2014년 아동 노동을 합법화했죠. 무려 100만 명의 아이들이 하루 겨우 700원을 벌기 위해 광산과 농장에서 8시간 이상 고된 노동을 하고 있습니다. 아동 노동 합법화를 주도한 에보 모랄레스 대통령은 이렇게 주장했다고 하네요.

"굶는 것보다 일하는 것이 덜 고통스럽다고 말하는 아이들을 위한 빈곤 해결 방법이다."

하지만 이런 주장에 대해 아동 인권 전문가들은 입을 모아 강하게 비난합니다. 즉 "아동 노동은 빈곤을 해결할 수 없고, 오히려 영속시킬 뿐이다. 아동 노동 합법화는 세계의 흐름에 역행하는 끔찍한 움직임일 뿐이다."라고 강조했죠.

학습이라는 이름으로 자행되는 우리나라의 노동착취

한국의 모습은 어떠할까요? 2021년 10월 특성화고에 재학 중이던 한 학생이 요트업체에 현장 실습을 나왔다가 사망했습니다. 잠수 자격증도 없는 고등학생인 실습생에게 2인 1조로 작업해야 한다는 수중 작업규칙마저 어기고, 근로기준법상 18세 미만에게 금지된 선체 외부 이물질제거 작업을 시킨 결과였죠. 또 2017년에도 현장 실습을 나온 공장에서 혼자 기계를 수리하다가 기계에 끼어서 숨진 특성화고 학생이 있었습니다.

교육부는 현장 실습은 특성화고 학생들의 취업을 도우려는 교육과정의 하나로 노동이 아니라는 입장이지만, 현실에서는 청소년을 저임금 비정규직 노동자로 착취하는 정책으로 악용될 수 있다는 우려의 목소리가 높습니다. 특성화고등학생 권리연합회는 현장 실습은 노동이 아닌 교육과정으로 분류되어 기업들이 근로기준법을 준수할 필요가 없고, 최저임금에 못미치는 현장 실습 수당만 지급해도 되는 값싼 아동 노동 착취 제도라고 주장합니다.

아동 노동을 줄이는 착한소비, '공정무역' 동참하기

한편에서는 지구상에서 아이들의 노동을 착취하는 행위가 사라질

국제공정무역기구의 공정무역 마크(좌)와 WFTO마크(우)
아동 노동으로 생산되지 않는 공정무역 상품에 대한 수요가 많아진다면 위험하고 불공정한
환경에서 이루어지는 아동 노동이 점차 사라지지 않을까?

수 있도록 다양한 캠페인이 이루어지고 있습니다. 예컨대 유니세프
와 같은 국제기구는 아동 노동을 없애기 위해 각 국가의 관심을 높
이는 캠페인(#Notochildlabour)을 진행하고 있죠. 또 국내·외 기업
들은 해외 사업장과 공급망에서 발생 가능한 아동 노동을 근절하겠
다고 서약하기도 했습니다.

　우리는 아동 노동 근절을 위해 무엇을 할 수 있을까요? 아동 노동
으로 만들어지지 않은 공정무역 생산 제품임을 보증하는 국제공정
무역기구의 공정무역 마크(Fairtrade Mark)[4]가 있습니다. 또 안전하고
공정하며 지속가능한 환경에서 제품을 생산하는 기업임을 의미하
는 'WFTO(World Fair Trade Organization) 마크[5]도 있지요. 공정무역

....
4. 국제공정무역기구 한국사무소(www.fairtradekorea.org)
5. 세계공정무역기구(WFTO)(https://wfto.com/)

상품에 대한 수요가 많아질수록, 위험하고 불공정한 환경에서 생산되는 상품과 아동 노동이 점차 사라지지 않을까요? 작은 힘이 하나, 둘 모이고 또 모이면 결국 엄청난 영향력을 발휘할 수 있습니다. 2021년은 '아동 노동 철폐의 해'이기도 했죠. 작은 실천에서 시작해 커다란 사회변화로 이어지기를 바랍니다.

온갖 범죄 수단으로 이용당하는 아이들

우리나라뿐만 아니라 세계 여러 나라에서 마약류로 지정된 성분들은 일반적인 유통 및 투여를 엄격하게 금지하고 있습니다. 때때로 유명 연예인의 마약류 불법투약 사실이 세간에 알려지면서 사회적 이슈가 되기도 하죠. 이토록 마약을 엄격하게 취급하는 이유는 중추신경계에 작용하면서 오용하거나 남용하면 인체에 심각한 위해를 줄 수 있기 때문입니다.

마약으로부터 보호받지 못하는 전 세계 아이들

위중증 환자들은 통증 완화를 위해 의학적 필요에 따라 모르핀, 옥시코돈, 트라마돌, 코데인 등의 진통제를 처방받을 수 있습니다. 하지만 이 진통제들은 오남용하면 중추신경계의 자극 전달 기능을 억제함으로써 환각작용도 일으키는 마약의 일종입니다. 일부 사람들은 치료 목적으로 진통제를 처방받은 후, 한 장의 처방전으로 여러 약국을 돌아다니며 불법적으로 마약을 다량 구매한 후, 재판매하며 돈을 벌기도 합니다. 또 마약 제조 및 재생산 과정에 의심을 피하기 쉽고, 발각되어도 구속하기 어려운 어린 아동들을 이용하고 있죠. 이는 「유엔아동권리협약」 33조 마약 생산, 판매로부터 아동 보호 권리를 보장받지 못하는 대표적 사례입니다.

반군과 정부군의 갈등 속 마약에 내몰리는 우크라이나 아이들

우크라이나는 1991년 구소련 체제에서 독립했습니다. 서유럽의 영향을 받은 서쪽과 러시아의 영향이 강한 동쪽의 정치 성향이 워낙 다르다 보니 오랜 시간 극심한 동서 갈등이 이어져 온 나라입니다. 특히 2014년에 러시아가 크림반도를 강제로 병합하면서 우크라이나의 동서 갈등은 점점 더 고조되었죠. 게다가 우크라이나를 두고 미국·서방세계와 러시아 간의 이해관계 또한 첨예하게 대립해왔습니다. 그러다가 결국 2022년에 러시아가 우크라이나를 침공하며 전쟁이 일어난 것입니다. 하지만 이미 이번 전쟁이 발발하기 전부터도 우크라이나에서는 친러시아 세력의 반군과 정부군 간의 내전이 이어지곤 했습니다. 특히 러시아와의 접경 지역인 돈바스에서는 내전으로 1만 3,000여 명 정도가 사망하였고, 100만 명 정도의 전쟁 피난민이 발생하기도 했습니다.

내전으로 고아가 되어 길거리로 내몰린 아이들은 러시아에서 건너온 마약을 쉽게 접하게 됩니다. 사회 혼란 속에 방치된 아이들은

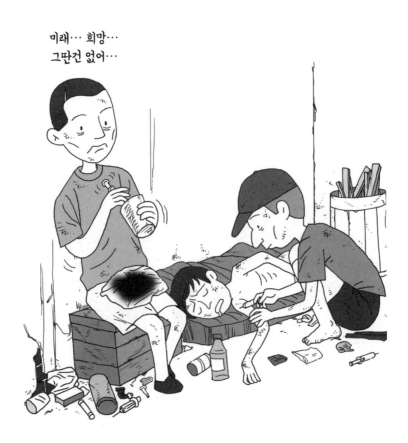

미래… 희망…
그딴건 없어…

#무엇이_#이_아이들을_#마약의_나락으로_#떨어뜨렸나?

마약에 중독되고, 일부는 마약을 제조하기도 합니다. 내전으로 폐허가 된 돈바스의 시내 곳곳에서 마약에 취해 정신을 잃고 쓰러져 있는 어린아이들을 발견하는 것은 어렵지 않다고 합니다. 이미 마약에 중독된 아이들은 초점이 없는 눈으로, 주사바늘 흔적으로 상처투성이가 된 서로의 팔에 또 다른 주사를 놓아줍니다.

우리나라의 마약 청소년 급증 사례

마약, 과연 남의 나라만의 문제일까요? 유엔 마약범죄사무소에 따르면, 2018년 기준 세계 마약 투약자 수는 3억 명을 넘었고, 우리나라도 매달 마약사범으로 입건되는 사람이 1,000명을 넘어, 마약 청정국의 타이틀을 내려놓은 지 이미 수년이 지났습니다.

SNS에도 품질 인증과 안전 거래를 보장한다는 마약 광고들을 쉽게 찾아볼 수 있죠. 2018년 방송통신심의위원회의 요청으로 삭제된 마약 광고만 1만 1천 545건이고, 지난 2020년 온라인 마약 거래로 검거된 인원은 2,608건으로 5년 새 무려 133%나 증가했습니다.

현재 마약 거래는 모바일 기술과 비대면 방식이 결합되어 더욱 은밀히 진행됩니다. 구매자는 암호화 메신저인 텔레그램 채팅을 통해 물건과 가격, 거래 일시 등의 구매 조건을 확인하고, 대포 통장에 대금을 송금하면, 판매자는 특정 장소에 마약을 가져다 놓은 후, 장소를 구매자에게 안내합니다.

또한 마약류 전달책 모집 광고도 쉽게 접할 수 있습니다. 광고에 적힌 SNS를 통해 한 기자가 접선을 시도하자 "성실하게 하면 한 달

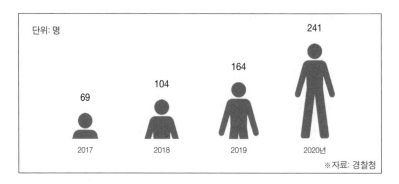

단위: 명

241

164

104

69

2017　　　　2018　　　　2019　　　　2020년

※자료: 경찰청

2017~2020년까지 10대 마약사범 추이
청소년 마약사범은 2017년 69명에서 2020년 241명으로 무려 3.5배나 늘어났다.

에 500만~1,000만 원까지 벌 수 있다"는 답변이 돌아왔다고 합니다. 그러면서 필요한 서류로 가족관계증명서, 주민등록등·초본, 주민 등록증을 들고 얼굴과 함께 촬영한 인증 사진, 가족·친구 연락처, SNS 주소 등을 요구했죠. 판매상은 "전달책이 만지게 될 물건이 수 천만 원에 달한다"며 "개인정보를 팔려는 의도가 아니라 전달책들이 중간에 약을 빼돌릴 경우를 위한 것"이라고 덧붙였다고 합니다.[6]

　텔레그램, 다크 웹, 가상화폐 등의 디지털 수단이 발달할수록 거 래는 쉬워진 반면에 단속은 점점 더 어려워지고 있습니다. 인터넷 에 익숙한 19살 이하 마약사범이 가파르게 증가하고 있다는 점에 주목해야 합니다. 2020년 검거된 청소년 마약범은 132명으로 2019 년에 비해 83%나 증가했습니다. 2021년 5월 경남에서는 마약성 진

6. 박지연·이진혁 〈텔레그램으로 마약거래… 진단서 없이 '펜타닐' 처방 병원도〉, 《파이낸셜뉴 스》, 2022.2.6.

통제인 펜타닐 패치를 처방받아 투약 및 유통한 10대 청소년 42명이 경찰에 붙잡혔죠. 이들은 모르핀보다 100배 정도 강도가 높다고 알려진 펜타닐 패치를 2020년부터 부산·경남 지역의 병원과 약국 등을 돌며 처방받았고, 공원, 상가 화장실, 심지어 학교에서도 몰래 투약했습니다.

특히 서울의 강남 학원가에서는 극한의 경쟁에 내몰리며 학업 스트레스가 높은 10대 학생들을 전문으로 노리는 마약 딜러까지 존재한다고 합니다. 경찰청의 조사 결과, 10대들은 필로폰, 합성대마, 엑스터시 등의 향정신성의약품 다음으로, 다른 마약보다 약하다고 생각되는 대마계열의 마약에 쉽게 손을 댄다고 합니다. 중독치료전문의에 따르면, 청소년 시기 마약은 충동 제어 시스템을 무너뜨리는 등 뇌 성장에 매우 치명적인 영향을 미친다고 합니다. 더욱이 청소년 마약은 마약 구매 자금을 마련하기 위해 절도, 사기, 조건만남 등의 2차 범죄 발생률까지 높일 수 있다는 점에서 적극적인 사회적 보호가 필요합니다.

노동의 정당한 대가를
받지 못하는 사람들

앞서 노동력을 착취당하는 아이들에 대한 이 야기를 했는데, 이러한 착취는 비단 아이들만의 문제는 아닙니다. 여러분 중에도 혹시 아르바이트 경험이 있을지 모르겠습니다. 노동 자라면 자신이 제공한 노동에 대해 정당한 대가가 돌아오기를 기대 할 것입니다. 하지만 세상에는 노동의 정당한 대가를 받지 못하는 사람들이 생각보다 많이 존재합니다. 노동의 대가에 훨씬 미치지 못하는 비용에 체념해야 할 때도 있고, 때론 아예 아무런 대가도 받 지 못하는 사람들마저 있습니다.

특히 눈부신 과학기술의 발달과 함께 시작된 4차 산업혁명 속에 서 이전에 접하지 못한 새로운 형태의 경제 수익구조 모델이 속속 생겨나고 있습니다. 그런데 안타깝게도 그 과정에서 노동에 대한 정당한 대가와 노동 인권은 철저하게 배제되기도 합니다.

승승장구하며 시장을 장악하는 플랫폼 기업들

초연결, 초지능, 초융합으로 대표되는 4차 산업혁명 시대에 무섭게 떠오른 것이 바로 플랫폼 기업입니다. 플랫폼(platform)이란 사람들이 열차를 타고 내리는 곳인데, 이 개념을 경제적 측면으로 확장시켜 온라인에서 판매자와 소비자가 서로 만나 제품이나 서비스를 주고받을 수 있는 만남의 장을 구축한 기업을 말합니다. 애플과 아마존 등이 대표적 글로벌 플랫폼 기업이죠. 애플은 아이폰이라는 하드웨어를 중심으로 직접 제작한 어플리케이션(이하 앱)을 판매하려는 판매자와 필요한 앱을 구매하려는 소비자들이 만날 수 있는 환경을 제공합니다. 아마존은 신뢰 가능한 결제 서비스와 상품의 보관 및 배송 대행을 제공하며 온라인에서 다양한 상품의 판매와 소비를 가능케 함으로써 전 세계 상품 유통을 이끌고 있죠.

플랫폼 기업과 비플랫폼 기업을 구분하는 가장 큰 특징으로는 판매자와 소비자 모두에게 자신이 원하는 가치를 얻을 수 있는 새로운 환경을 제공한다는 점입니다. 이로써 판매자와 소비자 양측 모두 자발적으로 플랫폼 기업의 고객이 되게 하죠. 여러분도 자주 이용하는 배달앱을 예로 들어 설명해볼까요? 음식을 팔려는 음식점 사장님과 맛집을 선호하는 소비자가 있습니다. 배달 플랫폼 기업은 배달앱을 통해 사장님과 손님들을 연결하는 환경을 설계하고, 손쉬운 홍보 및 믿을 수 있는 결제 서비스를 제공합니다. 배달앱을 사용하여 음식을

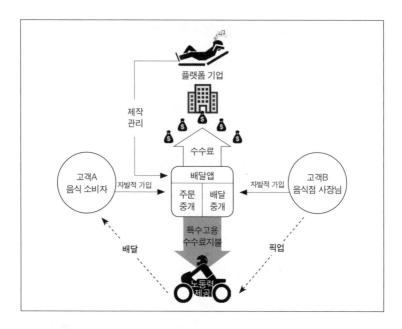

배달 플랫폼을 통해 보는 플랫폼 기업의 구조

플랫폼(platform) 개념을 경제적 측면으로 확장해 온라인에서 판매자와 소비자가 제품이나 서비스를 주고받는 만남의 장을 구축한 것이 플랫폼 기업이다. 하지만 플랫폼 안에서 노동을 제공하는 근로자들은 사업자로 간주되어 노동자로서 권리를 제대로 보호받지 못하고 있다.

더 많이 팔게 된 음식점 사장님들과 더 빠르고 더 쉽게 음식을 구매할 수 있었던 손님들은 너도나도 배달앱에 자발적으로 가입하게 되고, 플랫폼은 성장해 나가는 거죠. 세계 10대 기업 중, 6개 기업이 플랫폼 기업일 정도로 플랫폼 기업은 현재를 넘어 미래 세계 경제를 이끌 차세대 사업으로 꼽힙니다. 전 세계 많은 기업이 독자적인 기술력과 거대한 투자금을 이용하여 새로운 플랫폼 기업을 세우고 기존 플랫폼 사업의 영향력을 넓히려 노력하는 이유입니다.

거꾸로 가는 인권,
플랫폼 노동자의 고단한 현실

플랫폼 기업들이 고속 성장하는 동안 반대로 점점 더 시름이 커지는 집단이 있습니다. 바로 플랫폼 노동자들입니다.

근로자로 인정받지 못한 채 사각지대로 내몰린 플랫폼 노동자들
국제노동기구(ILO)는 플랫폼 노동자를 다음과 같이 정의합니다.

> "온라인 플랫폼을 이용하여 불특정 조직이나 개인의 문제를 해결해주고 서비스를 제공함으로써 보수 혹은 소득을 얻는 노동자"

쉽게 설명하면, 플랫폼이라는 온라인 환경에서 생산자와 소비자들 간 거래가 실제 이뤄지도록 도움으로써 노동의 대가를 받는 분들을 말하는 거죠. 그런데 이 노동자들의 대부분은 노동자 보호법의 보호를 제대로 받지 못하고 있습니다. 왜 그럴까요? 그건 플랫폼 노동자들 대부분은 법적으로 하나의 사업주체로 간주되기 때문이죠. 소위 '사장님'으로 대우하는 것입니다. 그래서 고용주, 즉 플랫폼에서의 판매자나 사업자들과 '사업자 대 사업자'의 동등한 관계로 계약하는 '특수고용'의 형태로 진행됩니다. 하지만 플랫폼 노동자의 실제 노동 형태는 노동력을 필요로 하는 고용주(플랫폼에서의 판매자, 소비자 또는 플랫폼 사업자)에게 자신의 노동력을 제공하는 것이므로, 고용주-노동자의 관계에 더 가깝습니다. 따라서 그저 무늬만 사장님인 셈이죠. 하지만 법적으로 **특수고용** 형태를 띠다 보니 여러 가지 혜택에서 제외됩니다. 즉 사업자로 계약된 노동자는 근로기준법상 근로자로서 인정되지 않기 때문에 노동자 보호법 적용 대상이 아닙니다. 이는 고용주가 노동자에 대한 책임을 회피할 수 있다는 문제점이 있습니다. 만약 플랫폼 노동자가 배달 중 교통사고 등을 당해서 부상을 입어 3달 동안 입원 치료를 받았다면, 누가 치료비를 내야 할까요? 산재보험제도에 따라, 국가는 사업주로부터 근로자의 산재보험료를 징수하고 있어 일반 근로자라면 국가에 치료비를 청구할 수 있습니다. 또 입원 등 일하지 못한 기간에 대해 산재보험 급여를 받을 수 있죠. 하지만 플랫폼 노동자들은 법적으로 근로자가 아니기 때문에 산재보험의 혜택을 받지 못합니다.

다만 1인 사업자로 플랫폼 노동자가 직접 4대보험에 가입한다면 산재보험이나 고용보험 혜택을 받을 수도 있습니다. 하지만 플랫폼 노동자 대부분 소득이 들쑥날쑥한 영세한 사업자라 다달이 납부해야 하는 보험료에 대한 부담으로 보험 가입자는 찾아보기 어렵죠. 이런 이유로 근로자들의 안정적 일자리 보장을 위해 실시하고 있는 고용보험제도도 플랫폼 노동자들에게는 그림의 떡입니다.

플랫폼 노동자의 유형을 알아보자

우리 주변의 플랫폼 노동에는 무엇이 있는지 좀 더 알아볼까요? 플랫폼 노동은 크게 두 가지 방식으로 나뉩니다. 첫 번째 방식은 지역

기반 플랫폼을 통해 노동수요자와 노동제공자의 체결이 이루어진 후, 오프라인에서 즉각적인 서비스 제공이 시행되는 온 디맨드(On-demand) 노동입니다. 우리가 일상에서 자주 접하는 음식 배달자, 대리운전기사, 퀵서비스기사, 가사도우미 등이 온디맨드 노동자입니다. 예를 들어, 우리가 카카오 대리, T맵 대리 등 앱을 통해 대리운전을 요청하면, 가까운 거리에 있는 기사님이 찾아와 대리운전을 해주고 수수료를 받습니다. 대리운전 기사님들은 대리운전 회사에 고용된 근로자가 아니라, 각자 앱을 통해 일거리를 제공받는 노동자입니다. 세상에는 더 다양한 온디맨드 노동자들이 존재합니다. 냉장고를 채워주는 인스타카트(Instacart), 의사들을 파견하는 메디캐스트(Medicast), 벽 페인팅, 반려견 산책, 콘서트 티켓 구매 등 다양한 업무들을 요청할 수 있는 태스크래빗(TaskRabbit) 등이 있죠.

두 번째 방식은 크라우드소싱(Crowd sourcing) 노동입니다. 노동 수요자가 플랫폼에서 특정 업무를 게시하면 불특정 다수의 노동 제공자들이 참여하여 계약을 맺고 업무를 수행하는 방식입니다. 크라우드소싱은 온라인에서 모든 업무가 진행되어, 비대면적 업무 처리 방식이 특징이죠. 주로 웹툰, 웹소설, 번역, 소프트웨어, 데이터 가공의 업무에 크라우드소싱 노동이 활용됩니다. 국내 AI 데이터 크라우드소싱 플랫폼인 메트웍스(www.metworks.com)는 AI 개발을 위해 데이터가 필요한 의뢰자로부터 업무를 위탁 받은 후, 데이터 라벨링 업무에 관심이 있는 다수의 사람들에게 업무를 부여하여 완성하게 합니다. 크라우드소싱 노동자들은 어떤 조직에도 소속되어 있지 않아 업무 수행을 언제 어디에서 이행할지를 자유롭게 정할 수 있으며, 계약서에 지시된 업무만 달성하면 됩니다.

클릭한 상품이 우리 집에 오기까지

'퀄리티 있게 새벽배송, 마ㅇ컬리 샛별배송', '☆팡맨이 로켓배송', '새벽배송 미식, ◆(쓱)-케일', 'ㅁ데온, 바로배송'…

2015년 새벽 배송 시스템이 처음 도입되자, 소비자들의 반응은 가히 폭발적이었습니다. 이러한 반응에 부응하기 위해 유통기업들은 너도나도 빠른 배송 경쟁에 열을 올렸습니다. 잠자기 전에 주문해서, 다음 날 아침 현관 앞에 배송된 물건을 확인하는 것이 어느새 흔한 일상이 되었죠. 하지만 이러한 편리함 뒤엔 또 다른 일들이 벌어지고 있습니다. 다음은 비인간적 노동에 내몰린 배송기사들이 과로사로 사망한 사건을 보도한 기사들입니다.

'심야 배송' 40대 택배 노동자 숨진 채 발견-연합뉴스

배송노동자 근무중 사망…엘리베이터 없는 건물서 쓰러져- 한국경제TV

밤마다 펼쳐지는 새벽배송 '죽음의 레이스'-서울신문

특히 코로나19 확산을 막기 위해 정부의 사회적 거리두기 지침이 강화됨에 따라 택배 물량과 음식 배달의 요청은 폭발적으로 늘어났습니다. 예컨대 쿠○은 2020년보다 2021년에 물량이 22% 증가했고, 배달대행업체 바로○의 배달 건수는 2019년 5,692건에서 2020년 1억 3,322건으로 134.0%나 늘었다고 합니다. 물량 증가로 배달 기사들의 업무 부하는 커지는 데 반해, 배달 기사들의 과중한 업무량에 대한 회사 측의 고려는 어쩐지 찾아보기 어렵습니다.

동상이몽, 이상한 월급 계산법

2018년 쿠○은 직고용 배달 기사인 '쿠○맨' 대신 자신의 차량으로 배송 업무를 하고 건당 수수료를 받는 '쿠○ 플렉스'를 모집했는데, 이때 "월 수익 500만 원 가능"이라는 홍보 문구를 내걸었죠. 처음 플렉스 인원을 모집하기 위해 배송 건당 수수료를 3,000원까지 쳐주었을 때는 그나마 가능했을지 모르나, 전국적으로 하루 평균 4,000명의 플렉스들이 일하고 있는 현재 일반 상품의 건당 수수료는 850원(심야)/600원(주간), 신선상품 1,050원(심야)/800원(주간)으로 내려간 상황을 고려할 때 터무니없는 수치입니다. 또 음식 배달 라이더를 모집하는 안내문들에는 이런 문구도 찾아볼 수 있습니다.

"시간당 평균 1만 5,000원, 연봉 1억 가능"

연봉 1억이라니. 혹하는 제안입니다. 하지만 과연 이것이 가능할까요? 간단한 산수 계산을 해봅시다. 건당 평균 배달 수수료는 3,000 원입니다. 단 한 번의 배달 지연이나 콜을 놓치지 않고, 시간당 4~5 건의 콜을 잡아서 하루 평균 10시간, 한 달을 30일로 잡고 단 하루 도 쉬지 않고 일한다고 가정해서 계산해도 월 360만 원~450만 원으로 차이가 있습니다. 게다가 실제 배송에서는 음식 픽업 시간과 배송지 배달 시간까지 감안해야 하죠. 실제 배달 노동자들의 증언에 따르면, 한 번에 2~4개의 음식을 동시 배달해도, 최저임금인 시간 당 8,720원을 간신히 채우는 경우가 허다하다고 합니다.

이것이 다가 아닙니다. 사업주로 일하는 플랫폼 노동자들은 배달 을 위해 필요한 트럭이나 오토바이 구입부터 기름값, 보험료 등을 모두 본인이 책임져야 합니다. 게다가 배달 기사들이 내야 하는 보 험료도 아주 비쌉니다. 회사에 직접 고용되지 않은 라이더들이 가 입할 수 있는 보험은 '유상운송보험'입니다. 유상운송보험에는 책 임보험과 종합보험이 있습니다. 책임보험은 2,000만 원 안에서 대 물 보상만 받을 수 있고, 만약 이보다 큰 사고가 발생하면 라이더 가 다 책임을 져야 하죠. 책임보험의 보험료는 평균 150만 원 이상 으로 결코 적지 않습니다. 종합보험은 대물, 대인까지 보상도 가능 하지만, 보험료가 연간 250만 원~1,000만 원으로 감당하기 힘든 고 액입니다. 게다가 개인사업자 신분인 플랫폼 노동자들은 소득의 3.3%를 세금으로 내야 합니다. 추운 겨울, 더운 여름 밖에서 장시 간 일하며 땀 흘린 노력에 비해 배달 기사들이 실제 손에 쥐는 대가 는 너무 작은 것 같습니다.

인공지능, 알고리즘의 평가와 지시

충분하지 않은 수수료에 기름값 같은 고정지출 외에도 사고에 따른 수리비용 등과 같은 이런저런 돌발비용의 지출까지 생각하면 배달기사들은 더 열심히 뛸 수밖에 없습니다. 열심히 해도, 배송 시간을 지키지 못하면 이 기회마저 잃을 수 있죠. 플랫폼은 배송 정확도와 고객들의 별점 평가를 통해 배달 기사들을 평가하고 재계약에 반영하니까요. 이것이 바로 '알고리즘 경영' 방식으로, 직고용이 아닌 노동자들을 통제하는 수단이 됩니다.

한 플랫폼 기업을 예로 들면(쿠○사례) 최근 60일 이내 40가구 이상의 배송 내역이 있을 경우, 별점 평균에 따라 배달 기사들을 (그린-옐로우-레드) 3등급로 분류합니다. 인공지능은 수년간 누적된 수요와 공급 데이터를 참고하여, 등급에 따라 (쿠○ 플렉스들에게) 매일 아침 배송 단가와 배정 물량을 차별적으로 결정해주고 통보하죠. 수요보다 공급이 많을 때 점수가 낮은 (레드) 등급의 기사들은 업무 배정을 받기 힘들 수도 있습니다.

또 인공지능은 라이더들의 콜 수락률을 바탕으로 배달료를 변경하며 라이더들을 움직입니다. 거리상 배송 시간이 오래 걸리거나 음식점 밀집도가 떨어져 추가 콜을 잡기 힘든 곳이나 보안이 심한 곳에서 온, 라이더들이 콜 수락을 꺼려하는 속칭 '똥콜'에 대해서는 '+500원'의 배달료를 더 부여하고, 라이더들이 선호하는 '꿀콜'에 대해서는 배달료를 슬쩍 '-500원' 내립니다. 또는 A지역에 너무 많은 라이더들이 몰리고, B지역에 라이더들이 부족하다면, 밀집한 지역에는 '×0.8', 부족한 지역에는 '×1.5' 등으로 수수료를 변경하며 라이더들을 조절합니다. 일일이 지시를 내리는 플랫폼 기업과 그 관리하에 움직이는 플랫폼 노동자의 모습은 마치 직속상관과 부하 직원의 관계와 다르지 않습니다.

편리만 취하고 배려는 없는 고객님들의 갑질

잊을 만하면 한 번씩 배달 기사들과 주민 간의 갈등 문제가 뉴스의 헤드라인을 장식합니다. 2021년에 고덕의 한 아파트단지 정문에는 수백 개의 택배 상자들이 쌓여있고, 주민들은 산처럼 쌓인 택배 상자 더미에서 자신의 물건을 찾기 위해 고군분투하고 있는 장면이 연출되었습니다. 이곳에 대체 무슨 일이 있었던 것일까요? 요즘 공원형 아파트가 늘어나면서, 배달 트럭 등 허가되지 않은 차량은 지하 주차장으로만 통행하도록 규제한다고 합니다. 하지만 2019년 건축법 개정 이전에 지어진 아파트 주차장 높이는 2.3m에 불과합니다. 일반적인 택배 트럭은 높이가 2.5~2.7m라서 진입이 불가능하죠. 이에 주민들은 높이가 낮은 저상트럭을 이용하거나 차량을 개조하라고 요구했습니다. 이곳 주민들에게 차량 개조 시 필요한 경제적 부담과 저상차량 작업 시 감수해야 하는 신체적 부담 등 배달 기사에 대한 고려는 애초에 머릿속에 없었던 것입니다.

또한 단지 내에 오토바이의 출입을 금지하는 아파트도 늘고 있습니다. 소위 고급 아파트임을 자랑하며, 오토바이의 소음과 위험으로부터 주민들을 안전하게 보호하겠다는 거죠. 하지만 시각을 다퉈

#타인의_#고충은_#외면하면서_#자기_편의는_#존중해달라고요?

음식을 배달하는 라이더들에게 오토바이에서 내려 아파트 입구부터 배송지까지 뛰어가야 하는 거리는 한없이 길게 느껴지지 않을까요? 때론 엘리베이터에 음식 냄새가 밴다며 라이더들에게는 계단이나 화물용 엘리베이터를 이용하라고 지시하는 아파트들도 있다고 합니다. 배달 수수료나 배송료 등을 지불했다는 이유로 배달 기사들에 무엇이든 당당히 요청할 수 있다고 생각하며 갑질을 일삼는 고객들이 제발 줄었으면 하는 바람입니다.

공정경쟁의 탈을 쓴 노동력 약탈 실태

화정이의 아버지는 유난히 발이 작으신 편입니다. 어느 날 쇼핑을 가려는 화정이 자매에게 아버지는 운동화를 사다 달라고 부탁하셨습니다. 화정이 자매는 백화점에서 아버지께 어울릴 만한 운동화를 찾아 한참을 돌아다녔지만, 디자인이 맘에 들어서 보면 사이즈가 없고, 그렇다고 사이즈에 맞춰 여성용 운동화를 살 수도 없었습니다. 우여곡절 끝에 아버지 발에 맞는 사이즈를 찾았고, 아버지도 무척 마음에 들어하셨습니다. 야간 운동을 하러 나간 아버지의 신발 밑창에서 불빛이 나오기 전까지…

고심 끝에 아버지에게 사다 드린 운동화가 어린아이용 야광운동화였다는 이 이야기는 김양수 작가의 웹툰《생활의 참견》의 '아빠의 운동화' 편의 일부 내용입니다. 《생활의 참견》은 크라우드소싱을 활용한 웹툰입니다. 이 방식을 활용한 웹툰은 다수의 독자에게 자신이 겪은 에피소드를 받은 후, 작가가 이를 회마다 하나의 주제로 에피소드를 엮어 웹툰을 완성하게 됩니다. 사연이 채택된 독자에게는《생활의 참견》단행본을 보내 보상을 대신합니다. 강요가 아닌 독자들의 자발적 참여이므로 작품의 저작권을 작가가 갖는 것이 법적으로는 문제가 되지 않지만, 김양수 작가는 대가를 지불하지 않고 독자들의 아이디어를 이용하기 때문에《생활의 참견》을 유료화하지 않는다고 밝혔습니다. 하지만 만약 에피소드 제공이 자발적 참여가 아닌 계약에 의한 노동으로 이루어졌다면? 그리고 웹툰의 유료화를 통해 작가가 거대한 이익을 벌어들였다면? 어쩌면 전혀 다른 결과가 펼쳐지지 않았을까요?

온디맨드, 즉 수요를 중심으로 노동 여부가 결정되는 시스템의 플랫폼 노동과 달리, 전문기술을 활용하는 크라우드소싱의 노동 방식은 우리에게 다소 낯설게 느껴질 수 있습니다. 또한 오래전부터 크라우드소싱 노동을 적극적으로 적용해온 미국, 영국, 독일의 기업에 비해, 전통 방식의 근무 환경을 중시했던 한국 기업들은 크라우드소싱을 받아들이는 속도가 느린 편입니다. 하지만 속도의 문제일 뿐, 노동 환경의 변화는 피할 수 없습니다. 해외의 크라우드소싱 노동 사례 속에 존재하는 노동자 인권의 침해 사례에 대해 살펴보며, 우리가 대처해야 할 과제에 대해 생각해봅시다.

1등만 노동의 대가를 받는 살벌한 경매 시스템

크라우드소싱의 진행 방식에는 경쟁적 방식과 협력적 방식의 두 가지가 있습니다. 먼저 노동자들 가운데 업무처리가 더 빠르고 효과적인 한 명이 전체 업무를 위탁받는 경쟁형 크라우드소싱에 대해 살펴보겠습니다.

미국의 크라우드소싱 플랫폼인 탑코더(www.topcoder.com)는 '신뢰할 수 있는 전문가에게 회사의 업무를 맡길 수 있는 세 가지 방법'을 다음과 같이 제안합니다.

첫째, 처리해야 하는 업무에 대해 대회를 개최해라.

둘째, 1등을 차지한 전문가만을 고용해라.

셋째, 업무를 진행해라.

업무를 맡기려 하는 사업자 측에서 볼 때는 참으로 매력적인 제안입니다. 정규 근로자를 고용할 필요 없이 회사 내 근로자들로 충족되지 못하는 전문기술에 쉽게 접근할 수도 있습니다. 아울러 경쟁을 통해 업무 실행의 품질도 보장될 뿐만 아니라, 상대적으로 업무 수행에 대한 보수도 훨씬 적어서 비용상의 이점도 크죠. 하지만 크라우드소싱 노동자 입장에서도 매력적일까요? 예를 들어, 사업주의 의뢰에 따라 회사 로고를 제작하라는 대회가 개최되었다고 합시다. 다수의 디자이너들은 시간과 능력을 쏟아 로고를 만들어 제출하겠죠. 사업주는 제출된 수십 개의 로고 중 가장 마음에 드는 것 한 개만 선택하고 해당 디자인을 작업한 디자이너에게만 약속된 돈을 지불합니다. 나머지 수십 개의 선택받지 못한 로고는 플랫폼의 소유가 되고, 심지어 한 푼의 돈도 지급되지 않죠. 받을 수 있는 것이라곤 기껏해야 플랫폼의 포인트입니다. 하지만 이 포인트조차 없으면 다음 대회에 참가할 수도 없습니다. 실제로 탑코더 플랫폼의 일반거래약관에 아예 이러한 조건을 다음과 같은 문구로 명시합니다.

"대회의 모든 결과물은 플랫폼이 소유하지만, 결제는 1명에게만 한다."

노동자는 사라지고 노동만 오가는 삭막한 근로 환경

협력적 방식은 조금 다를까요? '협력형 크라우드소싱'은 위탁받은 업무를 조각조각 나눠 다수의 노동자들에게 배분한 후, 완성된 조각들을 하나로 통합하여 의뢰자에게 제공하는 방식입니다. 여기에는 어떤 노동자 인권 침해가 존재할까요? 예컨대 번역을 도와주는 플랫폼에 번역일을 의뢰했다고 합시다. 전 세계 번역가들이 각자 능력껏 한 문장, 한 페이지 등을 번역한 후, 플랫폼에 올립니다. 플랫폼 관리자는 번역 퀄리티를 판단한 후, 좋은 번역 조각들을 모아서 전체 번역문을 완성해 고객에게 제공하죠. 이때 번역가들은 한 단어당 1센트 정도의 보수를 받는다고 합니다. 미국의 또 다른 크라우드소싱 플랫폼, AMT(Amazon Mechanical Turk)에서 사진 라벨링을 하는 노동자들은 시간당 평균 1.77달러(약 2,100원)의 임금을 받는다고 하는데, 이를 미국 정부가 정한 연방 최저임금인 시간당

7.25달러(약 8,600원)와 비교하면 명백한 노동착취로 볼 수 있죠.

플랫폼 안에서 일하는 노동자들은 더 이상 한 공간에 머물지 않습니다. 노동자들은 서로 익명이고, 플랫폼상에서 업무 결과물들로만 서로의 존재를 확인할 수 있습니다. 노동자들의 능력은 통과한 업무 수로 평가되어, 업무를 적게 통과시킨 사람은 가차없이 능력미달자로 분류되죠. 과거에 동료들과 함께 앉아 업무 진행에 대해서로 의견과 도움을 주고받던 모습과 너무나 상반됩니다. 이런 시스템 안에서 노동자의 인격 같은 건 그리 중요하지 않습니다.

크라우드들에게 업무를 배부하는 관리자들도 어렵기는 마찬가지입니다. 먼저 그들은 비용을 줄이고 작업 시간을 단축하려는 회사의 요구에 따라, 개별 업무량을 더 자세하게 분류해야 합니다. 예컨대 노동자 한 명에게 배부되는 업무량을 하루단위에서 시간단위로 바꾸면 그만큼 업무 세분화 작업과 작업 결과물을 다시 합치는 데 더 많은 시간이 소요됩니다. 관리자 또한 시간 대신 특정 업무와 과제를 중심으로 계약을 맺은 신용근로시간제의 적용을 받고 있어서 추가 근무 시간에 대한 보상은 받지 못하죠.

일만 시키고 책임은 지지 않으려는 크라우드소싱 플랫폼

AMT의 일반거래약관에는 "플랫폼은 단지 업무위임자와 크라우드 사이의 중개자일 뿐이며, 오직 기술 인프라만을 제공한다."고 쓰여 있습니다. 쉽게 말해 플랫폼은 양측 사이에서 발생할 수 있는 법적 문제에 책임을 지지 않겠다는 선언입니다. 앞서 언급한 낮은 보수, 보수 미지급에 대한 문제뿐만 아니라 모호한 업무 목표 지시, 달성 불가능한 시간 규정, 보수 지급의 지연 등 부당한 대우가 상당수 존재하지만, AMT의 반응은 시큰둥합니다. 노동자가 완성해 플랫폼에 제출한 업무에 대해서, 제출한 업무가 존재하지 않아 보수를 지급할 수 없다고 답하기도 합니다. 심지어 AMT의 잘못이 명백한 경우에도, 노동자들이 적극적으로 대응하기는 쉽지 않습니다. 부당성을 설명하고 증명하는 데 쓰이는 시간, 노동 환경 개선에 소요되는 기간이 너무나 길고 지난하기 때문이죠. AMT에서 겪었던 부당함을 토로하는 터크옵티콘(Turkopticon)이라는 사이트에는 수많은 크라우드 작업자들의 구구절절한 사연들이 산처럼 쌓이고 있다고 합니다.

자고 일어나면 뭔가 달라진 것처럼 빠르게 변화하는 세상에서 앞으로 노동자들의 업무 환경, 권리 등 또한 계속 변화해갈 것입니다. 이러한 변화 속에서 행여 단 한 명이라도 노동자들이 부당한 처우를 받고, 사람들에게 외면당하는 일은 더 이상 없어야 할 것입니다. 현재는 일부 노동자에게만 해당하는 불리한 상황이 점점 더 많은 노동자, 나아가 노동자 전체로 확장될 수 있기 때문입니다. 우리가 이것을 외면한다면 지금은 나와 관계없는 일일지 몰라도, 가까운 미래에 부당함을 직면하게 될지 모릅니다. 약자들이 겪는 부당함에 공감하며 함께 문제를 해결하기 위해 노력해야 하는 이유입니다.

울타리 바깥으로
내쳐진 사람들

　　2장에서 전쟁으로 인해 하루아침에 삶의 터전을 잃고, 물리적 폭력이 난무하는 가운데 평화는커녕 생존마저 위협받는 사람들의 이야기를 살펴보았습니다. 이들 중에는 어쩔 수 없이 고국을 떠나 난민 신세가 되기도 합니다. 하지만 무사히 목숨을 부지한 채 다른 나라에 도착했다고 해도 이들에게 평화가 찾아오는 것은 아닙니다. 생명의 위협을 느낄 만한 폭력을 피해 간신히 탈출했건만, 겨우 도착한 곳에서 새로운 폭력과 마주해야 하기 때문입니다. 한편 모국에 살면서도 국민으로서 당연히 누려야 할 권리에서 배제되는 등 동등한 대우를 받지 못하는 사람들도 있습니다. 소위 소수민족이라는 이유로 온갖 차별과 탄압을 받는 거죠. 그래서 이곳에서는 나라라는 울타리의 보호를 받지 못하는 사람들의 이야기를 해보려고 합니다.

박탈된 권리,
권리를 가질 권리에 관하여

정치사상계에서 영향력 높은 정치철학자 한나 아렌트는 유대인으로 16년간이나 난민으로 살았던 경험이 있습니다. 그녀는 이러한 경험을 토대로 자신의 책 《전체주의의 기원(The Origins of Totalitarianism)》에서 국가 없는 사람의 삶에 대해 다음과 같이 표현하기도 했습니다.

> "고향을 떠났더니 고향 없는 사람이 되었고, 국가를 떠났더니 국가 없
> 는 사람이 되었으며, 인권을 한번 박탈당하고 났더니 그때부터는 아무
> 권리가 없는 사람, 곧 지구의 쓰레기가 되었다."

무국적자가 된 한나 아렌트

한나 아렌트는 왜 난민의 신세가 되었을까요? 그녀는 1906년 독일에서 태어나 100년 전통의 마르부르크 대학에서 한스 요나스, 레오 스트라우스, 베르베르트 마르쿠제, 카를 뢰비트, 엠마뉘엘 레비나스 등 천재 철학자 및 사상가들과 함께 철학을 공부했죠. 그녀는 본래 정치보다는 순수학문 탐구에 깊은 열정을 갖고 공부에 정진했습니다. 하지만 1933년 히틀러가 수상에 취임하며 유대인들에 대한 탄압이 본격화되자, 시온주의자의 요청에 따라 독일의 반유대적 기사와 선전물을 모아 세상에 알리려다 '공포감 조성' 죄목으로 나치 돌격대

에게 체포되었죠. 간신히 석방된 아렌트는 그 길로 독일을 떠나 프랑스 파리로 피신합니다. 1935년 독일에서는 '독일제국시민법'과 '혈통보호법'을 담은 「뉘른베르크법」이 공포되었다는 소식에 전해집니다. 이로써 모든 유대인들은 독일의 시민권과 공무담임권[7]을 박탈당하고, 유대인과 독일인의 결혼은 금지됩니다. 한나 아렌트도 「뉘른베르크법」에 의해 '무국적자'가 되었죠. 이후 1939년 독일이 폴란드를 침공함에 따라 2차 세계대전이 발발했고, 프랑스는 프랑스에 피신해 있던 독일 유대인을 '적국 국적자'로 분류하여 프랑스 남부의 귀르(Gurs) 포로수용소에 구금합니다. 1940년 나치 돌격대가 프랑스를 접수하는 사이, 혼란한 틈을 타 수용소를 탈출한 아렌트는 1941년에 간신히 나치의 감시망을 피해 유럽을 떠날 수 있는 유일한 출구인 리스본으로 도망쳤죠. 당시 미국은 국제연맹(League of Nations)[8]이 무국적 난민을 위해 발급하는 난센 여권 및 비자를 유대인들에게는 발급 금지했으나, 몇몇 미국 외교관이 위험을 무릅쓰고 유대인 도망자들에게 여권과 비자 발급을 도와준 덕분에 아렌트는 미국으로 망명할 수 있었죠.

권리를 가질 권리를 잃어버린 사람들

갑작스러운 세계의 정치 상황 변화로 수백만 명의 사람들이 수십

....
7. 국민의 기본권으로서 참정권 중의 하나로, 국민이 국가나 지방자치단체 기관의 구성원이 되어 공무를 담당할 수 있는 권리.
8. 제1차 세계대전 후에 설립된 국제평화기구로서 국제연합의 전신.

년간 소속되어 있던 공동체들이 무너졌습니다. 이들은 어느 국가에서도 시민권을 주장할 수 없게 되었죠. 1948년에 채택된 세계인권선언은 "인간은 오로지 인간이라는 이유만으로 권리를 가진다."고 명시했지만, 그들은 이 세상에서 자신들이 인간으로서 권리를 가질 수 없다는 것을 알게 됩니다. 즉 '권리들을 갖기 위해 가져야 할 진짜 권리'가 존재한다는 냉혹한 현실을 깨달았죠. 16년 동안 '무국적자', '적국 국적자로서의 포로', '망명자'로 살아온 한나 아렌트는 자신의 책 《전체주의의 기원(The Origins of Totalitarianism)》에서 바로 이 점을 지적합니다. 권리들을 가질 권리를 갖기 위해 "인간은 우선 정치 공동체의 일원이어야 한다. 즉 시민권을 가져야 한다."는 것을 밝혔습니다. 그리고 권리들을 가질 권리가 없는 두 집단으로 '국가가 없는 사람들'과 '소수민족 사람들'을 소개했죠.

국가가 없는 사람들은 이처럼 대체로 국가의 대대적 국권 박탈 조치로 시민권을 잃은 사람들입니다. 한편 소수민족의 경우에는 다민족으로 구성된 거대 제국들이 1차 세계대전으로 와해 되면서 동유럽과 남유럽에 형성된 독립국가에 흡수된 채 살아가는 민족들이 대표적입니다. 예를 들어, 오스트리아-헝가리 제국 붕괴로 체코슬로바키아에 흡수된 슬로바키아인, 독일제국으로부터 분리되어 폴란드에 흡수된 리투아니아인 등이죠. 슬로바키아인과 리투아니아인은 공식적으로 각각 체코슬로바키아와 폴란드의 시민이지만, 사회를 주도하는 체코슬로바키아인과 폴란드인들과 구별되는 소수민족입니다. 이들은 시민이라면 당연하게 누리는 권리에서 소외되었습니다. 나치가 수백만 명의 유대인을 죽음으로 몰아넣기 위해 가장 먼저 한 행동은 바로 시민권을 박탈하여 어떤 법적 지위도 없는 상태로 만든 것이었습니다. 인권탄압과 유린에 대응하기 위해 가져야 할 기본적 권리를 없애기 위함이었죠.

그렇다면 우리가 살아가는 현 사회는 그때와는 다를까요? 전 세계인이 모두 인간이란 이유 하나만으로 '권리를 가질 권리'를 잘 누리고 있을까요? 이제부터 한나 아렌트의 관점으로 현대 세계에서 소수민족의 삶을 살펴보며 그들이 누리지 못하는 것들에 대해 확인해보기로 합시다.

러일 영토분쟁에 휘둘리는 아이누족과 아이누어의 운명

"이랑까랍떼"

좀 생소한 이 말은 소수민족인 아이누어족의 언어로 '사랑합니다'라는 뜻입니다. 이 낯선 민족의 이야기가 2020년 도쿄올림픽을 통해 세계인에게 알려지게 되었죠. 올림픽은 스포츠를 통해 신체적 정신적 발전과 상호 이해를 증진함으로써 세계평화 건설을 목표로 개최됩니다. 특히 올림픽은 전 세계에 개최국을 널리 알릴 수 있는 기회의 장입니다. 올림픽이라는 무대를 통해 자국의 문화나 경제,

과학기술 발전 등을 마음껏 홍보하는 거죠. 2020 도쿄올림픽 개최국인 일본도 자국을 대표하는 다양한 사회·문화적 요소들을 올림픽에 담아냈습니다. 예컨대 픽토그램을 활용해 올림픽 종목들을 소개하고, 아시아 최초로 빌보드 차트 정상에 오른 사카모토 큐의 노래를 연주하며 세계 문화강국의 이미지를 강조하기도 했습니다. 하지만 욱일기를 형상화한 스포츠클라이밍 구조물이나 폐회식에서 홋카이도에 사는 소수민족 '아이누족'의 삶과 전통춤을 상영한 부분에 대해서는 올림픽의 취지에서 벗어난 '의도적 정치 행위'였다며 국제적 비난을 받았습니다. 그런데 아이누족은 누구이며, 이것이 대체 왜 문제였을까요?

'아이누족'은 18세기까지 홋카이도를 중심으로 쿠릴열도, 사할린 등지에 살아가며 독자적인 언어와 문화를 가진 북방 몽골리안 민족입니다. 당시 점차 동아시아 쪽으로 진출해오는 러시아 세력에 대응하기 위해, 일본의 메이지 정부는 1868년 무력으로 아이누족의 자치권을 박탈하고, 일본에 강제로 통합시켰죠. 이후 1872년 홋카이도 대지 매매임대차 규칙과 대지 관련 규칙, 1877년 지권 발행 조례 등의 근대적 토지 소유권 법령을 시행하며 아이누족의 땅을 빼앗았습니다.

심지어 「홋카이도 선주민 보호법」을 1899년에 제정하여 아이누족에게 야만인이라는 프레임을 씌우고, 그들의 언어와 고유문화를 규제하였습니다. 이는 일제강점기 조선에 행해졌던 민족말살정책과 매우 흡사하죠. 하지만 독립으로 식민 지배에서 벗어난 우리나라와 달리, 아이누족은 여전히 일본에 종속된 상태입니다. 그리고 2017년 기준 아이누인은 고작 1만 3천여 명밖에 남아있지 않고, 그중 300여 명만이 아이누어를 구사할 수 있다고 합니다. 유네스코는 아이누어를 '심각한 위기에 처한(Critically Endangered)' 언어로 분류하고 있죠.

1400년대부터 600여 년의 긴 세월 동안, 철저한 탄압 속에 아이누족의 흔적을 지우고 자국에 동화시켜온 일본 정부였건만, 과거에 대한 사과와 반성은 생략한 채 2019년에 돌연 아이누족을 원주민으로 인정하는 「아이누지원법」을 제정합니다. 그런데 이는 러시아 푸틴 대통령이 2018년 12월 쿠릴열도를 방문하고 아이누족을 러시아 원주민으로 인정한 지 불과 두 달 뒤에 시행된 것입니다. 올림픽 폐막식에서 선보인 아이누족 전통춤 공연이 비난받은 이유는 올림픽이라는 국제무대를 이용해 아이누족이 일본의 원주민이라는 것을 세계인에게 과시함으로써 러시아와의 영토분쟁에서 유리한 고지를 차지하겠다는 얕은 속셈을 뻔히 드러냈기 때문입니다.

현재에도 쿠릴열도에 외국기업의 세금을 면제해주는 특구 설치를 구상하는 러시아와 이를 견제하려는 일본 간의 긴장이 고조되고 있는데, 정작 그 지역 원주민인 아이누족의 의견은 고려되지 않고 있죠. 아이누족의 고단한 삶은 1936년 제3회 아쿠타가와상을 수상한 츠루타 토모야(鶴田 知也)의 소설 《고샤마인기(コシャマイン記)》에서 일본군으로부터 아이누족을 지키려던 아이누족의 영웅, '고샤마인'을 통해 묘사되기도 했습니다. 소설에서는 아이누족에 대한 탄압을 '눈에 보이지 않는 화살'이라고 표현하기도 했죠.

홀로코스트의 재현?
신장 위구르족에 대한 인권탄압 논란

기차역에 500백여 명의 사람들이 모여 있습니다. 이들은 모두 눈가리개를 하고 있고, 심지어 손이 뒤로 묶인 채 무릎을 꿇고 앉아 있습니다. 이후 차례로 기차에 태워져 어디론가 끌려갑니다. 여러분은 무엇이 떠오르나요? 1940년대 유대인에게 자행된 홀로코스트? 1980년대 민주화 운동 탄압? 뭔지 몰라도 꽤 오래전 일일 거라고 짐작되는 것과 달리, 이 장면은 2019년에 미국 방송 ABC가 중국 신장에서 촬영한 것입니다. 공개된 이 영상은 중국 정부의 위구르족 인권탄압 실체를 전 세계에 알리는 도화선이 되었습니다. 이후 《뉴욕타임즈》는 신장에서 위구르족의 경제적 자립을 돕기 위해 운영 중이라고 알려진 직업훈련소가 실제로는 위구르족을 구금하기 위한 수용시설이라는 중국 정부의 내부문서를 보도하기도 했죠. 또 국제탐사보도언론인협회는 중국 사회주의 정치이념 주입을 목표로 100만 명의 위구르인을 가둔 채 운영되는 수용시설의 운영지침에 관한 중국 공산당 기밀문서를 입수해 세상에 폭로하였습니다. 이 문서에는 다음과 같은 내용이 포함되었죠.

- 잠금장치와 감시용 CCTV를 설치
- 수용소 내 생활 태도에 따라 퇴소 시점과 면회의 기회 차등 적용
- 수용소 규칙을 어기는 경우 구타와 고문 시행

비단 수용소뿐만 아니라 중국 공안은 안면인식기능 카메라를 이용해 1,000만여 명의 위구르인 거주하는 신장자치구 전체를 감시해 왔습니다. BBC는 위구르 여성들의 증언을 통해 소수민족 여성들에게 강제 불임 시술을 시행하며 인구 제한을 해왔음을 밝히기도 했죠. '유엔 집단살해죄의 방지와 처벌에 관한 협약'[9]에 따르면 집단살해는 국민적, 인종적, 민족적 또는 종교적 집단을 전부 또는 일부 파괴할 의도로 ① 집단구성원을 살해하는 것은 물론, ② 중대한 육체적, 정신적 위해를 가하는 것, ③ 육체적 파괴를 초래할 목적으로 생활 조건을 고의로 부과하는 것, ④ 집단 내 출생을 막는 것, ⑤ 집단 내의 아동을 다른 집단으로 강제 이주시키는 것을 포함합니다. 이 협약을 근거로 신장 위구르족에 가해지는 인권탄압은 명백한 집단 학살행위라는 주장에 대해, 중국은 보도된 내용은 모두 거짓이며, 이슬람 테러 단체인 알카에다와 연관된 테러 세력에 대한 제재일 뿐이라며 항변하고 있죠. 중국이 위구르족을 이렇게 철저히 규제하는 이유는 무엇일까요?

하나의 중국? 그게 대체 뭐길래…

신장 위구르자치구는 중국 전체 면적의 1/6을 차지하고 있으며, 몽골, 러시아, 카자흐스탄, 키리키즈스탄, 타지크스탄, 아프가니스탄, 파키스탄, 인도 등 8개 국가와 국경을 접하고 있습니다. 지리적으로

....
9. (Convention on the Prevention and Punishment of the Crime of Genocide): 1948년 12월 9일 유엔 총회에서 채택, 1951년 1월 12일 발효, 현재 중국을 포함한 137개국이 협약에 가입.

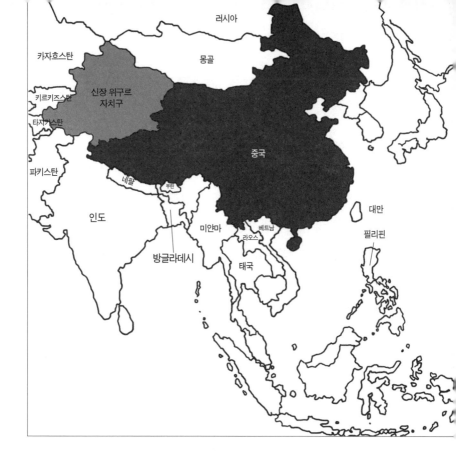

중국과 주변국들

신장 위구르자치구는 중국 전체 면적의 1/6을 차지하고 있으며, 8개국과 국경을 접하고 있다. 지리학적으로 중앙아시아로 나가는 관문이자, 중국 심장부를 지키기 위한 완충지로 국가 보안상 매우 중요한 위치이다.

중앙아시아로 뻗어나가는 관문이자, 중국 심장부를 지키는 완충지대로 국가 보안상 매우 중요한 위치이죠. 또한 경제적 가치도 높습니다. 신장에는 중국 전체 매장량을 기준으로 30%의 석유와 가스, 40%의 석탄 등 다량의 지하자원들이 매장되어 있으니까요. 중국은 서부대개발이라는 이름하에, 2001년 칭장철도를 완성한 후 이를 기반으로 신장에 분포한 석탄, 유색금속, 귀금속 등의 자원 개발을 활발히 하고 있습니다. 신장의 현재 소득수준은 낮지만 계속 성장하고 있어 상품의 주요 생산지이자 시장으로 떠오를 잠재력이 높죠.

게다가 정치적으로 위구르족이 다른 소수민족들에게 미치는 영향도 막대합니다. 왜냐하면 신장 주변국의 거주자 대부분은 원래 역사적으로 하나의 민족이었으나 여러 나라로 흩어져 살게 된 과계민족(跨界民族)입니다. 중국은 그들이 똘똘 뭉쳐서 힘을 키우고, 나아가 중국으로부터 독립이라도 꾀할까 봐 늘 경계합니다. 만약 위구르족이 독립한다면 다른 소수민족들도 가만히 있지 않을 것입니다. 한족 외에 다양한 소수민족으로 이루어진 중국이 '하나의 중국'을 외치며 소수민족에 대한 더욱 철저한 감시와 더 강력한 억압을 하려는 이유겠지요.

위구르족의 인권탄압을 멈추기 위해 세계시민이 할 수 있는 일은?

중국 신장은 세계 5위 면화 생산지로써 세계 면화의 20%를 생산하고 있습니다. 우리에게 잘 알려진 나이키, 아디다스, H&M, 유니클로, 무인양품 등 많은 글로벌 의류 회사도 그동안 신장산 면화를 사용해왔죠. 하지만 신장 면화가 수용시설에 구금된 위구르인들의 강제 노역으로 생산된 것으로 추정된다는 2020년 BBC의 심층 탐사 보도 이후, H&M, 나이키 등은 신장 면화를 사용하지 않겠다며 보이콧을 선언했습니다. 반면 유니클로와 무인양품은 정치적 문제에 대해 언급하지 않겠다는 입장을 내놓았죠. 여러분은 어떤 기업의

제품을 구매하시겠습니까? 현명한 소비자로서 선택적 구매를 통해
세계 인권 문제 해결에 동참해보는 건 어떨까요?

마푸체족의 억압과 차별을 끊어낼 '피노체트 헌법' 개헌

2020년 10월 25일, 칠레에서는 개헌에 대한 국
민투표가 진행되었습니다. 수백 미터나 이어진 긴 줄을 기다리며
받아든 투표용지에는 다음과 같이 적혀 있었습니다.

"새 헌법 제정에 찬성하시나요?"

"헌법 제정 기구의 구성 방식에 대해 국회의원과 국민대표 각각 50%와

국민대표 100% 중, 어떤 방식으로 구성되어야 한다고 생각하나요?"

칠레 국민 50.83%가 참여한 이 투표에서 78.27%의 압도적 비율이
새 헌법 제정에 찬성했습니다. 또 78.99%가 국민대표 100%의 제헌
기구 구성 방식을 선택했죠. 이 개헌 국민투표는 사회적 불평등이
심화된 칠레에서 2019년 지하철 요금을 30페소(한화 약 50원) 인상
하겠다는 정부 발표에 전 국민이 분노하며 시작되었습니다. 거리로
뛰쳐나와 "못 살겠다 갈아보자!"를 외치는 사람들은 금세 100만 명
을 넘었고, 칠레 역사상 최대 규모의 시위로 번졌죠. 이들은 현재의

소득 불평등과 사회 부조리의 근원이 피노체트 군사정권 시절 제정된 현행 헌법 때문이라고 주장하며 개헌을 요구했습니다. 시위 현장에는 에스파냐로부터 칠레의 독립을 도운 '마푸체 민족'의 후손들도 함께했죠.

칠레의 반원주민 정책의 역사

16세기 무적함대를 앞세운 에스파냐(스페인)는 세계의 바닷길을 누비며 칠레를 포함한 라틴아메리카를 식민지화하는 과정에서 무력으로 수많은 원주민들을 학살하고 굴복시켰습니다. 하지만 칠레 원주민 중 한 종족인 마푸체족은 유일하게 에스파냐에게 정복당하지 않았습니다. 에스파냐는 마푸체족의 영토와 자치권을 인정하며, 1641년에 칼린 평화협정을 맺었습니다.

하지만 평화는 결국 깨지고 말았죠. 갈등의 시작은 페닌술라레스(에스파냐에서 태어난 에스파냐인)에 대한 크리올(라틴아메리카에서 태어난 에스파냐인)의 불만이었죠. 크리올은 페닌술라레스에 비해 늘 푸대접을 당한다고 느꼈습니다. 19세기, 크리올은 마푸체족에게 에스파냐의 폭정에 맞서 함께 싸워 칠레와 마푸체족의 독립을 이끌자고 설득했죠. 결국 크리올들은 마푸체족의 도움으로 칠레 독립을 성취했지만, 머지않아 흑심을 드러냅니다.

1857년 경제위기가 닥쳐오자 칠레 혁명위원회는 칠레 영토의 변두리에 불과한 마푸체족의 땅을 기름진 금싸라기 땅으로 보고 눈독을 들이게 됩니다. 나라 발전을 위해 열등한 인종의 씨를 말려 나라의 인종을 개량한다는 인종주의 이론은 마푸체족에 대한 차별을 합리화하기에 안성맞춤이었습니다. 원주민의 땅을 경매에 붙여 원주민 마을을 없애고, 원주민들의 비문명성을 해결한다며 원주민들의 문화를 말살했죠. 1881년 마푸체족의 땅을 모두 점령한 혁명위원회는 마푸체족을 '레둑시온'이라는 작은 땅에 밀어넣습니다. 스스로를 '땅의 사람'이라고 여기며 오랜 시간 동안 땅을 신성시해온 민족인 마푸체족에게 땅을 빼앗긴다는 건 존재를 잃는 것과 같았죠. 특히 신자유주의 정책을 펼친 피노체트 군사정권이 '피노체트 헌법'을 제정하며 마푸체족에 대한 탄압은 더욱 잔혹해졌습니다. '강경한 반(反)원주민 정책'을 통해 마푸체족의 땅을 일방적으로 글로벌 목재회사에 팔았죠. 자신들의 땅을 돌려달라는 마푸체족의 요구는 테러 행위로 간주하여 구속시켰고, 석방을 요구하는 시위자들에게도 '반테러법'으로 강경하게 진압했습니다.

이처럼 오랜 세월 부당한 탄압에 시달려온 마푸체족에게 피노체트 헌법 개헌은 그간의 억압과 폭력을 끊어내는 계기가 될 것으로 기대됩니다. 마체푸족은 헌법제정기구에 국민대표의 일원으로 참여했습니다. 마푸체족도 칠레 국민으로서 평등한 대우를 받을 수 있기를 바란 거죠.

불합리한 법의 효력을 없애는 헌법재판소의 역할 이해하기

칠레의 사례가 주는 교훈은 법치주의 국가의 시민이라면 법의 정당성에 대해서도 의심할 수 있어야 한다는 것입니다. 행여 지도자들이 자신의 이익과 입맛에 맞게 법을 제정하는 것은 아닌지, 인류의 보편 가치나 정의, 인도주의 정신에 비추어 모순된 법은 없는지 비판적인 판단이 필요하다는 뜻이죠. 역사적으로 나치의 반유대정책, 남아프리카공화국의 인종차별정책인 아파르트헤이트, 우리나라의 국가긴급권과 유신헌법 등 부당한 법들이 존재했습니다.

헌법재판이란 헌법에 모순되는 일이 생길 때, 잘못된 법을 고치고, 잘못된 법으로 인해서 불이익을 받아왔던 국민들의 기본적 권리를 보장하는 것입니다. 세계 90여 개 나라는 헌법재판소를 만들어 헌법재판을 하고 있죠. 우리나라도 서울시 종로구에 헌법재판소(www.ccourt.go.kr)가 있습니다. 이곳에서 위헌법률심판, 탄핵심판, 정당해산심판, 권한쟁의심판, 헌법소원심판의 5가지 헌법재판을 통해 부당한 법을 심판 및 폐기합니다.

정부의 행위와 결정이 시민의 뜻과 다르고, 이를 헌법상 보장된 정치적 기본권으로는 시정할 수 없을 때, 우리는 어떻게 해야 할까요? 정의와 양심에 따라 공적 결정에 이의를 제기하고 거부하는 적극적 저항행위가 필요합니다. 존 롤스는 "법이나 정부의 정책에 변혁을 가져올 목적으로 행해지는 공공적이고, 비폭력적이며, 양심적이긴 하지만 법에 반하는 정치적 행위"를 시민불복종으로 정의했습니다. 19세기 흑인 노예 제도에 항의하며 세금 납부를 거부했던 미국 사상가 헨리 데이비드 소로, 인종 분리 정책에 저항하며 '몽고메리 버스 보이콧'을 이끌었던 마틴 루터 킹 목사, 1960년대 베트남 전쟁에 반대하며 징집을 거부했던 세계 젊은이들, 모두가 시민불복종의 대표적 사례입니다. 우리나라의 사례로는 2013년 국정원의 정치 공작 대선 개입 의혹에 대해 특검을 통한 진상규명을 요구했던 시민들의 촛불시위가 있습니다. 때론 평화로운 불복종 행동을 통해 정의로운 사회변화를 요구하는 것도 시민의 권리 아닐까요?

잊지 말아야 할 우리의 역사이기도 한 '카레이스키'

'카레이스키(koreiskii)'는 러시아어로 '고려인'이라는 뜻입니다. 우즈베키스탄, 카자흐스탄, 타지키스탄 등 중앙아시아 독립국가에 흩어져 살아가는 한민족을 부르는 말이죠. 중앙아시아에서 소수민족으로 살아가는 고려인의 수는 약 50만 명 정도로 파악됩니다. 그중 10%인 5만여 명의 고려인들은 현재 무국적 상태로 교육, 의료 등 기본권조차 누리지 못한 채 살아가고 있죠. 우리 민족이 왜 중앙아시아에서 소수민족과 무국적자로 살아가고 있을까요?

우리 역사 속의 아픈 손가락, 고려인을 만나다

처음 연해주에 우리 민족이 살게 된 것은 1860년대 함경북도를 덮친 큰 흉년으로 굶주림에 지친 가난한 조선인들이 생존을 위해 두만강을 건너 이주하게 되면서입니다. 약 6,000명의 이주 조선인들은 새로 한국을 부흥시킨다는 의미의 한인 집단거주 구역 '신한촌'

을 이루고, 낯선 땅에서 서로 의지하며 살아갔죠. 이후 조선이 일본의 식민 지배에 놓이면서 안중근, 최재형, 홍범도 등의 독립운동가들은 국내 일본군의 감시를 피해 연해주 한인 집단거주 구역을 해외 독립운동의 주요 근거지로 사용하기도 했습니다. 1908년 연해주 항일 투쟁 세력 '동의회' 결성하여 두만강 근처의 일본군 수비대를 공격하는 국내 진공작전을 수행했고, 러시아 한인신문 《대동공보》를 창간하여 해외에 항일 투쟁의 의지와 동참을 널리 알렸죠. 연해주 동포의 비극은 1920년에 시작되었습니다. 항일 독립 투쟁 열의를 꺾기 위해 일본이 연해주를 기습하여 최재형, 김이직 등 독립운동가를 포함해 5,000여 명에 이르는 연해주 동포들에 대한 대대적인 학살을 자행했으니까요.

일본이 만주 지역을 장악한 이후, 1937년 스탈린은 소련의 국가 안보를 다지기 위해 연해주를 포함해 정세가 불안한 극동지역에 고려인을 두면 위험하다고 판단합니다. 첫째, 고려인은 외모적으로 일본인과 비슷하여 일본 첩자를 가려내기가 힘들었습니다. 둘째, 극동지역에 거주하는 고려인의 규모와 군사력이 점차 커져, 미래 영토적 자치를 요구할 가능성이 있다고 보았죠. 셋째, 농업 생산력 증대를 위해 인구가 부족한 중앙아시아 지역에 노동 수요가 있었습니다. 이에 구소련 인민위원회 및 공산당 중앙위원회는 1937년 8월 21일 「고려인 이주에 관한 법령」을 제정·실행하였습니다. 하루아침에 17만 연해주 고려인들은 화물기차에 짐짝처럼 태워져 중앙아시아 여러 나라로 버려지다시피 강제로 이주해야 했습니다. 이후 중앙아시아에서 고려인들은 땅굴과 갈대집에서 영하 20도의 혹한과 배고픔을 견뎌내며 맨손으로 황무지의 갈대밭을 개간하여 목화와 벼를 재배했습니다. 1945년 해방 이후에도 고려인에게 봄은 오지 않았습니다. 1950년대 한국전쟁, 1970~80년대 민주화와 산업화 속에서 우리는 우리나라의 독립을 위해 함께 투쟁했던 우리의 민족과 그의 자손들을 챙기지 못했죠. 1991년 구소련이 붕괴한 이후 현재까지 고려인들은 12개의 독립국가에 흩어져 소수민족으로 살아가고 있습니다. 고려인 1세 화가 안 블라디미르 씨는 1935년 자신이 겪었던 민족 비극의 상황을 자신의 그림에 담았죠. 그는 자신의 그림을 통해 다음과 같은 메시지를 전합니다.

'나는 우리 민족을 사랑해요. 우리 역사에 나 같은 사람이 있다는 것을 알아주세요.'

안산 '땟골마을' 속 고려인의 문화 이해하기

우리나라에 러시아어로 쓰인 간판이 가득한 거리가 있습니다. 여기는 어디일까요? 이곳은 경기도 안산에 있는 고려인들의 마을인 '땟골마을'입니다. '땟골'이란 이름은 벼과 식물의 일종인 띠(삘기)가 많이 자라서 '띠골'이라 부르던 것에서 유래했습니다. 소련 해체 이후 경제 상황 악화로 독립국가들은 자민족 우선 정책을 시행하였습니다. 소수민족이었던 우리의 고려인들의 삶은 점점 더 어려워졌고, 고려인들 중 일부는 한국으로 돌아오고 있습니다. 중앙아

© 인화식

땟골마을의 거리 풍경
경기도 안산에 위치한 고려인들의 마을로, 소수민족으로서의 팍팍한 삶을 견디다 못해 다시 우리나라로 돌아온 고려인들이 이곳에 모이고 있다. 하지만 근로환경이나 비자문제 등 한국에서의 삶도 그리 녹록치 않은 형편이다.

시아에서 건너온 고려인들이 한국 정착을 위해 가장 먼저 찾는 곳이 바로 이 땟골마을입니다. 뿌리는 엄연히 우리와 같은 민족이지만 외국인 국적인 이들에게는 내국인들의 차가운 시선, 근로 환경, 비자 문제 등 한국에서의 삶이 그리 평탄하지만은 않습니다. 안산시는 고려인들의 한국 정착을 조금이라도 돕기 위해 고려인 문화센터(www.koreansan.org.)를 운영하고 있는데, 이곳에서는 고려인들에게 노동 및 법률 상담, 한국어 교육, 자녀 보육 지원 사업 등을 제공하고 있죠. 또한 내국인들의 고려인에 대한 이해를 높이기 위해

내·외국인 교류 프로그램도 진행하고 있습니다.

2017년 고려인 강제 이주 80년을 맞아 전국의 고려인 동포들이 함께 모여 개최한 고려인 대회를 시작으로 해마다 9월에는 〈고려 아리랑〉라는 축제가 열립니다. 이러한 축제에 참여해보는 것도 좋은 경험이 될 것입니다. 아울러 고려인 이주 역사와 항일 대한독립 투쟁의 역사를 기억하고, 우리의 동포이자, 친구이며, 이웃인 고려인의 아픔에 공감하며, 모두 다 함께 차별 없이 어울려 살아가는 사회로 만들어가면 좋지 않을까요?

"무엇이 이들을
지독한 가난에 빠뜨렸는가?"

자본주의가 고도화되고 거대해질수록 돈은 그저 필요한 물건을 사는 수단에 머물지 않습니다. 이제 돈, 특히 엄청난 돈은 세계를 움직이는 강력한 권력이 된 지 오래입니다. 비록 돈으로 행복을 살 순 없다고 해도, 돈이 많으면 살아가는 데 꽤 많은 부분 자유를 느낄 수 있는 것도 부정할 수 없는 우리의 현실이죠. 반대로 돈이 너무 없으면 생존에 위협을 받기도 합니다. 엄청난 경제성장을 이룬 현대의 우리나라지만, 여전히 복지 사각지대에서 기초생계마저 어려운 사람들의 이야기가 종종 전해지곤 합니다. 너무 빈곤한 나머지 때론 삶의 의지마저 더 이상 이어가지 못한 채 극단적인 선택에 이르기도 하죠. 2014년 송파구의 세 모녀가 생활고를 견디지 못해 동반자살한 사건이 세간에 알려지며 사람들의 마음을 아프게 했습니다. 이들은 모두 질병을 앓고 있었고, 심지어 변변한 수입조차 없는 상태였으나, 그 어떤 사회보장체계의 도움도 받지 못한 채 방치되다가 안타깝게 함께 목숨을 끊고 말았죠. 이 사건으로 인해 복지 사각지대에 대한 논란이 재점화되며 법안 개정의 목소리가 높아졌습니다. 아울러 기초소득 공방도 한층 뜨겁게 달아올랐죠. 이에 이 장에서는 지독한 빈곤에 시달리는 사람들에 관한 이야기를 해보려고 합니다.

CHAPTER 4

빈곤퇴치

세계에는 가난한 사람이 얼마나 많을까?

먹거리가 넘쳐나는 시대에 "오늘 뭐 먹지?" 하는 고민은 다양한 선택지만큼이나 선뜻 결정하기 어렵습니다. 분식? 치킨? 피자? 만약 스트레스를 받은 날이라면 엽기적인 매운 음식이 당길 수도 있겠군요. 또 날씨에 따라서도 당기는 메뉴가 달라질 것입니다. 하지만 정말로 집에 먹을 것이 없고, 사 먹을 돈도 없는 상황이라면 이것은 전혀 다른 차원의 고민이 됩니다.

먹을 것이 없어서 굶을 걱정을 한다? 이 책을 읽고 있는 여러분은 쉽게 짐작하기 어려울 것입니다. 아마 태어나서 끼니 걱정을 해본적이 없을 테니까요. 사실 요즘은 먹거리가 넘쳐납니다. 오히려 너무 많은 먹거리가 생산되고 소비되지도 못한 채 버려지는 것이 또다른 골칫거리죠. 이런 세상의 아이러니가 바로 굶주림입니다. 혹시 알고 있나요? 지구상에는 2018년 기준으로 9명 중 1명은 '만성적

식량부족' 상태라고 합니다. 분명 세상은 엄청 풍요로워졌는데, 부자는 못될지언정 왜 아직도 배고픔조차 해결하지 못하는 사람들이 있는 걸까요? 의문은 한 가지 더 있습니다. 그저 배고픔만 해결되면 요즘 같은 세상에서 가난하지 않다고 말할 수 있을까요?

우리나라도 수년 전부터 수저 계급 논란이 끊이지 않고, 주가나 부동산 가격 폭등 등과 함께 '벼락거지' 같은 신조어도 생겨났죠. 세계 통계로 보면 우리나라 사람들은 평균보다 훨씬 잘 사는 편인데, 왜 자신들을 흙수저, 벼락거지로 비하하는 목소리가 높아지는 걸까요? 빈곤의 현주소와 해결 방법을 이야기하기 전에 먼저 빈곤의 정의와 현황을 함께 살펴봅시다.

절대적 빈곤은 뭐고, 상대적 빈곤은 또 뭐야?

빈곤이란[1] "기본적인 욕구가 충족되지 않은 상태"로 다음과 같은 유형이 있습니다. 첫째, 절대적 빈곤이란 "객관적으로 결정한 절대적 최저한도에 미달하는 상태를 말하는데, 흔히 의식주 등 기본적 욕구를 해결하지 못하는 상태"입니다. 유엔의 지속가능발전 목표에서 규정하는 절대적 빈곤은 하루에 1.9달러 이

----
1. 여기서 빈곤의 정의와 종류는 두산백과의 내용을 참고함.

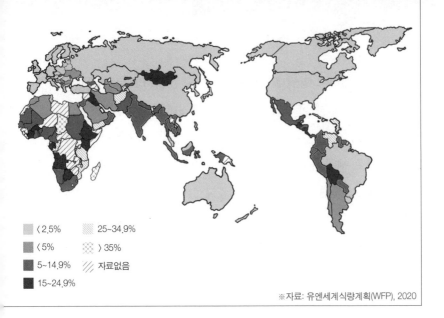

〈 2.5%	25~34.9%
〈 5%	〉 35%
5~14.9%	자료없음
15~24.9%

※ 자료: 유엔세계식량계획(WFP), 2020

2020 Hunger Map(기아지도)
아직도 지구 곳곳에는 끼니조차 제대로 해결할 수 없을 만큼 지독한 빈곤에 시달리는 사람들이 너무나 많다.

하로 생활하는 경우를 의미하죠. 절대적 빈곤은 경제성장을 통해 사람들의 생활 수준이 향상될수록 감소합니다. 하지만 절대빈곤은 아니라도 배고픔과 기본적인 생활 욕구를 해결하기 힘든 차상위 빈곤도 있는데, 이들의 삶도 힘들기는 마찬가지죠.

둘째, 상대적 빈곤은 "동일 사회 내의 다른 사람과 비교하여 적게 가지는 것"을 말합니다. 이는 자신이 속한 사회의 경제·사회 발전 수준에 따라 달라지며, 다른 사람보다 자신이 상대적으로 가난하다고 느끼는 거죠. 이처럼 빈곤은 객관적 기준으로 구분되는 절대빈곤과 상대적 기준으로 나누는 상대적 빈곤으로 나눌 수 있습니다.

그리고 세계 각국은 빈곤 문제의 형태와 정도만 다를 뿐, 모두 나름대로 빈곤 문제를 안고 있습니다. 즉 개발도상국이나 저개발국가에서는 절대빈곤과 차상위 빈곤의 문제를, 선진국에서는 상대적 빈곤 문제가 심각하죠. 하지만 우리는 세계의 빈곤 문제를 나와는 별 관련 없는 문제로 인식하는 경향이 있습니다. 특히 선진국에 합류한 대한민국에 사는 우리에게 절대빈곤이니 차상위 빈곤이니 하는 이야기는 캠페인에 나오는 극소수의 이야기일 뿐이라고 생각합니다. 심한 경우 어느 정도 과장되게 연출된 상황일 거라고 생각하기도 합니다. 그렇다 보니 혹시 우리가 빈곤 문제에 대한 잘못된 인식을 갖고 있는 건 아닌지 돌아볼 필요가 있습니다.

│ 그들이 가난에서
│ 헤어나지 못하는 이유

유엔은 2015년까지 절대적 빈곤이 많이 감소했다고 보고하였습니다. 유엔의 새천년개발목표(MDGs)[2]에 대한 보고서에 따르면 하루 1.25달러 미만으로 살아가는 사람은 1990년 기준 인구의 47%에서 2015년 14%까지 감소했으니까요. 그런데 보고서를 좀 더 자세히 들여다보면 착시효과가 존재합니다. 예컨대 중

---

2. 2015년까지 전 세계 빈곤을 반으로 줄이자며 2000년에 UN에서 채택된 의제. 이후 2015년 UN은 MDGs를 발전시켜 지속가능한 발전 목표(SDGs)를 새로운 인류 공동의 목표를 설정했다. SDGs는 2015~2030년까지 적용된다.

국은 1990년 절대빈곤의 인구가 6억 8,300만 명에서 2005년에 2억 800만 명으로 크게 줄었지만, 사하라 이남 아프리카의 사정은 전혀 다르니까요. 1990년 2억 9,800만 명에서 2005년에서 3억 8,800만 명으로 오히려 절대빈곤 인구가 증가했습니다. 즉 세계의 절대빈곤 인구는 큰 차이가 없거나 오히려 늘었다고도 볼 수 있습니다. 178쪽 지도에서 알 수 있듯이 심각한 기아 상태에 놓인 국가는 주로 사하라 사막 이남 아프리카, 동남아시아 국가들입니다. 주로 경제가 많이 발전하지 않은 개발도상국들이죠.

왜 이들 나라에서 빈곤 문제, 특히 절대적 빈곤의 문제가 여전히 해결되지 않는 걸까요? 설마 그들이 천성적으로 게을러서라거나 선진국 사람들보다 똑똑하지 않아서라고 생각지는 않겠죠? 그럼 대체 왜 개발도상국 사람들은 이런 풍요로운 세상에서 여전히 가난에 시달리며, 좀처럼 벗어나지 못하는 걸까요? 이들의 빈곤은 다양한 원인을 찾을 수 있습니다. 예컨대 척박한 자연환경, 기후변화로 인한 자연재해, 국내·외 분쟁, 올바르지 않은 국내 통치, 세계화(신자유주의) 등을 꼽을 수 있죠. 그런데 이러한 곤경은 과연 그들이 자초한 것일까요? 가상의 어느 마을에 관한 이야기를 하나 지어봤습니다.

옛날옛날 다양한 사람들이 모여 사는 마을이 있었습니다. 워낙 각양각색이라 종종 다투기도 했지만, 서로 조금씩 양보하면서 그럭저럭 어울려 살았죠. 크게 부자는 아니지만, 그래도 각자의 땅에서 농사를 지으며 먹고살 만했습니다. 엄청 행복한 삶은 아니라도, 평범하고 평화로웠죠.

어느 날 이웃마을 사업가가 찾아왔습니다. 먹거리 대신 자기네 경제작물 씨앗을 사서 재배하면 곧 큰돈을 벌 수 있을 거라고 했죠. 처음에는 작물을 팔아서 번 돈으로 먹을 것도 사고 다른 필요한 것들도 더 살 수 있어 좋았습니다. 그런데 마을에 점점 먹거리보다 경제작물을 심는 사람들이 많아지며 경쟁도 치열해졌고 작물 가격도 자꾸 낮아지는데, 씨앗의 가격은 해마다 계속 올라 농사를 지을수록 빚만 늘어났죠. 게다가 땅도 점점 메말라갔습니다.

또 어느 날 힘센 이웃들 몇몇이 찾아와 마을 이곳저곳을 둘러보더니 갑자기 서로 마을의 권리를 주장하며 자기들끼리 싸움을 벌였죠. 전쟁은 살벌해졌고, 마을의 어린아이와 여성들마저 가혹한 폭력에 시달려야 했습니다. 마을 사람들은 괴로웠지만, 힘센 이웃들이 무섭기도 하고 싸움이 곧 끝날 거라 믿으며 참아보기로 합니다. 하지만 싸움은 길어졌고, 먹을 것마저 귀해졌죠. 몇몇은 더 이상 못 살겠다며 마을을 떠났습니다. 하지만 벌써 이웃마을들은 이곳 사람들이 넘어와 민폐라도 끼칠까 전전긍긍하며 높은 장벽을 쌓았습니다. 간신히 마을을 탈출한 사람들도 있었지만, 온갖 구박과 차별 속에서 서러운 삶을 살아야 했죠.

참고 또 참다 보니 어느덧 기나긴 전쟁도 끝이 보입니다. 그런데 힘센 이웃들은 나가기 전에 느닷없이 마을 곳곳에 높은 울타리들을 세웠습니다. 그리고 앞으로는 함부로 울타리 밖으로 나다니지 말라고 으름장을 놓았죠. 그런데 한울타리 안에는 하필 조상 대대로 앙숙으로 지내던 사람들도 섞여 있었습니다. 게다가 힘센 이웃들은 앙숙에게만 모든 권한을 몰아주며 나머지는 모두 핍박했죠. 분하고 억울한 마음에 우리끼리 또 싸울 수밖에 없었습니다. 싸움이 격해진 나머지 서로를 죽이기도 했죠. 마을은 점점 더 엉망진창이 되었습니다.

이제 마을사람들은 극소수를 빼고 굶기를 밥 먹듯 합니다. 급기야 물 사용권을 주장하는 이웃마을에서 우리 마을로 들어오는 물길까지 막아버려 마실 물도 귀해졌죠. 엎친 데 덮친 격으로 갑자기 날씨가 요동을 치더니 무시무시한 해일이 몰려와 그나마 쓸 만한 땅은 모두 잠기고 말았습니다. 살 곳마저 잃고 거리로 내몰린 사람들은 주린 배를 채우기 위해 진흙을 먹거나, 병이 들 것을 뻔히 알면서도 구정물을 마셔야 했죠. 마을 사람들은 점점 더 무기력에 빠졌습니다. 뭔가 다른 일을 찾아볼 엄두조차 낼 수 없었죠. 어디부터 잘못된 것인지 생각해봤지만, 어쩐지 다 부질없는 것 같습니다. 이 마을에 더는 희망이 보이지 않는 것 같았습니다. 그러던 어느 날 또다시 힘센 이웃들이 마을을 찾아왔습니다. 이번에 그들의 양손에는 구호물자가 들려 있었죠.

참, 이상한 이야기죠? 조금 극단적인 상상력을 발휘해 구성한 것이지만, 세계에서 가장 가난한 나라들이 처한 현실은 이들 못지않게 참혹합니다. 이와 비슷한 일들이 지구촌에서 실제로 벌어졌다는 뜻이기도 합니다. 지금부터는 빈곤이 인간의 삶을 얼마나 힘들고 비참하게 하는지 실제 사례들을 통해 살펴보려 합니다. 아울러 우리가 세계의 빈곤을 없애기 위해 무엇을 할 수 있고, 함께 어떤 노력을 기울여야 할지도 생각해보았으면 합니다.

02

저개발국이 처한 절대빈곤의 처절한 현실에 관하여

과거부터 사람들이 밀집되어 살아가는 곳은 대체로 기후가 좋은 곳으로 다양한 작물들이 자랄 수 있는 환경입니다. 반대로 기후가 나쁜 곳에서는 작물들이 잘 자라지 않고, 자연히 사람들도 많이 살지 않았죠. 그래서 기후조건이 좋은 지역은 일찍부터 도시로 발달한 곳들이 많습니다. 하지만 산업과 기술이 점점 발달하면서 기후조건보다 교육, 교통, 편의시설 등이 잘 갖춰진 곳에 대한 사람들의 선호가 훨씬 높아졌습니다. 그러자 점점 더 많은 지역에서 무분별한 개발이 이루어졌고, 그와 함께 환경문제도 날로 심해졌죠. 특히 지구온난화로 인한 기후변화는 이제 변화를 넘어 재앙이라고까지 말해질 정도로 심각합니다. 게다가 최근 기후변화로 인해 지구상의 많은 곳이 더는 식물이 자랄 수 없는 척박한 땅으로 변하고 있다고 합니다.

팍팍한 삶을 더 힘들게 만드는
기후위기

식물이 자랄 수 있는 땅이 줄어든다는 것은 사람들이 먹을 수 있는 식량이 줄어든다는 뜻이기도 합니다. 즉 기후변화가 비정상적 가뭄이나 홍수를 유발할수록 원활한 식량 공급에 문제를 일으키고 결국 사람들을 삶의 터전에서 떠나게 만들죠. 기후변화가 사람들의 삶을 점점 더 힘들게 만드는 것입니다. 하지만 전 세계인이 똑같이 힘들어지는 것은 아닙니다.

농업기술이 발달하지 않은 나라들은 자연환경의 변화에 생산량이 좀 더 크게 좌우되는 경향이 있습니다. 하지만 선진국들의 경우 집약적 농업방식으로 단위경작지당 생산량을 늘리고, 품종개량 등을 통해 재해에도 살아남는 강한 품종을 연구할 수 있는 역량이 있습니다. 심지어 이런 나라들은 자국민들의 수요를 충분히 감당하는 것을 넘어 해외로 작물을 수출하기도 합니다. 또 자국에서 재배가 여의치 않으면, 다른 나라에 대규모 경작지를 마련해 비교적 싼 값에 수입하기도 하죠. 빈곤의 불평등은 여기에서 시작됩니다. 기후변화에 대응할 역량이 부족한 가장 약하고 힘없는 사람들의 삶부터 제일 먼저 힘들어지는 거죠.

국제개발 센터 연구에 따르면 기후위기에 의한 피해를 많이 입는 지역은 상대적으로 경제 개발이 뒤처진 동남아시아, 남아시아, 아프리카, 남아메리카 등이 포함되어 있습니다. 좀 더 자세히 살펴보면 기후변화에 따른 이상기후 현상에 가장 영향을 많이 받는 나라가 1위 중국, 2위 인도, 3위 방글라데시, 4위 필리핀, 5위 베트남이며 그 뒤로 홍콩, 소말리아, 마카오, 수단, 에티오피아가 10위권을 형성하고 있다. 1위부터 50위까지의 국가 중 선진국은 불과 4개 나라에 불과합니다.[3]

대부분의 빈곤국가 또는 그 국가의 빈곤한 사람들은 농업 또는 천연자원을 이용한 직업으로 생계를 이어갑니다. 기후위기는 국가의 농업 환경과 이용할 수 있는 자원의 환경도 바꾸죠. 사람들은 변화된 환경 속에서 서로 자원을 더 갖기 위해 경쟁하면서 더욱 빈곤해지고 있습니다. 기후위기가 사람들의 삶을 힘들게 만드는 모습은 세계 곳곳에서 어렵지 않게 볼 수 있습니다.

최악의 가뭄, 물 부족 등으로
생존을 위협받는 사람들

아프리카 동쪽 섬나라인 '마다가스카르'라는 나라를 아나요? 인기 애니메이션 〈마다가스카〉(2005)의 배경이 된 나라이기도 합니다. 내용을 잠깐 소개하면 얼룩말 마티를 비롯해 동물원을 탈출한 절친 4인방이 도심을 쑥대밭으로 만들다 생포되어

....
3. 광주광역시 교육청 공식 블로그(https://blog.naver.com/gongb0450/222367906978)

상자에 갇힌 채 배에 실려 케냐로 끌려가던 중 상자가 바다에 떨어져 표류하다가 아프리카의 마다가스카에 도착해 겪는 좌충우돌 모험담을 담은 코미디입니다. 영화 속 마다가스카는 싱그러운 녹색 풀들과 바오바브나무가 어우러진 멋진 모습이죠. 마치 지상낙원처럼 풍요로움이 가득하고 생명력이 넘칩니다.

하지만 마다가스카르의 현실은 영화와는 거리가 멉니다. 오히려 황무지의 황폐함에 가깝다고 할 수 있죠. 40년간 최악의 가뭄에 시달리는 동안 농업은 완전히 망가졌고, 주민들은 살기 위해 흰개미, 메뚜기 등의 곤충과 선인장 등을 닥치는 대로 먹게 되었습니다. 이곳 사람들은 그저 하루하루 살아내기 위해 먹을 수 있는 것이라면 뭐든 찾아서 먹을 수밖에 없는 형편입니다.[4]

마다가스카르는 국내 총생산 (GDP)에서 농업이 차지하는 비율은 23%이지만, 고용인구의 80%를 차지합니다. 즉 인구의 대다수가 농업으로 생계를 유지하고 있다는 뜻입니다. 농업은 기후 상황에 영향을 크게 받는 만큼 마다가스카르 사람들은 기후위기로 경제 상황에 심각한 타격을 받을 수밖에 없습니다. 하지만 정작 이곳 사람들은 기후위기를 불러올 만한 행동을 세계 어느 나라 사람보다도 적게 했을 것입니다. 화석 연료를 많이 태우지도 않을뿐더러 선진국 대도시 사람들처럼 일회용품을 무분별하게 사용하지도 않았죠. 하지만 기후위기로 인한 피해를 가장 먼저 그리고 가장 심각하게 맞

4. 이후림, 〈비오지 않는 땅… "8개월째 곤충 먹으며 버티는 중"〉, 《뉴스펭귄》, 2021.8.25.

이하고 있는 점이 참으로 아이러니합니다. 마다가스카르는 기후변화로 인해 심각한 기근이 덮쳤고, 심지어 삶의 터전을 버리고 떠나는 사람들도 적지 않다고 합니다. 기후위기로 인해 이처럼 고통을 넘어 생존을 위협받는 곳은 또 있습니다.

기후위기로 인해 사람들 생활에 꼭 필요한 깨끗한 물조차 구하기 어려워지기도 합니다. 혹시 여러분은 먹고 마시는 데 하루에 얼마나 많은 물을 사용하나요? 아마 하루에 물을 몇 잔이나 마시고, 손을 몇 번이나 씻는지 굳이 일일이 세어본 적이 없을 것입니다. 또 샤워하는 내내 샤워기 물을 잠그지 않는 등 물 소비에 크게 주의를 기울이지는 않을 것입니다.

에티오피아 시골 마을은 4인 가족이 겨우 25 l 의 물로 이틀 동안 먹고, 마시고, 씻고, 청소까지 한다고 합니다. 상상이 가나요? 그나마 이 물을 얻으려면 무려 1시간 30분의 거리를 오가야 한다고 합니다. 그렇게 힘들게 얻어 온 물이건만, 이 물은 오히려 사람들을 병들게 합니다. 심각하게 오염된 물이기 때문입니다. 에티오피아 시골 마을 사람들은 왜 오염된 물을 힘들게 구해서 마시는 걸까요? 그건 가뭄으로 물 부족 현상이 심해지면서 식수로 사용되어온 우물이 말라버렸기 때문이죠. 식수가 없으니 강바닥의 물 또는 흙탕물을 마실 수밖에 없습니다. 하지만 이런 물을 마시면 수인성 질병[5]이 심해집니다. 물을 정화할 능력이 없고 수도시설이 열악한 지역일수

5. 오염된 물에 잔류하는 병원성 미생물에 의해 감염되는 전염병을 말함.

록 이러한 질병은 급속도로 퍼집니다.[6]

2016년 8월, 유엔환경계획(UNEP)은 전 세계 인구 중 3억 명이 오염된 물에 노출되어 있으며, 해마다 340만 명이 오염된 물로 인해 사망한다고 발표했습니다. 주로 아프리카, 아시아, 라틴아메리카에 거주하는 사람들이며, 이 지역의 강이나 호수는 식수로 적합하지 않음에도 불구하고 인구 대부분이 이 물을 직접 마시거나 음식을 만드는 데 사용하고 있다고 합니다.[7] 이들 나라의 사망원인이 주로 감염성 질환과 설사 등인 것은 이러한 환경과 무관하지 않습니다.

현대화된 오늘날에도 에티오피아처럼 전 세계에서 수백만에 이르는 사람들이 깨끗한 물을 이용하지 못하고 있습니다. 그 결과 해마다 수천만 명의 사람들이 물과 관련된 질병을 앓고 있고, 질병 때문에 매년 많은 사람이 사망하고 있습니다. 즉 빈곤과 불평등이 만들어낸 질병으로 죽어가는 것입니다. 깨끗한 물을 접할 수 없는 것은 기본적인 안전과 생명을 지킬 수 없는 차별이며, 교육과 식량 생산 등의 다른 기회마저 박탈하며 또 다른 차별을 낳는 것입니다. 유네스코 사무총장 오드리 아즐레(Audrey Azoulay)는 "물에 대한 접근성은 모든 인간의 존엄성을 위한 기본 권리다."라고 말했습니다. 극심한 빈곤으로 인해 인간의 기본권리가 충족되지 않으면 인간의 존엄성을 지킬 수 없다는 뜻이기도 합니다.

....
6. 방준민, 〈[모두가 깨끗하고 충분한 양의 물을 보장받아야 하는〉, 《초록우산》, 2017.10.11.
7. https://blog.naver.com/kecoprumy/220954967996 참조

기후위기,
삶의 터전마저 앗아가다

기후위기는 세계 곳곳에 돌발 태풍이나 해일 등을 일으키기도 합니다. 예컨대 2021년에 독일, 벨기에 등 서유럽에는 폭우가 쏟아졌습니다. 심지어 영국 런던의 일부 지역은 돌발 홍수로 지하철이 잠기기도 했죠. 또 미국은 2021년 12월 중부를 강타한 토네이도로 인해 최소 94명이 목숨을 잃었다고 합니다.[8]

그런데 살던 곳이 아예 사라져버려서 사람들이 정든 삶의 터전에서 영원히 떠날 수밖에 없는 일도 생기고 있습니다. 방글라데시는 계절풍이 히말라야산맥을 넘으면서 발생하는 많은 지형성 강수가 내리고, 연평균 1.6건 발생하는 사이클론으로 인해 평균 강수량이 2,300mm인 세계적인 다우지역입니다. 원래도 자연적인 다우지인 방글라데시는 지구 가열화에 따른 해수면 상승과 매년 증가하는 사이클론으로 인해 국토 중 서울특별시 면적 정도가 물에 잠겨 사라지고 있습니다. 삶의 터전이 물에 잠겨서 어쩔 수 없이 떠나온 사람들은 수도 다카 외곽에 빈민촌을 이루며 살아가고 있죠. 하지만 타향살이가 쉽지는 않습니다. 원래 농사를 짓던 사람들이 이곳에서는 허드렛일로 근근이 생계를 이어가는 형편이죠.[9] 유엔 산하 기구 IPCC

8. 이후림, 〈2021 뉴스펭귄 선정 최악의 환경재난 10선〉, 《뉴스펭귄》, 2021.12.26.
9. 지구촌뉴스, 〈[클릭 세계속으로] 방글라데시, 기후난민〉, 《KBS NEWS》, 2009.11.6.

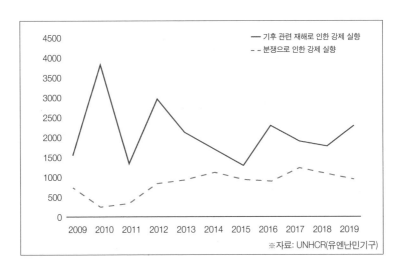

분쟁과 기후 관련 재해로 발생한 강제 실향 수(2008~2019)

2008년부터 2019년까지 기후위기로 발생하는 이재민은 매년 평균 2,000만 명 정도로 이는 대한민국 인구의 40% 정도에 해당된다.

에 따르면 오는 2050년까지 방글라데시 국토의 17%가 물에 잠기고, 최소 2천만 명이 주거지를 잃을 것으로 예측했습니다.

우리는 이같이 갑작스럽거나 급격하게 진행된 기후변화로 생활이나 생활환경에 위협을 받아 일시적 혹은 영구적으로 살던 곳을 떠나 국내나 국외로 이주해야 하는 사람들을 기후난민이라 부르기도 합니다.[10] 유엔난민기구는 기후난민을 '기후변화로 인한 강제 실향민'이라는 표현을 사용하고 있습니다. 2009년에서 2019년 사이

....
10. 그린피스서울사무소, 〈세계 난민의 날 - 기후난민에 대해 들어보셨나요?〉,《GREENPEACE》, 202.6.22.

기후변화로 인해 발생한 강제 실향의 수는 분쟁으로 인해 발생한 강제 실향의 두 배에 달합니다.[11]

2020년 경제평화연구소(IEP)가 발견한 〈생태학적 위협 기록부(ETR)〉라는 보고서에 따르면 2008년부터 2019년까지 기후위기로 발생한 이재민은 매년 평균 2,000만 명 정도입니다. 이 수치는 대한민국 인구의 약 40%에 해당하죠. 또한 이 보고서에 따르면 기후위기가 지금처럼 계속된다면 전 세계 12억 명 이상이 기후난민이 될 것이라고 예상했습니다. 전 세계 인구 약 71억 명(2021년 기준)이니 1/6 정도에 해당하죠. 이는 기후난민 문제가 세계인 누구나 직면할 수 있는 심각한 문제이며, 우리도 언젠가 기후위기로 인해 빈곤한 삶을 살게 될 수 있다는 뜻입니다.[12]

기후위기를 멈추기 위한 세계시민의 작은 실천

기후변화는 이미 빠른 속도로 진행되고 있습니다. 아프리카, 아시아 및 라틴아메리카에서는 예전보다 훨씬 빈번

11. [기후변화와 강제 실향①] 기후변화가 가져온 비극…강제 실향과 난민〉, 2021.5.18.(유엔난민기구 공식블로그: https://blog.naver.com/bmwfuture/222590787735)
12. [Sustainable Life] 기후난민: 환경파괴로 잃어버린 삶의 터전, 2021.12.9.(BMW코리아미래재단 블로그: https://blog.naver.com/bmwfuture/222590787735)

하게 홍수, 가뭄이 발생하고 있으며, 이미 수백만 명이 피해를 입었고, 이로 인해 식량 및 영양 위기도 초래되었습니다. 즉 기후변화가 굶주림과 빈곤을 가져온 것입니다. 게다가 기후위기로 인해 가장 큰 피해를 입은 사람들은 정작 기후위기를 촉발한 데 영향을 가장 적게 끼친 사람들이며, 이러한 변화에 시시각각 대응할 수 있는 능력도 제대로 갖추지 못한 약자들입니다.

어떤 사고가 벌어졌을 때, 그 일이 벌어진 것에 대한 아무런 책임도 없는 사람들이 약하다는 이유로 가장 큰 피해를 본다면 결코 공정하다고 말할 수 없을 것입니다. 이는 기후변화도 마찬가지입니다. 우리가 사는 세상이 더 공정하고 더 살기 좋은 사회가 되려면 약자, 힘이 없는 사람들이 더 큰 피해를 보는 논리가 더 이상 당연하게 받아들여지거나 유지되어서는 안 됩니다. 그럼 우리는 무엇을 할 수 있을까요? 조금 더 깨끗한 세상을 위해, 미래세대를 위해서만 환경을 보호하는 것이 아닙니다. 하루하루 생존을 위협받는 사람들에게 미래까지 기다릴 만한 여력 같은 건 없으니까요. 지금 당장 도움이 필요하다는 뜻입니다. 심지어 이들은 단지 우리와 조금 먼 곳에 떨어져 살 뿐, 지구촌에서 함께 살아가는 사람들이죠. 이들을 위해 또 우리 자신을 위해 우리는 지금 바로 환경문제에 관심을 기울여야 하고, 나아가 아주 사소한 것이라도 실천해 나가는 노력이 필요합니다.

끝없는 분쟁 속 가난에서
헤어나지 못하는 사람들

2장에서 전쟁과 평화에 관한 이야기를 했습니다. 그런데 전쟁으로 인해 평화가 깨진 곳에서는 경제적 빈곤도 함께 나타나곤 합니다. 우리나라도 한국전쟁으로 나라는 쑥대밭이 되었고, 많은 사람들이 극심한 굶주림에 시달렸죠.

벗어날 수 없는 빈곤의 악순환을 부른 기나긴 분쟁

어느 나라든 전쟁이 터지면 여러 기반시설이 파괴되고, 황폐된 삶의 터전에서 많은 사람들이 끼니조차 해결하기 어려운 극한의 빈곤에 빠지기 쉽습니다. 앞서 세계의 빈곤지도에서도 살펴보기는 했지만, 유독 아프리카 대륙에 넓게 분포된 점이 두드러지는데, 아프리카 대륙의 여러 나라는 오랜 세월 내전에 끊이지 않은 분쟁 지역이기도 합니다.

실제로 아프리카에는 식민지 독립 이후 민족 간 분쟁이 국내외에서 꾸준히 발생하고 있습니다. 전쟁은 죽음, 장애를 가져올 뿐 아니라, 경제성장을 어렵게 하여 빈곤의 악순환을 일으키죠. 분쟁으로 인해 보건, 교육과 같은 기본적인 서비스 제공이 원활하지 못해 사망률이 증가하고 문맹률도 높아집니다. 안보 불안 속에 외국인 투자를 감소시키고, 국방비 소비로 인한 자금난 등으로 국가 경제를 위축시키기도 하죠. 아프리카에서 계속되는 민족 종족 간 갈등은 아프리카의 빈곤을 만성화하는 원인으로 꼽힙니다.

아프리카의 인구 대국 나이지리아는 세계 10위의 원유 매장량을 보유하는 성장 가능성이 매우 큰 나라입니다. 나이지리아는 크게는 4개 부족, 작게는 250개 이상의 종족으로 구성되며, 종교적으로 북부는 이슬람교도, 남부는 기독교로 되어 있죠. 앞에서도 아프리카는 다양한 종교와 민족이 뒤섞인 곳인데 열강에 의해 인위적 국경선이 그어진 탓에 우리처럼 국가 중심으로 똘똘 뭉치는 단합된 의식은 기대하기 어렵다고 했습니다. 이는 나이지리아도 마찬가지입니다. 각 부족은 오랜 세월에 걸쳐 다른 생활, 역사적 경험, 다른 종교를 바탕으로 다른 문화를 형성해왔습니다. 나이지리아 국민은 똑같은 국민이 아니라는 이야기도 거침없이 하면서 "나이지리아는 국가가 아닌 나이지리아라는 영토 내에 사는 사람들을 지칭하는 지리적 표현일

FAO가 발표한 외부 식량 지원이 필요한 44개국 중 분쟁과 관련된 아프리카 국가들

국가	내용
중앙아프리카공화국	내전, 난민, 식량 공급량 부족
소말리아	홍수, 내전, 사막 메뚜기, 연속적인 강수량 부족
콩고민주공화국	지속되는 사회적 불안
니제르	내전
나이지리아	북부지역의 계속된 내전
남수단	심각한 경기 침체, 내전 및 장기적 사회적 불안
부르키나파소	북부지역 치안 불안
말리	사회적 불안
카메룬	사회적 불안
콩고	난민 유입, 홍수
수단	내전, 사회적 불단, 식량 가격 급등
우간다	현지 곡물 생산량 부족, 난민 유입, 홍수

뿐"이라고 말하기도 하죠. 그러다 보니 나이지리아는 각 부족의 이해관계와 역사적 사건들이 얽혀 1960년 독립 이후 수차례에 쿠데타와 정치적 혼란이 이어졌습니다. 그 결과 경제성장을 이루지 못하고 빈곤에 머물러 전체 인구의 절반 수준인 8,700만 명이 하루 1.9달러 미만으로 살아가는 최빈국 중 하나입니다. 미국 외교 전문지 포린어페어는 "적어도 당분간 나이지리아 국민은 자국 중앙정부나 주 정부로부터 보호받기 힘들 것"이라고 발표하기도 했죠.[13]

2020년 7월 FAO(국제연합식량농업기구)는 44개국이 외부 식량 지

....
13. 신동윤, 〈'실패 국가' 되어가는 아프리카 거인 나이지리아〉, 《헤럴드경제》, 2021.6.5.

원이 필요하다고 합니다.[14] 그중 분쟁으로 인한 식량부족을 겪는 아프리카 국가는 왼쪽 표(196쪽 참고)와 같습니다. 물론 다른 원인도 있지만, 아프리카 국가들의 주요 빈곤 원인은 분쟁(내전)이라고 할 수 있죠. 세계은행의 조사 결과에 따르면 아프리카는 분쟁으로 인해 경제성장률이 2%나 감소하고 있다고 합니다. 적은 수치라고 생각할지 모르지만 반대로 아프리카에서 매년 2%씩이라도 경제가 성장한다면 극심한 빈곤으로 생명을 위협받는 사람들이 그만큼 줄어들지 않을까요? 우리도 이곳 사람들에 대해 더 관심을 가지고 평화의 중요성에 대해서도 다시 한번 곰곰이 생각해보았으면 합니다.

오랜 분쟁 끝에
가난을 짊어진 사람들

'아프가니스탄'은 언론을 통해 자주 접한 나라일 것입니다. 특히 2021년 미국의 군대 철수 후 표면적으로는 분쟁이 끝난 듯하지만, 아프가니스탄에서 들려오는 소식은 어쩐지 별로 희망적이지 않습니다.

아프가니스탄의 수도 카불의 빵집 앞에는 배고픔을 호소하며 구걸하는 사람들의 모습을 어렵지 않게 찾아볼 수 있다고 합니다. 아

....
14. https://fao.or.kr/html/storage/trend.php?sno=84&group=basic&code=B6&category=&&abmode=view&no=4318&bsort=desc&bfsort=ino

프간 내 식량 문제는 탈레반이 점령하기 이전부터 이미 심각한 편이었습니다. 그동안 국제원조로 부족한 식량을 해결해왔는데, 그마저도 탈레반 점령 후 행여 탈레반으로 자금이 흘러갈까 우려하여 중단되는 바람에 경제적으로 고립되면서 아프간 국민들의 식량난은 더욱 심각해졌죠. 경제적 고립은 일자리도 사라지게 했습니다. 또 해외 구호단체의 지원 중단은 의료 서비스까지 멈춰 세웠습니다. 병원 폐쇄는 노인, 여성과 어린이 등의 취약계층의 사망률을 높일 것이라는 우려도 벌써 나오고 있죠.[15] 이런 이야기가 여러분에게는 현실감이 없게 느껴지겠지만, 최소한 분쟁이 인간의 삶을 얼마나 빈곤에 빠트리는지는 짐작할 수 있을 것입니다. 또 분쟁이 끝나도 사람들이 바로 평화로운 삶을 살 순 없다는 것도 말이죠.

분쟁과 빈곤의 악순환을 끊기 위하여

분쟁은 국가의 경제성장을 방해할 뿐만 아니라, 또 다른 분쟁을 끊임없이 일으키는 원인이 되기도 합니다. 게다가 분쟁 때문에 많은 사람들이 굶주림에 시달리기도 하고, 열악한 환경에 내몰린 채 생활하게 됩니다. 따라서 이런 분쟁의 가장 큰 피

15. 이민정, 〈빵집 앞 무릎꿇은 여성들…탈레반도 당황 "식량난 이정도일줄"〉, 《TheJoongAng》, 2021.9.14.

해자는 언제나 평범한 시민입니다. 분쟁 사망자의 대부분이 일반시민인데, 특히 그중에서도 어린이와 여성이 사망자 대부분을 차지한다고 합니다. 유니세프(UNICEF)의 통계[16]에 따르면 1990년 이후 전세계 분쟁의 결과 사망한 어린이가 2백만 명 이상, 심한 다친 어린이가 4백만 명이나 된다고 하니까요.

또 정부가 오직 전쟁의 승리에만 집중하는 사이 국민에게 당연히 제공하고 보장해야 할 기본적인 것들은 제대로 이루어지지 않기 때문에 돌아오는 피해도 큽니다. 전쟁 속에서 국민은 사실상 방치되는 셈이죠. 하지만 분쟁 속에서도 어쨌든 살아남으려면 결국 각자 노력할 수밖에 없습니다. 국민 개개인이 눈물겨운 노력을 이어가는 거죠. 때론 안전과 생계를 도모하기 위해 정든 고향, 나라를 버리고 다른 나라를 떠도는 난민 신세를 자처하기도 합니다. 이러한 삶이 과연 인간다운 삶이라 할 수 있을까요? 이처럼 분쟁과 빈곤은 돌고 도는 악순환의 사슬 관계를 맺고 있습니다.

많은 국제 구호기관과 국제기구들은 분쟁을 멈춰달라고 요청하고 있지만, 분쟁 지역 사람들의 바람과 달리 실제로 분쟁이 줄어든 곳은 거의 없습니다. 전 세계가 빈곤에서 벗어나고 세계인이 모두 인간다운 삶을 누리기 위해서라도 세계평화는 반드시 이루어져야 할 것입니다.

....
16. 유니세프(UNICEF)의 어린이 보호 사업에서 제공한 통계(http://www.unicef.or.kr/unicef/
active/protect.asp)

가난한 사람들을 더 가난하게 만드는 것들에 관하여

앞에서도 살펴보았지만, 오늘날 세계의 빈곤 문제는 어느 한 개인의 무능이나 노력 부족 또는 특정 국가의 책임에 국한하여 규정할 수 없습니다. 이미 한 사회를 넘어 세계 전체로도 시스템 자체의 **구조적 불평등** 문제가 빈곤 유발에 깊은 영향을 미치고 있기 때문입니다. 물론 세상에는 그저 수동적으로 누군가의 도움만 바라거나, 복권 당첨처럼 가능성이 희박한 뜻밖의 행운에 기댈 뿐, 가난에서 벗어나기 위한 노력은 전혀 하지 않는 사람들도 있습니다. 하지만 앞서 소개한 이야기들에서 볼 수 있듯이 끝없는 전쟁이나 기후 문제 등으로 인해 노력할 여건조차 마련되지 못한다면 이는 당연히 개인의 문제가 아닌 시스템 전체의 문제로 바라보고 함께 해결할 필요가 있는 거죠. 특히 세계에서 가장 가난한 나라들 대부분은 원래 그렇게 가난했다기보다는 그들이 가진 풍부한 천연자원에 눈독을 들인 열강들의 이해관계에 휘둘려 이리저리 식민 지배에 시달리다가 돌이킬 수 없는 가난에 빠진 경우가 대부분입니다. 소위 선진국이라 불리는 강대국들이 결코 세계의 빈곤에 무책임한 태도를 보여서는 안 되는 주요 이유이기도 합니다. 그래서 이제부터 점점 더 심화되는 세계의 불평등 문제와 함께 잘사는 방안에 관해 생각해보려고 합니다.

세계화는 어떻게 그들을 가난하게 만들었나?

만약 동물원의 울타리가 사라지면 어떤 일이 벌어질까요? 우리 안에 나뉘어 있던 여러 동물이 그대로 섞이겠죠? 허기가 진 육식동물들은 사냥하기 쉬운 작은 초식동물들부터 잡아먹을 테니 결국 힘없는 초식동물들은 살아남기 어려울 것입니다. 울타리가 사라져버린 동물원의 모습은 어쩌면 힘 있는 나라들에 의해 세계 경제 질서가 지배되는 세계화 시장과 비슷한 것 같습니다. 세계화란 어떻게 보면 약육강식의 법칙이 지배하는 비정한 세계라고 할 수 있으니까요.

1장에서도 세계화의 정의를 살펴보긴 했지만, "상품, 서비스, 자본, 노동, 정보를 국경의 장벽 없이 거대한 세계를 대상으로 한 시장에서 생산, 이동 판매하는 모든 활동"을 말합니다. 특히 1970년 이후 떠오른 신자유주의는 국가 권력의 시장 개입을 비판하며 자유로운 경제 활동을 중시했죠. 세계화 안에서 각 국가, 다국적기업, 다국적 은행 등의 경제주체들은 지금도 각자의 이윤을 극대화하기 위한 경제활동을 해나가고 있습니다. 이러한 과정에서 선진국이나 다국적기업 본사는 엄청난 이익을 얻었지만, 개발도상국이나 다국적기업의 투자국은 오히려 외국자본의 횡포에 시달리거나, 나아가 외국에 대한 경제적 종속이 심화되기도 합니다. 그 결과 빈곤율과 범죄율 등이 증가할 뿐만 아니라, 환경 파괴, 생존기반 붕괴 등을 겪기도 하죠.

특히 세계 시장에서 경쟁력 있는 상품과 서비스는 어느 나라에서든 이윤을 얻을 수 있지만, 경쟁력을 갖추지 못한 상품이나 서비스업은 치열한 경쟁에서 살아남기 어렵습니다. 또한 경쟁력 있는 상품이나 서비스는 자본과 선진화된 기술력을 가진 선진국이나 다국적기업이 소유할 확률이 높은데, 이는 세계의 농산물도 마찬가지입니다. 세계화 속에서 자국 농산물의 경쟁력을 잃어버린 대표적인 나라가 바로 아이티입니다. 여러분도 아이티의 진흙쿠키 이야기를 들어본 적이 있을지 모르겠군요. 아이티 어린이들은 어쩌다가 진흙까지 먹게 된 걸까요?

진흙 쿠키를 먹는 아이티 아이들

아이티는 1980년 초까지는 주요 쌀 생산국이었습니다. 주식인 쌀을 자급했을 뿐만 아니라, 심지어 다른 나라에 수출도 했습니다. 그런 아이티가 세계화의 물결에 휩쓸립니다. 선진국과 국제 금융기구의 쌀 시장을 개방하라는 압박을 이기지 못한 아이티 정부는 쌀 시장을 개방했습니다. 문제는 시장을 개방하면서 자국의 쌀 시장을 보호할 장치를 마련하지 않았던 거죠. 자국 농민을 위한 보조금도 폐지했을 뿐만 아니라, 수입 쌀에 대한 관세마저 낮추게 됩니다. 그 결과 아이티의 쌀 시장은 금세 저렴한 가격의 미국 쌀이 점령하게 됩니다. 힘들게 쌀농사를 지어봤자 경쟁에 밀려 팔리지 않게 되자

진흙으로 쿠키를 만든다고?

진흙 쿠키는 10m 이상 땅에서 파낸 흙에 물과 소금을 넣고 마가린을 첨가해 쿠키 반죽을 만든 후 햇빛에 말린 것이다. 이 진흙 쿠키를 먹으면 흙 속의 박테리아나 세균 등에 의해 복통을 일으키거나, 각종 기생충으로 인한 질병도 얻을 수 있다. 하지만 흙은 소화가 되지 않는 관계로 먹고 나면 배가 든든해지다 보니 아이들은 배고픔을 이기기 위해 진흙 쿠키를 사서 먹을 수밖에 없다고 한다. 심지어 다른 심각한 질병이 생길 가능성도 있지만, 지독한 굶주림을 해결하려는 어쩔 수 없는 선택인 셈이다.

아이티 농민들은 더 이상 쌀농사를 짓지 않게 되었습니다. 시장을 개방한 후, 얼마 지나지 않아 아이티는 세계에서 미국 쌀을 두 번째로 많이 수입하는 나라가 되었죠.

아이티에서 쌀농사가 사라지면서 오랜 세월 쌀농사를 지으며 살아온 아이티의 농부는 물론, 쌀과 관련된 일을 하는 사람들 모두 연쇄적으로 실업자가 됩니다. 더욱 심각한 문제는 쌀의 수입의존도가 크게 높아진 상황에서 세계 쌀 가격이 높아진 것입니다. 이미 아이티는 자국의 농업 생산 능력을 잃어버렸는데, 수입 쌀의 가격마저 비싸지자 곧바로 식량난에 빠졌죠. 굶주림에 시달리던 아이티 국민은 급기야 진흙 쿠키를 먹게 된 것입니다.

농산물 세계화 물결은 우리나라도 피해갈 수 없었습니다. 1994년 체결된 우루과이라운드에서 처음 농산물 시장 개방 문제가 논의되었으며, '예외 없는 관세화' 원칙에 따라 시장을 개방하라는 압력을 받았죠. 하지만 우리나라의 대처는 아이티와 달랐습니다. 쌀에 대해서는 예외적으로 1995~2004년과 2005~2014년 두 차례 관세화를 유예했죠. 수입 농산물에 대해 높은 관세를 매김으로써 농산물 개방에 대해 자국 농민들이 받게 될 충격을 완화하기 위한 정부의 노력이었던 것입니다.

2014년 9월 관세화 유예가 종료될 때, 우리나라는 결국 WTO의 양보를 받아내며 쌀의 관세율을 513%로 확정했습니다. 즉 외국의 쌀을 1,000원에 수입해 오면 우리 국민은 이를 6,130원에 사게 되는 거죠. 하지만 이런 노력에도 불구하고 1994년 농산물 시장 개방

이후 우리나라에서 농업 종사자 비율은 꾸준히 감소 추세입니다. 아직은 정부의 노력으로 농산물 시장에 대한 최소한의 보호조치를 유지하고 있지만, 세계화라는 거센 물결 속에서 언제까지 우리 농산물에 대한 보호조치를 계속 이어갈 수 있을지는 의문입니다. 이러한 보호조치가 더 이상 지속될 수 없을 때, 우리나라의 상황은 아이티와 과연 다를 수 있을까요? 값싼 해외 농산물을 소비할 수 있다는 시장 개방의 함정에 빠지지 말고, 세계화의 이점은 누리되 매서운 물결에 휩쓸려 떠내려가지 않는 방법을 우리가 함께 끊임없이 고민해야 하는 이유입니다.

세계화 속에서 부와 몸집을 키운 다국적기업들

다국적 농업기업 몬산토[17]는 과거부터 유명한 목화 산지인 인도에 병충해에 강하고 수확량도 늘어나 농가 수입을 증가시킬 수 있다고 홍보하며 자사 제품인 BT목화 씨앗을 판매했습니다. 그러자 인도 농부들은 몬산토 씨앗을 구매했고, 결국 인도의 목화 경작지 중 96%에서 BT(몬산토)목화[18]가 재배됩니다. 그

17. 1901년 설립된 미국의 종자 개발, 생명공학 기술 개발 등의 농업 솔루션을 제공하는 다국적 농업기업으로 2018년 6월 독일의 바이엘에 인수됨.
18. BT란 토양미생물 Bacillus thuringiensis의 약자로 유전자 조작 목화를 말한다.

런데 희한한 건 BT목화를 구매한 농부들의 수입이 늘기는커녕 빚만 자꾸 늘어난 거죠. 처음에는 몬산토의 주장대로 살충제를 따로 사지 않아도 되었지만, 점차 BT목화에 내성이 생긴 벌레들이 생겼고, 그러자 몬산토는 더 강력한 살충제를 만들어 판매했습니다. 목화밭에 들끓는 벌레들로 인해 농부들은 이 강력한 살충제를 살 수밖에 없었죠. 게다가 BT목화 재배를 위해서는 관개시설이 꼭 필요하다 보니 더 큰 비용이 들어갔습니다. 이에 인도 농부들은 BT목화 말고 다시 토종목화를 재배하려 했지만, 이미 몬산토가 인도 씨앗 시장을 장악해버렸기 때문에 도무지 토종 씨앗을 구할 방법이 없었죠. 몬산토가 인도에 씨앗 식민지를 건설해버린 것입니다. 인도 목화 농부들이 빚에 시달리는 모습과 대조적으로 몬산토는 씨앗과 살충제를 팔아 엄청난 이익을 챙기고 있습니다.

다국적기업의 횡포는 비단 몬산토만이 아닙니다. 이들은 엄청난 식성과 번식력으로 생태계를 교란하는 베스처럼 가차없이 시장을 장악하고 있죠. 우리에게도 익숙한 스위스 기업인 네슬레가 칠레에서 벌인 일도 돌아볼 필요가 있습니다. 지금의 칠레는 남미의 가난한 국가이지만, 1970년만 해도 우리나라보다 잘 사는 나라였죠. 당시 칠레는 민주적 선거를 통해 민중을 위한 공약을 내건 살바도르 아옌데가 대통령으로 뽑혔습니다. 그의 주요 공약 중 하나가 15세 이하의 모든 어린이에게 하루 0.5 l 의 분유를 무상으로 제공하겠다는 것이었죠. 하지만 커피와 우유가 주요 수출 품목인 네슬레에게 아옌데의 정책은 못마땅하기만 했습니다. 칠레 정부가 분유를 무상으로 공급하는 것도 문제지만, 행여 다른 나라들도 이러한 정책을 따라 할까 봐 못내 신경이 쓰였죠. 이미 칠레의 축산농장들을 장악하고 있던 네슬레는 미국 정부와 결탁해 협조를 거부했고, 아엔데 정권은 고립되고 맙니다. 결국 대통령이 사살되며 정권이 무너졌고, 정책은 실패로 돌아갔으며, 오늘날 칠레의 수많은 어린이들은 배고픔에 시달리고 있죠.

다국적기업들이 개발도상국들에서 갖은 횡포를 벌이는 사례는 이 밖에도 어렵지 않게 찾을 수 있습니다. 골리앗 이상으로 거대하고 힘센 괴물이 된 다국적기업 횡포를 막으려면 세계시민이 똘똘 뭉쳐 해결방안을 함께 찾아야 합니다. 세상에 또 다른 피해자가 나오지 않도록 말이죠.

무분별한 민영화와 이익 추구로 기본권을 잃어버린 사람들

앞에서 우리는 기후위기 영향으로 오랜 시간 이어진 가뭄 때문에 물 부족이 일어난 사례를 살펴봤습니다(186쪽 참조). 그런데 혹시 다른 경우에도 물이 부족할 수 있을까요? 네, 돈이 없는 경우에도 물 부족이 일어날 수 있습니다. 어떻게 이런 일이 벌어지는 걸까요?

물 자원을 이용하기 위해 주변 국가와 물 전쟁을 벌이거나, 오염된 수도시설을 사용하면서 문제들이 나타나자 국제기구들[19]은 수도 민영화를 해결방안으로 제시합니다. 특히 1980년대 이후 국제기구는 세계화를 통해 빈곤과 불평등 감소할 수 있다고 주장하면서 개발도상국에 정부의 규제 완화, 관세 철폐, 공기업의 민영화 등을 권장했죠. 그래서 많은 개발도상국은 국제기구의 권장에 따라 많은 공공재를 민영화하게 됩니다. 대표적인 공공재 중 하나인 수도사업도 마찬가지였습니다.

그런데 빈곤과 불평등 감소를 위한 해결방안이라기엔 결과가 영석연치 않습니다. 왜냐하면 수도 민영화가 진행된 국가의 물값은 모두 크게 뛰어올랐으며, 수질은 오히려 떨어진 반면 국민 대부분은 예전에 비해 물을 사용하기 어려워졌으니까요. 예컨대 남아프리카공화국은 1994년 프랑스의 기업으로 민영화하면서 2년 만에 수도 요금이 600%나 인상되었으며, 인도네시아 역시 상수도가 민영화되면서 2001년 35%, 2003년 40%, 2004년 30% 3차례나 수도세가 가파르게 인상되었습니다.[20]

앞서도 이야기했지만, 기업은 이익을 최우선으로 추구합니다. 따라서 기업의 모든 활동은 어떻게 하면 이익을 최대한 이끌어낼지에 기반하여 움직이죠. 수도 민영화 또한 다르지 않았습니다. 기업은 이익을 높이기 위해 수도 요금을 계속 올렸죠. 하지만 그 결과 소비자들은 점점 더 수돗물을 예전처럼 많이 사용하지 않았고, 너무 비

....
19. 세계은행, 국제통화기금(IMF), 세계무역기구(WTO)
20. 김병규, 〈"민영화되면 하루 14만원"…'수돗물 괴담' 진실은〉, 《연합뉴스》, 2008.5.15.

싸서 쓸 수 없는 사람도 생겼습니다. 그러자 기업은 이익률을 높이려고 또다시 수도 요금을 더 올렸습니다. 그러자 점점 더 많은 사람들이 수돗물을 쓸 수 없게 되면서 악순환에 빠진 거죠. 더 큰 문제는 소비자가 계속 감소하는 상황에서 원하는 만큼의 이익이 실현되지 않자, 기업은 비용이라도 낮추기 위해 수도시설에 더 이상 투자하지 않게 됩니다. 결국 수도 민영화로 물값은 점점 더 올라가는데 수도시설과 물의 질은 오히려 낙후되는 결과가 나타난 거죠.

세상에서
가난을 뿌리 뽑기 위하여

세계화로 많은 국가, 특히 개발도상국에서 공공재들이 무분별하게 민영화되면서 최소한의 건강하고 안전한 삶을 위협받는 사람들도 함께 늘어났습니다. 수도, 전기와 같은 서비스는 높은 대가를 치르지 않더라도 누구나 소비할 수 있는 공공재로 머물러야 합니다. 그래야 모두가 최소한 인간다운 삶을 살아갈 수 있으니까요. 무분별한 민영화가 과연 답인지, 민영화 기업들은 또 다른 다국적기업은 아닌지 성찰이 필요한 때입니다.

우루과이는 2004년 10월 31일 헌법에서 물에 대한 인간의 권리를 명시하는 데 성공했죠. 수도 민영화 또는 물 부족으로 온 국민이 고통받는 나라라면 우루과이처럼 물에 대한 권리를 법으로 정하는 것도 필요할지 모릅니다. 나아가 다른 기본재들도 민영화로 인해 국민들이 고통받는 일은 없어야 할 것입니다.

2017년 기준, 전 세계적으로 8억 이상의 사람들이 영양부족 상태에 놓여있으며, 특히 사하라 사막 이남의 지역에서는 굶주림이 매우 심각한 상황입니다. 이러한 사하라 사막 이남 아프리카 국가를 포함하여 개발도상국의 경우 12.9%가 영양 부족으로 고통받고 있다고 합니다. 이러한 사실을 살펴볼 때, 세계화는 어쩌면 세상의 불평등과 빈곤을 심화시키는 원인이 된 것이 아닌지 반성해야 합니다.

세계화에 대한 성찰이 필요한 또 다른 이유는 앞서 살펴본 다국적 기업들의 횡포 때문이기도 합니다. 이들은 생산비를 낮추기 위해 개발도상국의 값싼 노동력을 이용합니다. 그마저도 최대한 임금을 쥐어짜거나 어떻게든 비용을 더욱 낮출 방법을 찾아내려고 합니다. 노동자들의 작업 환경을 개선하기는커녕 열악한 상태로 방치하기도 하고, 심지어 아동의 노동력까지 착취합니다. 나아가 환경파괴마저 서슴없이 벌이고 있죠. 최소한의 기본마저 무시하는 다국적기업들은 나날이 더 많은 이익을 얻으며 엄청난 부를 쌓는데, 반대로 개발도상국의 국민은 자꾸 더 빈곤해지는 것은 아무리 생각해도 공정과 거리가 먼 것 같습니다.

우리의 힘으로 다국적기업의 횡포를 막을 방법은 없을까요? 혼자서는 불가능하지만 함께한다면 가능합니다. 예컨대 기업은 브랜드 이미지를 중시하므로 만약 해당 기업이 최소한의 지켜야 할 도리마저 저버린다면 이러한 내용을 SNS 등을 통해 적극적으로 공유

해볼 수도 있을 것입니다. 아울러 우리 스스로 현명한 소비자가 되어야 합니다. 단순히 브랜드만 보고 구매할 것이 아니라 여러 가지 조건을 꼼꼼하게 따지는 소비자가 되어야 하겠죠. 또한 비정부기구(NGO) 기구들은 다국적기업의 활동을 감시할 뿐 아니라 이를 감시할 수 있는 인재를 발굴해야 할 것입니다. 세계시민이 똘똘 뭉쳐 다국적기업 또는 선진국에 대한 감시자가 된다면 세계화를 등에 업은 강자들의 약자에 대한 일방적이고 무자비한 횡포도 언젠가는 사라지지 않을까요?

모두 함께 잘 사는 방법은 없는 걸까?

앞서도 살펴보았지만, 상대적 박탈감이란 "다른 대상과 비교하여 자신에게도 당연히 있어야 할 권리나 자격 등을 빼앗긴 것 같은 느낌"입니다. 남들이 누리는 풍족함과 비교하여 상대적으로 자신의 부족함을 느낄 때 사람들은 마치 뭔가를 잃어버리거나 빼앗긴 것 같은 감정, 즉 상실감을 느끼게 된다는 뜻입니다.

우리나라의 드라마와 영화, 팝 등 K-콘텐츠가 세계적 인기를 얻으며 세계인의 주목을 받고 있습니다. 세계적 권위를 자랑하는 유명 상들을 휩쓰는가 하면 신드롬에 가까운 높은 흥행 성적도 거두고 있죠. 특히 세계인이 주목한 〈오징어게임〉이나 〈기생충〉의 내용을 들여다보면 공통점이 있습니다. 바로 부의 불평등과 양극화에 관한 내용을 다룬 문제작이라는 점이죠. 그만큼 세계인들도 현대사회의 불평등이 심각하다고 깊이 공감하는 것 아닐까요?

나만 풍요에서 소외된 것 같은 빈곤한 삶

개발도상국 절대빈곤 문제가 워낙 심각해 국제 사회 쟁점으로 떠오르고 있지는 않지만, 선진국에서 남들보다 자신이 훨씬 가난하다고 느끼는 사람들이 늘고 있습니다. 생각만 그런 것이 아니라 실제로도 빈민 비중이 늘고 있죠. 남들은 풍요로움 속에서 행복하게 살아가는 것 같은데, 나 혼자만 소외되어 빈곤에 허덕이고 있다면 어떤 기분이 들까요? 또 모두가 굶주리는 상황과 나만 굶주리는 상황 중 어떤 경우를 더 불행하게 느낄까요? 이것이 바로 '풍요 속 그늘'로 불리는 선진국형 빈곤 문제입니다. 요즘 세간에는 이런 회의적인 말들이 자주 들려오곤 합니다.

"노력한다고 '금수저'를 이길 수 있을까요?"

"제가 벼락거지 신세를 벗어날 수 있을까요?"

날로 심화되는 우리나라의 '부익부 빈익빈' 현상과 함께 아무리 노력해도 계층 간 격차를 줄일 수 없다는 것에 대한 좌절감이 엿보이는 말들이죠. OECD 발표에 따르면 2018~2019년 기준 한국의 상대적 빈곤율[21]은 16.7%라고 합니다. 이는 조사 대상인 37개 회원국

----

21. 전체 인구 중 기준 중위소득의 50%에 미치지 못하는 인구의 비율을 의미

가운데 4위로 우리나라의 심각한 경제적 불평등을 보여줍니다. 이제부터 우리나라의 빈곤층 사례들을 몇 가지 살펴보면서 상대적 빈곤 문제에 관해 함께 생각해보고자 합니다.

한국의 노인 빈곤 중 조손가정의 현실

우리나라에서 가장 심각한 빈곤 문제 중 하나는 노인 빈곤 문제입니다. 2018년의 통계청 기준 노인 빈곤율은 가처분소득[22] 기준 42.0%로 꽤 높은 편입니다. 왜 한국의 빈곤은 노인의 빈곤이라고 불리는지 알 수 있습니다. 특히 조부모와 손자녀로 구성된 조손가정의 빈곤 문제는 더욱 심각합니다. 노인 빈곤은 여성일수록, 저학력일수록 높게 나타나고, 손자녀 등 비경제활동 가구원과 사는 조손가정일수록 빈곤할 가능성이 큰 것으로 나타납니다. 〈2018 아동종합실태조사〉에 따르면 조손가정의 월 근로소득은 일반가정 413만 7천 원의 절반 남짓인 221만5천 원에 그쳤습니다. 같은 조사에서 조손가정의 70.2%는 연 소득 1천만 원~5천만 원에 불과했고, 심지어 소득이 1천만 미만인 조손가정도 9.2%에 달했죠.

> 70세의 박 모 할머니는 중학생과 고등학생 손자녀 2명과 살고 있습니다. 몇 년 전만 해도 할머니가 다니던 직장의 월 급여 180만 원으로 세 식구가 빠듯하게나마 생활했는데, 계속된 불황으로 할머니가 직장을

---

22. 개인소득 가운데 소비 또는 저축을 자유롭게 할 수 있는 소득을 말함. 가처분소득이 많으면 소비도 증가한다.

잃으면서 그마저도 수입이 끊긴 상황입니다. 행정기관에 조손가정 생계급여 수급자 신청을 할 계획이지만, 3인 가구 기준으로 월 98만여 원의 생계비와 40만 원의 양육비 정도라 앞으로 아이들을 제대로 보살피며 생활할 수 있을지 걱정입니다.

15세 김모 양은 14세 남동생과 할머니와 함께 살고 있습니다. 코로나19로 인해 시작된 원격수업과 함께 김 양은 심각한 학습 결손을 겪게 되었습니다. 집에는 5~6년 전 지원받은 컴퓨터가 있지만, 카메라 기능이 없어 실시간 원격수업에는 참여할 수 없죠.[23]

〈2020년 인구주택총조사 결과〉에 따르면 우리나라 인구 약 5,000만 명 중 65세 이상 고령인구는 약 820만 명으로 16%를 넘기면서 고령사회에 접어들었고, 2024년에는 19.2%, 2045년에는 37%에 달할 것이라고 합니다. 노인 인구는 점점 늘어가는데, 노인 빈곤 문제가 현재 추세라면 훨씬 더 심각해질 것입니다. 현대 노인 세대가 빈곤한 이유는 급속한 사회 변화 대비 충분히 준비되지 못한 노후 자금 등이 이유로 꼽힙니다. 노후 준비가 충분치 않다는 것은 얼핏 개인의 문제로 보일 수 있습니다. 하지만 65세 이상 노인층 세대가 열심히 경제활동을 하던 시절에 비해 지금은 많은 점에서 달라졌습니다. 일단 과거 그들이 부모 부양을 당연시했던 것과 달리 지금의 자

23. 유선태, 〈[위클리포유 커버스토리] 복지사각지대에 놓인 조손가정 (2)···조손가정 50%(2018년 기준) 연소득 3천만원도 안돼···5.3%만 기초생계급여 수급〉, 《영남일보》, 2021.9.17.

녀 세대는 그렇지 않습니다. 또 평균 수명이 이렇게나 길어져 은퇴 후 소득 없이 수십 년이나 생활해야 할 거라고도 전혀 예상하지 못했기 때문에 적절히 대비할 수 없었던 것입니다. 한편 한국의 경제 성장률 둔화와 부동산 가격 폭등으로 젊은 세대는 취업도 주택 마련도 훨씬 힘들어졌습니다. 상황이 이렇다 보니 부모를 부양할 능력도 없거니와 설사 능력이 있다고 해도 부모 부양을 당연하게 여기지는 않는 편입니다. 그러니 노인이 되어서도 경제적이든 정서적이든 자녀의 부양을 기대하기 어렵습니다. 이런 세대 변화 속에서 빈곤에 내몰린 노인들의 문제인 만큼 사회정책의 허점으로 보고 구조적 해결을 위한 다양한 정책들이 논의되어야 합니다.

날로 심화되는 양극화와 주거 빈곤의 현실

우리나라 가구의 일반적인 소득원은 무엇일까요? 아마 대부분의 사람이 '월급'이라고 말할 것입니다. 소위 말하는 근로소득입니다. 그런데 가구의 소득 중 근로소득의 비중이 증가할수록 소득 불평등이 증가한다고 합니다. 이는 일반 가정의 경우 근로소득이 가구 소득 거의 전부인 반면, 고소득자들은 부동산소득과 금융소득 등이 근로소득보다 높은 비중을 차지하기 때문이죠.

비트코인 등 암호화폐와 주식 시장의 호황, 또 집값이 급등한 2020년에서 2021년 사이에 '벼락거지', '영끌' 등의 단어가 우리 사회에 유행했습니다. 그저 평소처럼 하루하루 열심히 살았을 뿐인데, 갑자기 부동산이나 금융 투자를 통해 엄청난 부를 얻은 사람들이 생겨나면서 자신은 하루아침에 거지로 전락했다는 뜻이겠죠. 더 늦기 전에 나도 부자의 대열에 끼어보겠다며 대출에 있는 돈 없는 돈 끌어모으고, 그야말로 영혼까지 끌어모아 투자했지만, 누구나 쉽게 돈벼락을 맞는 것은 아닙니다. 더 큰 문제는 부동산 가격의 폭등은 상대적 빈곤과 주거에 대해 불안함을 야기하는 정도로 그치지 않습니다. 실제로 편의시설은 고사하고 건강이 우려될 만큼 비위생적인 환경, 나아가 집이라고 말하기도 힘들 만큼 열악한 곳에서 살아가는 사람들도 생겨나고 있습니다. 바로 주거 빈곤이죠.

부모와 자녀 6명을 포함해 가족구성원이 8인인 다자녀 가구라면 어떠한 집에서 살아야 할까요? 최소한 안방, 각방까지는 아니라도 자녀들이 나눠 쓰는 방 2~3개, 화장실, 주방, 거실 정도는 필요하다고 생각할 것입니다. 그런데 실제로 이 가족은 8명이 20평대의 컨테이너 집에서 생활합니다. 화장실은 야외에 있죠. 더 큰 문제는 집안 곳곳에 핀 곰팡이, 부실한 지붕으로 언제 집이 무너질지 모르는 상황입니다.[24] 지하, 컨테이너, 비닐하우스 등 최저 주거기준에 미달하는 곳에서 사는 아동은 약 94만 명으로 아동 인구의 9.7%나 됩니다.

주거 빈곤은 주거 공간 문제를 넘어 다양한 문제로 이어집니다. 주거 빈곤 가구의 아동은 위험물질이나 재해에 노출될 가능성과 학업, 정서발달 등에서도 부정적인 영향을 받을 가능성이 크죠. 이는 심지어 대물림되면서 어른이 되어서도 여전히 지독한 빈곤에 갇히

....
24. https://blog.naver.com/d_elight_green/222485909772 참조

게 됩니다. 이처럼 빈곤이 대물림되는 사회가 공정한 사회일까요? 우리 주변에도 컨테이너나 비닐하우스 등 불량한 공간에서 힘겹게 살아가는 이웃들이 있다는 것을 잊지 말아야 합니다.

먹을 것이 없어서 범죄자가 된 사람들

여러분도 영화나 소설로 접해본 《레미제라블》의 주인공 장발장은 청년 시절 굶주림에 시달리는 조카들을 보다 못해 빵 한 조각을 훔친 죄로 감옥에 들어갑니다. 처음엔 5년의 형을 받았지만, 네 차례 탈옥 실패로 결국 19년이라는 기나긴 감옥살이 끝에 중년이 되어서야 출옥합니다. 극심한 가난이 평범한 젊은이를 중범죄자로 만들었죠. 그런데 19세기도 아닌 오늘날 한국 사회에서도 비슷한 일들이 종종 벌어집니다. 우리 속담에 "궁지에 빠진 쥐가 고양이를 문다."는 말이 있는데, 생존을 위협할 만큼 곤궁해지면 제아무리 선량한 사람이라도 때론 판단력을 잃고 맙니다.

송파 모녀의 비극은 꽤 알려진 사건입니다. 2014년 송파구의 어느 지하 셋방에 거주하던 세 모녀가 생활고에 시달리다가, 결국 번개탄을 피워 동반 자살했죠. 세 모녀는 지병을 앓고 있었고, 수입도 없었으나, 국가와 자치 단체가 구축한 어떤 사회보장체계의 도움도 받지 못했습니다. 이들은 마지막 집세와 공과금 70만 원 그리고 죄송하다는 내용의 유서를 남긴 채 세상을 떠나고 말았죠.[25]

25. 안수효, 〈아직도 굶어 죽은 사람이 있다〉, 《가야일보》, 2019.9.24.

송파 모녀 사건처럼 일반인들에게 널리 알려지지는 않았지만, 이런 일도 있었습니다. 2019년, 30대 남성이 아들과 함께 슈퍼에서 우유를 훔치다가 경찰에 붙잡힌 사건이었죠. 이 남성은 질병으로 6개월째 일을 하지 못했다고 합니다. 하지만 그는 노모와 두 아들을 부양하고 있었죠. 수입이 끊겨 급기야 끼니마저 거르게 되자 배곯는 아이들을 보다 못해, 하지 말아야 할 일을 저질렀다고 고백합니다.[26] 2020년 대검찰청 통계에 따르면, 절도 등 생계형 범죄가 포함된 재산 범죄만 5% 늘었다고 합니다. 이런 재산 범죄는 경기가 어려울수록 늘어난다고 하죠.

특히 코로나19 장기화로 저소득층일수록 삶이 더 힘들어지면서 생계형 범죄가 증가 추세라고 합니다. 혹시 사회가 이들을 범죄로 내모는 것은 아닌지 성찰도 필요합니다. 가난하다고 모두가 범죄를 저지르는 것은 아니니 생계형 범죄자를 개인의 잘못으로 생각할 수도 있습니다. 하지만 우리 사회의 구조적인 모순, 일자리 부족 등의 문제가 주요 원인이 되는 점도 놓치면 안 됩니다. 따라서 단순히 생계형 범죄자를 선처하는 데 그치지 말고, 사회구조적인 복지 시스템을 되돌아볼 필요가 있습니다.

경제적 불평등은 단지 소득의 문제가 아니다
한국 사회의 빈곤으로 인한 불평등 문제는 앞서 살펴본 이야기들처

....
26. https://blog.naver.com/lcskmh/221744493719 참조

럼 극단적인 모습만 있는 것은 아닙니다. 우리나라의 평범한 20~30
대 청년층 사이에서도 불평등에 대한 불만은 점점 높아지고 있죠.
특히 우리나라 20대 가구 상위 20%와 하위 20% 간 자산의 차이는
35배로 매우 심각합니다.[27] 이런 차이는 자신의 노력이나 능력보다
타고난 가정환경에 의해 심하게 좌우되고 있죠. 일명 '금수저'이기
에 가능한 '부모(또는 조부모) 찬스'가 작용한 것입니다. 부유한 부모
나 조부모 덕분에 태어날 때부터 여유로운 삶을 살 뿐만 아니라, 집
안의 후광으로 쉽게 얻은 돈을 투자함으로써 더 많은 돈을 창출하
죠. 하지만 그렇지 못한 젊은 층은 상대적 박탈감을 느끼며 '영끌',
'빚투' 등 아등바등 노력해 보지만, 현실적으로 따라잡기란 거의 불
가능합니다. 좁힐 수 없는 격차 앞에 자신의 처지를 비관하며, 사회
가 불평등하다고 좌절하는 청년들이 늘고 있죠.

　사회적 불만이 커질수록 사회 정의와 공정성을 훼손할 뿐 아니라
경제성장도 방해할 것입니다. 따라서 빈곤과 불평등 문제는 좀 더
종합적으로 접근해야 합니다. 즉 경제적 불평등 문제를 단순히 일부
계층의 소득 부족으로만 볼 것이 아니라, 사회적 문화적 차원을 포
함한 상대적 결핍과 사회적 배제까지 반영하는 포괄적 개념으로 이
해해야 하죠. 또 송파의 세 모녀처럼 복지의 사각지대에 방치된 빈
곤층이 없도록 복지 대상에 대한 지원의 폭을 확대하거나 대상자를
선정하는 기준도 시대에 맞게 고칠 필요가 있습니다. 다만 그러기

．．．．．．．．．．．．．．．．．．．．．．
27. https://blog.naver.com/sblaks/222541343844/ 참조

위해서는 지금보다 더 많은 예산이 빈곤층을 위해 사용되어야 하는데, 국민의 양보와 사회적 합의가 반드시 필요하죠. 하지만 이것은 어떤 의미에서는 특정 계층을 위한 것이 아니라 우리 모두가 인간다운 삶을 살기 위한 최소한의 보호 장치로 봐야 합니다.

세상에서 가장 부유한 나라의 빈곤 현실

"나는 99%다"라는 말은 어느새 거대 자본주의에 대한 저항의 의미를 띤 구호가 된 것 같습니다. 2008년 미국발 서브프라임 모기지 사태로 번진 금융 불안은 소비와 투자를 크게 위축시켰고, 이는 미국을 비롯한 선진국을 넘어 선진국에 대한 수출의존도가 높은 개발도상국들에까지 영향을 미쳐 결과적으로 세계 경제를 동반 침체시켰습니다. 그런데 아이러니하게도 2009년에서 2011년 사이 미국 전체 가정의 평균 소득이 1.7% 늘었다는 보고서가 나왔습니다. 하지만 결과를 좀 더 세밀히 들여다보니 소득 상위 1%의 수입은 10% 이상 늘어난 반면 나머지 99% 계층의 수입은 오히려 0.4% 줄어들었죠. 극소수 부자들의 소득 증가분이 워낙 크다 보니 이처럼 왜곡된 평균이 산출된 것입니다. 경제 침체 속에서 상위 1%만 더 부자가 되고, 나머지 계층의 부는 줄어든 셈입니다. 이러한 불평등 속에서 결국 2011년 9월 미국에서는 "우리는 상위

#우리는_#99%입니다!

1%의 탐욕에 저항하는 99%다." 그리고 "나는 99%다."라는 구호를 외치는 '월스트리트 점령(Occupy Wall Street)' 시위가 일파만파로 퍼졌습니다. 시위대는 스스로를 이러한 불공정에 분노하며 저항하는 99%라고 외쳤죠. 이런 상황은 코로나19가 전 세계로 확산되어 영향을 준 2020년부터 현재에도 비슷하게 나타납니다. 기나긴 경제 불황속에서도 부자들은 점점 더 부자가 되기도 합니다. 타격을 입는 쪽은 늘 저소득층이나 취약계층들이죠.

세계 최강국 미국의 빈곤 실태

2017년 미국 국민의 약 12.7%(4,000만 명)가 빈곤층이며 그 절반 정도에 해당하는 6%(1,850만 명)가 극도의 빈곤 상태라는 보고서가 제출되었습니다. 한편 세계 부자 순위(2021년 기준)를 살펴보면 상위 10명 중 무려 8명이 미국 국적이죠. 이는 미국 사회가 엄청난 부자와 매우 가난한 사람들 간의 소득 격차와 불평등이 매우 심각하다는 것을 보여줍니다. 이것이 세계에서 가장 풍요롭고 영향력이 있는 나라로 알려진 미국 빈곤의 현실입니다. 불평등이 심각할수록 사람들의 상대적 박탈감은 더욱 높을 수밖에 없습니다.

2017년 12월 15일에 발표한 유엔 인권 고등 변무관 사무소에서 발표한 내용에 따르면 미국의 젊은이들 4명 중 1명은 빈곤한 상태이며, 1,330만 명의 아동이 빈곤 상태라고 합니다. 빈곤층은 처음부터 빈곤한 가정환경에서 태어났거나, 장애와 질병, 노동시장의 차별 등으로 인해 빈곤한 상태가 된 경우가 대부분이라고 합니다.[28]

세계 부자 순위(2021년 기준)

순위	이름	회사	국적
1	일론 머스크	테슬라 테크노킹 스페이스X	미국
2	제프 베이조스	아마존닷컴 이사회의장	미국
3	베르나르 아르노	LVMH회장	프랑스
4	빌 게이츠	마이크로 소프트 공동창업주	미국
5	래리 엘리슨	오라클 창업주	미국
6	래리 페이지	구글 공동창업주	미국
7	세르게이브린	구글 공동창업주	러시아
8	마크 저커버그	메타(페이스북) CEO	미국
9	스티브 발머	마이크로 소프트 (전)CEO	미국
10	워런 버핏	버크셔 해서웨이 회장	미국

사람들의 가장 기본적인 생활은 의·식·주의 해결일 것입니다. 그런데 세계 최대 부국인 미국에도 기본적인 의·식·주의 해결조차 힘든 사람들이 있죠. 미국의 주택 하면 주로 마당이 있는 하얀색 이층집이나 뉴욕의 아파트를 떠올릴 것입니다. 그런데 무려 2,000만 명의 미국인이 트레일러 같은 이동식 주택에서 거주하고 있다고 합

---

28. https://www.sdgsforall.net/index.php/languages/korean/558-529-un-expert-reveals-shocking-facts-about-poverty-in-the-u-s

니다. BBC는 "미국에선 빈곤층이 트레일러 주택에서 살 가능성이 훨씬 크다."라고 말합니다. 정말로 그런 걸까요?

실제 미국에서 트레일러 거주 비율이 가장 높은 10개 주 목록과 미국에서 소득이 가장 낮은 10개 주를 비교하면 8곳이 겹칩니다. 또 트레일러 거주자의 가구소득 중간값은 미국의 평균 가구소득의

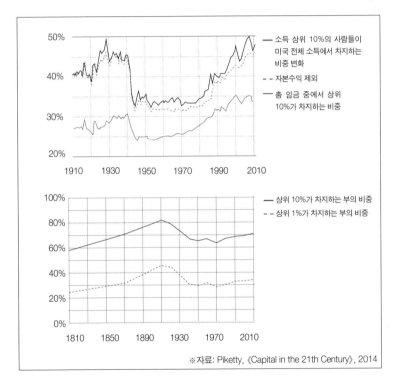

※자료: Piketty, 《Capital in the 21th Century》, 2014

미국의 전체 소득에서 상위 10%가 차지하는 비중(상)과 전체 부에서 상위 10%와 상위 1%가 차지하는 비중(하)
그래프를 통해 알 수 있듯이 미국의 소득 불평등과 부의 불평등이 1980년대 이후 더 심각해지고 있다는 것을 알 수 있다.

절반에 불과하죠. 트레일러촌을 연구해온 찰스 백커 듀크대학교 교수는 "미국인들은 자기 소유의 집을 소유하려는 성향이 짙지만, 빈곤층은 주택값을 감당할 수 없는 현실, 열악한 주거 복지 탓에 공공 임대주택의 문턱이 지나치게 높은 점 등으로 인해 트레일러촌을 발달시켰다"라고 설명했습니다.[29]

미국의 불평등은 주거 문제뿐만이 아닙니다. 미국의 불평등은 여러 면에서 나타납니다. 먼저 '소득 불평등'입니다. 225쪽의 그래프에서 위쪽을 보면 1910년부터 2010년까지 미국의 상위 10%의 사람들이 미국 전체 소득에서 차지하는 비중이 'U자형' 곡선의 형태를 보입니다. 1910년대에서 1920년대 기간 동안 미국의 전체 소득에서 상위 10%가 차지하는 비중은 45~50%였다가 1940년대에 거쳐 급격히 떨어지면서 1950년에는 35%대 이하로 하락했습니다. 그러다 1980년대 이르러 갑자기 상승세를 타고 급증하죠. 2000년대에서 2010년대에는 45~50%에 이르고 2010년 이후 50%를 넘어섰습니다. 1980년대 이후 미국에서 소득 불평등이 심해지고 있음을 보여줍니다.

'소득 불평등'과 함께 이야기되는 것이 '자산 불평등'입니다. 앞선 그래프의 아래쪽을 보면 알 수 있듯이 1950년대에 상위 10%가 미국 전체 부에서 65% 수준을 유지하다 1980년대 후반부터 상승세를 타고 2010년에는 70% 이상의 부를 차지합니다. 심지어 그중 상위 1%가 53.4%의 부를 차지하고 있는 것으로 나타났습니다. 앞서 1%에

---

29. https://cafe.naver.com/lancecamper/11879 참조

대항하는 99%의 시위대 구호가 그저 하는 말이 아님을 알 수 있습니다. 더 자세히 들여다보면 상위 1%를 넘어 0.1%, 아니 0.01%가 부를 독차지하다시피 하고 있죠. 미중앙정보국(CIA)이 2014년에 공표한 소득 평등 순위에서 총 조사국 141개국 중 미국은 101위를 차지했습니다. 이는 러시아(92위), 이란(97위)에도 뒤지는 성적이고, 아르헨티나(106위), 멕시코(118위), 스리랑카(120위) 같은 국가들보다 조금 앞선 정도입니다.

이러한 불평등한 현실을 적나라하게 드러내는 것 중 하나가 바로 미국의 의료 시스템입니다. 미국의 의료기관 대부분은 사설기관에 의해 운영되는 소위 의료 민영화를 채택합니다. 의료보험 또한 우리처럼 국가가 보장하는 국민건강보험 체계가 중심이 아니라 개별 기업이 주도하여 운영되고 있죠. 가입 조건도 매우 까다로운데, 소득수준은 물론, 개인의 건강 상태 등에 따른 보험료 차이가 크고, 아예 의료보장이 없는 인구도 전체 국민 중 상당수입니다. 보험 가입자라도 고액 보험이 아닌 이상 수술 같은 치료를 받다가 높은 병원비를 감당하지 못해 파산하기도 합니다. 이러한 건강보험의 제도적 문제점을 해소하려고 도입된 것이 2010년 법으로 지정된 '오바마케어'입니다. 우리나라 건강보험처럼 소득이 많은 사람은 많이 내고, 적은 사람은 적게 내도록 하고 있죠. 하지만 아직 오바마케어를 받아주는 병원이 드물고, 실제 병원비를 감당하기에는 의료비 지원이 턱없이 부족한 점, 그 외 여러 가지 현실적인 문제점들이 지적됩니다. 국제사회에서 미국은 늘 자신들의 나라가 위대하다며 세계인에게 외칩니다. 정작 수천만 명의 미국인은 극심한 빈곤 속에서 살아가며 병이 들어도 높은 치료비 때문에 제대로 치료조차 받지 못하는 현실이 참으로 아이러니할 뿐입니다.[30]

급속한 경제성장에 가려진 중국의 불평등 심화

중국은 개혁 개방 이후 한동안 경제가 연평균 10%에 이르는 고속 성장을 달성했습니다. 그러나 빛과 그림자가 공존하듯 고속 성장의 부작용도 만만치 않습니다. 개혁 개방이 이루어진 지 40년이 지난 지금까지도 해결되지 않는 심각한 부작용이 바로 평등을 추구하는 사회주의 국가라는 타이틀이 무색할 만큼 심각한 빈부격차입니다.

지니계수는 이탈리아 인구 통계학자 코라도 지니(1884~1965)가 개발한 것으로, 0~1중 숫자가 커질수록 소득 불평등 정도가 심함을 나타냅니다. 0.4 이상이면 사회불안을 야기하고, 0.5 이상이면 폭동 같은 심각한 사회 갈등도 발생할 수 있다고 보죠. 중국 민생 발전 보고(2014년 베이징대 발간)의 지니계수를 보면 1995년(0.45), 2002(0.55), 2010년(0.61), 2012년(0.73)으로 사회 갈등을 일으킬 만

....

30. https://www.sdgsforall.net/index.php/languages/korean/558-529-un-expert-reveals-shocking-facts-about-poverty-in-the-u-s

한 심각한 수준의 소득 불평등이 존재한다고 볼 수 있습니다.

우리나라에서 불평등을 풍자하는 이런저런 신조어들이 등장한 것처럼 중국에서도 불평등을 반영하는 신조어들이 등장했죠. '개미족'이란 말은 사회학자인 중국 대외경제무역대학 렌쓰(廉思) 교수가 출간한 《개미족》이라는 책에서 비롯된 말로 1980년대에 태어난 고학력자 중에서 취업난으로 인해 빈곤한 삶을 사는 사람들을 일컫는 말입니다.

또 다른 말로 '생쥐족'이 있습니다. 이들은 사람이 사는 집이라고 말하기에는 너무나 열악하고 불량한 거주지에 사는 도시 하층민을 말합니다. 중국이 경제 개발을 시작하면서 농촌에서 살다가 도시로 유입된 노동자들이 크게 늘어났는데, 주택 부족 문제를 해결하기 위해 과거 침공에 대비해 만든 방공호를 임대하기 시작했습니다. 바로 이곳에서 생활하는 사람들이 생쥐족입니다. 이들 생쥐족은 화장실도 없고 난방시설도 갖춰지지 않는 원룸 크기 정도의 방공호에서 가족 전체가 생활합니다. 이처럼 주거 공간으로는 불편하고 열악하기 짝이 없지만, 월 평균 소득이 3,000위안(한화 56만 원)에 불과한 생쥐족에게는 이곳이 아니면 옮겨갈 수 있는 다른 주거 선택지가 없습니다. 이 외에도 달팽이족, 지하 맨홀족, 탕핑족 등 중국 사회의 빈부격차를 나타내는 신조어들이 있습니다.[31]

고등교육을 받고도 저소득 임시직을 전전하거나 방공호처럼 불

---

31. https://blog.naver.com/a6969235/222505322209 참조

량한 거주지에서 살아가는 빈곤층과는 전혀 다른 세상을 살아가는 사람들도 있습니다. 그들은 바로 급속한 경제성장 속에서 생겨난 중국의 슈퍼리치들입니다. 그중에는 세계적인 거부로 도약한 사람들도 있습니다. 대표적으로 식료품 업체 농푸산취안(農夫山泉, 농푸 Spring) 창업자 종산샨(순자산 798억 달러로 한화 약 95조 원), 인터넷 기업 텐센트의 마화텅 회장(순자산 469억 달러로 한화 약 553조 원), 전자상거래업체 알리바바 창업자 마윈(순자산 384억 달러로 한화 45조 원) 등입니다. 이들을 포함한 중국의 최상류층의 소득이 날로 증가하면서 초고가 사치품의 소비도 함께 증가하고 있습니다. 이제 중국의 상류층은 세계 사치성 소비재의 VIP 고객으로 떠올랐죠. 이들과 대조적으로 중국에는 절대 빈곤층 사람들이 1억 5,600만 명이라고 세계은행은 발표하고 있습니다. 중국의 경제적 고속 성장의 이면에 극심한 빈부격차의 그늘이 자리하고 있음을 보여줍니다.

공존의 시대, 1%와 99%가 함께하기 위한 국제사회의 노력

미국과 중국에서 나타난 불평등 심화는 무엇을 의미할까요? 2021년 세계 경제 규모 순위로 볼 때, 미국과 중국은 1위와 2위를 차지합니다. 세계에서 경제력이 가장 나라들인 셈이죠. 그런데 2021년 세계 행복보고서에 따르면 행복 순위 1위는 핀란드,

그 뒤를 덴마크, 스위스, 아이슬란드가 이어갑니다. 반면 세계 경제 규모 1위의 미국은 19위, 중국은 훨씬 더 아래인 84위를 기록했죠. 우리는 풍요로운 삶을 살면 행복할 것으로 생각합니다. 그런 생각대로라면 경제적으로 풍요로운 나라일수록 행복지수도 높아야 할 텐데, 현실은 다릅니다. 나라 전체의 경제력보다 각 개인의 성장과 상대적 불평등이 해결되지 않으면 국민의 행복을 기대할 수 없다는 뜻입니다. 따라서 세계의 경제적 불평등 문제를 어떻게 해결할 수 있을지 고민해야 합니다.

60억 달러로 세계 기아 문제를 해결할 수 있을까?

경제적 불평등이 심화되면서 이러한 격차를 더 이상 두고 볼 수 없다는 자각의 목소리도 세계 곳곳에서 점점 높아지고 있습니다. 즉 이제는 함께 잘 사는 방법을 고민해야 할 때라는 거죠. 일론 머스크(미국 전기자동차 회사 테슬라의 창업자)는 전 세계 처음으로 자산이 3천억 달러(원화로 350조 이상)를 넘어섰습니다. 이는 핀란드, 칠레, 베트남의 연간 국내 총생산(GDP)보다 많죠. 세계적 갑부인 일론 머스크와 유엔 세계식량프로그램(WEF)는 기아 문제 해결에 대한 서로 다른 견해를 가지고 있습니다. 먼저 WEF는 60억 달러로 기아 직전의 몰린 많은 사람을 구할 수 있다고 주장했죠. 이러한 주장에 대해 일론 머스크는 단지 돈만으로 기아 문제를 해결할 순 없다고 주장하며, WEF가 60억으로 달러로 세계 기아 문제 해결 방법을 입증하면 자신이 그 돈을 대겠다고 말했죠. 여러분은 WEF와 일론 머스크의 주장 중 누구의 의견에 한 표를 던지겠습니까?

　양쪽의 의견 다 무시할 수 없습니다. 당장 먹을 것을 살 돈이 없고, 굶어 죽게 된 사람들에게는 일단 돈이라도 풀어서 끼니라도 해결하게 해야 할 것입니다. 하지만 단순히 돈을 뿌리는 것으로는 사람들의 삶을 바꿀 순 없다는 일론 머스크의 주장도 틀린 말은 아닙니다. 세계에는 7억 명이 넘는 절대 빈곤층이 있는데, 과연 어떻게 해야 세계의 빈곤 문제를 해결할 수 있을까요? 그리고 세계는 빈곤을 해결하기 위해 어떠한 노력을 기울이고 있을까요?

UN, NGO 등 국제기구는 앞으로 어떤 노력을 기울여야 하나?

먼저 대표적인 국제기구인 UN은 1992년 10월 17일을 '세계빈곤퇴치의 날'로 지정하고, 세상에서 기아를 퇴치하고 인권신장을 위해 노력하고 있습니다. 세계빈곤퇴치의 날은 1987년 프랑스 파리에서 조셉 레신스키(Joseph Wresinski) 신부 주도하에 빈곤으로 인한 희생자 10만 명이 모여 절대빈곤 퇴치 운동 기념비 개막행사를 연 것에서 시작되었습니다.

　또한 2015년 9월 유엔총회에서 "모든 국가에서 모든 형태의 빈곤을 종식한다."를 2030년까지의 17가지 지속가능발전목표(SDGs) 목표 중 첫 번째 목표로 정했고, 5개의 세부 목표를 통해 절대적 빈곤과 상대적 빈곤을 끝내고자 합니다. 빈곤층이 경제적 그리고 또 다른 차원에서도 배제 또는 박탈당하지 않고 균등한 권리를 누릴 수 있도록 하자는 것입니다. 여기에는 기후변화로 인한 빈곤 위험에도 대응해야 한다는 의미를 포함합니다.

또한 NGO는 많은 사람에게 빈곤층에 후원하도록 독려하고 있으며, NGO는 많은 사람이 직접 빈곤국으로 가서 각종 봉사에 참여할 수 있도록 합니다. 하지만 수년간 엄청난 국제원조를 제공했지만, 여전히 세계에는 7억 명이 넘는 절대 빈곤층이 있습니다. 그런데도 국제원조는 계속되어야 할까요? 사실 국제원조에 관해서는 학자들 사이에도 여러 다른 의견이 나오고 있습니다.

빈곤국이 빈곤의 덫을 탈출하려면 선진국과 국제기구로부터 대규모의 원조가 필요하다고 주장하는 학자도 있는 반면, 서구의 원조가 선진국 또는 국제기구의 일방적 결정으로 이루어진다는 점을 비판하는 학자들도 있습니다. 즉 현지인들의 요구와 필요를 무시한 일방적인 원조이므로 빈곤 퇴치에 효과를 내지 못하기 때문에 원조받는 국가 또는 사람들에게 정말로 필요한 것을 고민하고, 이들에게 필요한 것을 찾아 이들이 스스로 경제적 성공으로 나아갈 수 있도록 도와주는 원조가 이루어져야 한다고 주장하는 것입니다. 나아가 국제원조 자체에 좀 더 회의적인 의견을 가진 학자들도 있습니다. 이들은 국제원조가 오히려 수혜국의 경제를 악화시킨다고 주장합니다. 이들은 개발원조로 인해 빈곤국의 국내 저축과 투자가 줄어들고, 원조로 들어온 현금은 빈곤을 해결하는 데 사용되기보다는 정부의 권력을 유지하는 수단으로 사용되다 보니 빈곤국의 상황만 더더욱 악화시키는 요인이 될 수도 있다고 주장하는 거죠.[32]

국제원조에 관한 여러 연구들을 살펴보면 대체로 효율성이 낮다는 의견입니다. 하지만 국제원조 자체가 완전히 잘못된 거라고 단정할 순 없습니다. 국제원조로 인해 생명을 연장하고 빈곤에서 벗어난 사람도 있으니까요. 다만 앞으로는 국제원조가 선진국과 시장 논리에 좌우된 일방적 원조가 아니라 수혜국에서 진짜 필요로 하는 것이 무엇인지 살펴보고, 그들의 입장을 고려하여 좀 더 효율적인 방식으로 진행되어야 할 것입니다.

개발도상국들의 자발적 노력

효율적인 국제원조만으로는 부족합니다. 이미 세계의 불평등은 심화되었고, 막대한 부를 가질수록 더 큰 부를 얻을 수 있는 세상입니다. 이러한 세상에서 빈곤국은 과연 무엇을 할 수 있을까요? 여기 빈곤에서 벗어나기 위해 자체적인 노력을 기울인 사례들이 있습니다.

첫 번째 노력은 브라질의 무토지 농민운동(MST)입니다. MST(Movimento Dos Travalhadores Rurais Sem Terra, 무토지 농민운동)는 "농사를 짓는 사람이 땅을 소유함"이라는 목표로 조직을 시작했습니다. MST는 그저 땅을 갖겠다는 농민들의 운동이 아닌 농민의 의식을 깨우는 운동으로 발전했습니다. 단지 토지 문제를 넘어 각종 사회 개혁운동으로까지 확대되고, 스스로 대학을 설립하여 인재도 배출하고 있습니다. MST 운동은 사회 빈곤층이던 무토지 농민들이 자신들의 더 나은 삶을 위해 스스로 필요한 것을 찾아서 적극적으로 쟁취해가는 모습

---

32. https://www.peoplepower21.org/Magazine/923110 참조

으로 변화해가는 것을 잘 보여줍니다.[33]

또 다른 사례로 그라민 실험 은행이 있습니다. 그라민 은행은 방글라데시 치타공대학의 경제학과 교수인 무하마드 유누스가 빈민들에게 20달러를 빌려주면서 시작되었죠. 유누스는 농민들이 아무리 열심히 생산량을 늘려도 부족한 생계비 때문에 자꾸 고리대금을 이용하다 보니 늘 부채에 허덕이며 삶이 전혀 나아지지 않음을 목격했죠. 이에 1976년 '소농민 중심 대출 실험'을 시작으로 무토지 농민들에게 소액대출(micro credit)을 함으로써 삶이 안정화될 수 있다는 확신하에 무담보 무보증으로 150달러 이하의 소액을 농민에게 대출해주는 최초의 '그라민 실험 은행'이 설립됩니다. 실험 성공 후 1979년 방글라데시 중앙은행의 지원을 받아 다른 지역에서도 실험하며 자생적으로 지점을 확대해 나갔습니다. 방글라데시 정부는 그라민 실험 은행의 성공을 인정하여 1984년에 '그라민 은행'을 출범시켰죠. 유누스는 저소득에 대한 소액 대출이 누군가에게는 희망의 발판이 되고, 또 다른 가구 소득을 창출하는 계기가 된다며 소액대출의 중요성이 이야기합니다. 이렇게 시작된 그라민 은행은 2006년 2,185개의 지점을 둔 거대 은행으로 발전했고, 대출금은 100% 예금으로 충당하고, 회수율은 무려 99%에 육박합니다. 무엇보다 의미 있는 것은 대출받은 빈민들의 절반이 넘는 58%가 빈곤에서 벗어났다는 거죠. 그라민 은행은 대출 사업을 넘어 빈민을 위한 다

....
33. https://blog.naver.com/mthzzz/50074175510 참조

양한 사업도 진행하는데, 그라민 교수와 그라민 은행은 공로를 인정받아 2006년 노벨평화상을 수상했습니다.[34]

이 외에도 다국적기업의 삼림파괴에 반대하는 칩코운동을 조직했고, 생태운동에 앞장서는 인도의 반다나 시바가 있습니다. 몬산토 같은 다국적기업들로부터 인도의 고유 식물 종도 지키려 하고 있죠.[35] 이처럼 개발도상국들이 스스로를 지키는 한편, 가난에서 벗어나 자립하려는 작지만 소중한 노력들이 조금씩 의미 있는 성과를 거두고 있습니다.

모두가 '우리'가 되는 세계시민

'우리' 그리고 '세계'는 더 다양한 방법으로, 또 더욱 긴밀하게 연결되고 앞으로 이러한 연결은 더욱 복잡해질 것입니다. 이에 따라 세계인이라면 모두 세계 곳곳에서 발생하는 사건의 영향에서 자유로울 수 없다는 데 대한 이해가 필요합니다. 세상 어느 누구도 '그들'로 소외되거나 배제되지 않고, 모두가 '우리'라는 개념을 이해하는 것이 바로 세계시민이죠.

세계시민은 세계 어디 살고 있든, 어디에서 왔든 상관없이 함께 여기 현재를 살아가는 존재임을 인정하고, 공동 가치를 기반으로 공동 책임을 져야 합니다. 세계시민에는 남녀노소, 기업, 개인, 정부, NGO 등 모두가 포함되죠. 또한 세계시민은 태어나는 것이 아

....
34. https://blog.naver.com/mthzzz/50074175510 참조

나라 노력을 통해 만들어지는 것입니다. 체험과 교육을 통해 배우고 한층 더 성숙해지므로, 교육을 통한 글로벌 관점의 활성화는 매우 중요합니다. 세계는 저개발 국가들에 주목해야 합니다. 우리나라를 포함해 전 세계 전반의 출산율이 감소하는 것과 달리 나이지리아, 콩고, 탄자니아, 에티오피아, 앙골라, 파키스탄 등 저개발 국가에서 미래 인구의 절반 이상이 태어나고 있으니까요. 하지만 이들의 국가에서는 아동에 대한 교육과 관련 투자가 거의 이루어지지 못하고 있죠. 교육이 열악한 데는 자금 부족, 시설 부족 등 여러 가지 이유가 있지만 가난한 나라들에서 태어났다는 이유만으로 교육받을 기회를 박탈당해서는 안 됩니다.

가난한 나라든 부자 나라든 태어난 나라에 관계없이 누구에게나 양질의 교육기회가 보장되어야 합니다. 이를 위해서는 가난한 나라에 선진국과 같은 교육투자와 교육 시설이 마련되어야 합니다. 미래 첨단기술을 이용한다면 가난한 국가의 아이들이나 선진국의 아이들이 같은 수준의 교육을 받을 수 있는 시스템이 얼마든지 마련될 수 있습니다. 교육 기회 제공은 곧 다양한 인재 개발로 이어질 것입니다. 가난한 나라에도 뛰어난 인재들이 점점 더 많이 양성될 수 있다면 각 국가의 산업 발전에 이바지할 것이며, 결과적으로 세계의 경제 불평등을 해결하고 모두 함께 더 밝은 미래로 나아갈 수 있을 것입니다.

....
35. https://blog.naver.com/mthzzz/50074175510 참조

기본소득에 관하여

인간은 누구나 인간답게 살 권리가 있다. 모든 개인은 재화와 서비스를 사용하고 누릴 수 있는 권리가 있지만, 오늘날 상당수가 이러한 권리에서 소외된 채 살아가고 있다. 이러한 사람들에게 기본소득은 절실하지 않을까?

기본소득이란 사람들에게 완전한 경제보장이나 풍요를 주려는 것이 아니다. 그저 기본적인 경제보장을 제공하는 것이다. 즉 공동체 안에서 삶을 영위할 수 있을 만큼 돈을 주는 것이다.

기본소득은 몇 가지 조건이 있다. 첫째, 보편적 소득이다. 해당 사회·지역·국가 등에 상시 거주하는 모든 사람에게 주어지는 소득이다. 따라서 특정 가구 구성의 유형을 선호하거나 차별하지 않고 결혼 여부, 가족 수, 외국인 여부 등과 무관하게 각 개인에게 지급된다.

둘째, 무조건적이다. 소득 조건, 수급자의 경제 사정이나 어디에 지출하든지 상관없이 지급하는 소득이다. 어떤 조건도 붙여서는 안 된다. 개인이 소득이 높든 적든, 구직 활동을 하든 안 하든, 관계없이 모든 이가 조건 없이 소득을 받을 수 있어야 한다. 또한 기본소득은 다른 모든 소득과 동시에 받을 수 있는 소득이다.

셋째, 규칙적인 간격으로 지급되며 또한 철회되지 않는다. 매월, 또는 매주 등 규칙적인 간격으로 지급되며 일정 소득에 도달하였다 하더라도 철회 없이 계속 지급되는 것이다.

기본소득이 빈곤을 줄일 수 있는 이유는 '불안정(precarity)의 덫'을 줄일 수 있기 때문이다. 오늘날의 불평등은 단순히 소득 문제가 아니다. 시간에 대한 사용, 공간의 이용, 교육 정도에 대한 불평등도 반영한다. 기본소득은 그런 만성적 불평등의 해결에 적지 않은 도움이 될 것이다. 오늘날 부자들은 시간을 자기가 편리한 대로 시간을 사용할 수 있지만, 가난한 사람들은 시간에 대한 통제권이 없다. 기본소득은 이러한 시간에 대한 불평등한 통제권도 해결할 수 있다. 또한 기본소득 금액이 충분하다면 모든 사람들이 생활에 필요한 재화와 서비스에 문제 없이 접근할 수 있게 된다. 그렇게 되면 사람들은 노동에 대한 강요에서도 벗어날 수 있다. 하지만 이것은 사람들이 더 이상 일자리를 찾지 않고 생활하도록 만든다는 뜻이 절대 아니다. 다만 자신이 진정으로 바라는 일을 찾기보다는 오직 기본 생계를 해결하기 위한 절박한 노동 투입에서 벗어날 수 있다는 의미이다. 사람들은 기본소득을 통해 좀 더 좋은 일자리, 자신이 원하는 일을 할 수 있게 될 것이며, 이로 인해 사회구성원들은 더 자유롭고, 행복하게 살게 되는 것이다.

"지구에서 살아가는
누구도 안전하지 않다"

매년 여름이면 점점 더 강도 높은 폭염이 찾아와 우리를 괴롭힙니다. 반대로 겨울이면 마치 북극에 온 것 같은 매서운 한파가 우리나라를 덮치죠. 우리나라는 중위도에 위치하여 인간이 거주하기 좋은 기후대에 속합니다. 그러나 최근 기후변화의 징후와 함께 생태계 파괴가 심각하게 나타나고 있습니다. 기후변화의 예로 한때 우리나라 대구는 사과의 주요 생산지로 유명했지만, 평균기온 상승으로 현재는 일부 고지대를 제외하고 사과 재배지가 점점 북상하고 있죠. 오히려 과거에는 낮은 기온으로 사과 재배가 어려웠던 강원도 지역이 새로운 사과 생산지로 떠오르고 있다고 하는군요. 얼핏 강원도에서라도 사과가 나오면 된 거 아니냐고 생각할 수도 있지만, 기후변화는 그리 간단한 문제가 아닙니다. 언젠가는 강원도에서도 사과를 생산하지 못할 수 있고, 나아가 한반도 전체에서 사과의 씨가 마를지도 모르죠. 사과뿐만 아니라 미래에는 전 세계 어디에서도 먹거리를 아예 재배할 수 없는 최악의 상황이 닥칠 수도 있다는 점에서 우리는 더 이상 지구온난화를 가볍게 생각할 수 없습니다. 선진국을 중심으로 우주여행 관련 이야기들이 종종 들려오기는 해도 아직은 잠시 우주를 체험하는 수준일 뿐, 어느 누구도 지구를 떠나 살 수 없는 것이 우리 지구인의 현실입니다. 그래서 마지막 장에서는 지구와 환경문제의 실태를 살펴보고, 세계시민으로서 어떤 노력을 기울이면 좋을지도 함께 생각해보려 합니다.

CHAPTER 5

환경과
기후재앙

변화를 넘어 재앙으로, 지구의 기후 현실에 관하여

기후변화의 심각성은 어제오늘 제기된 일이 아닙니다. 게다가 최근 들어 폭염, 한파, 폭우, 폭설 등 일상에서도 이상기후 징후를 체감할 만큼 점점 더 심각해지고 있죠.

'지구온난화'가 아니라 '지구가열'이다

기후변화로 인한 문제들은 독립적이라기보다는 서로 복잡하게 얽히고설켜 있습니다. 즉 기후만의 문제가 아니라 빈부격차, 인종차별, 혐오, 배제 등에 이르기까지 다양한 문제와 연결되어 있다는 뜻입니다. 심지어 이대로 기후위기를 방치한다면 결국 평범한 우리 삶의 평화마저 머지않아 무너질지 모릅니다. 실제로 불평등과 차별도 기후위기와 관계가 깊습니다. 이처럼 서로 복잡하게 연결된 문제들을 해결하려면 먼저 이를 세계시 지구촌에 사는 우리 모두의 공동 문제로 인식해야 합니다.

수상한 날씨는 우리나라뿐만 아니라 전 세계적으로 나타나는 현상입니다. 극단적 기상 현상으로 인한 재난이 매년 증가하고 있죠. 2021년 7월 서유럽을 덮친 폭우로 인한 홍수, 한여름 한반도를 에워싼 열돔 현상과 폭염, 미국 서부 지역의 건조 현상으로 인한 산불과 가뭄, 강력한 태풍과 폭풍우로 발생하는 풍수해, 갑작스러운 겨울 한파와 폭설 등이 인류의 삶을 위협하고 있습니다. 유엔 산하 재난위험경감사무국(UNDRR)은 2000~2019 세계재해보고서에서 지난 20년간 자연재해 7,348건, 123만 명의 사망자가 발생했다고 발표했습니다. 이를 1980~1999년 자료와 비교하면 재해 수는 약 1.7배 늘어났죠. 재해 발생 비중은 홍수가 44%, 폭풍 28%, 지진 8%, 혹한 6%, 산사태 5%, 가뭄 5%, 산불 3%를 차지합니다. 지진을 제외하면 대부분 극단적인 기상 현상으로 발생한 자연재해입니다.

재해성 자연재해가 증가하는 가장 큰 이유는 바로 지구온난화와 기후변화 때문입니다. 지구 평균기온의 상승은 극단적인 날씨로 이어지죠. 지구의 평균기온이 상승한 주요 이유는 인간이 석탄, 석유와 같은 화석 연료를 대량으로 사용하면서 대기 중 탄소가 크게 증가했기 때문입니다. 대기 중 탄소의 양은 약 0.04%로 매우 적은 비중에 불과하지만, 대기 구성의 작은 변화라도 안정된 기후를 바꾸고 우리가 매일 만나는 날씨를 변화시킵니다.

영국 기상청 연구원 리차드 베츠 교수는 '지구온난화(Global warming)'라는 용어가 지구 환경 변화의 심각성을 제대로 반영하지 못한다며, 지구 가열(Global heating)이라는 용어를 사용하자고 제안하기도 했죠. 마찬가지로 '기후변화(Climate change)'라는 용어보다 심각성을 강조하기 위해 최근에는 기후위기(Climate crisis)를 자주 사용합니다. 말 그대로 우리가 사는 지구는 따뜻해지는 것을 넘어 빠르게 뜨거워지고 있습니다. 우리는 이전과 다른 지구의 기온 변화에 주목하여 기후 비상사태임을 인식해야 합니다.

IPCC(Intergovernmental Panel on Climate Change)는 기후변화에 관

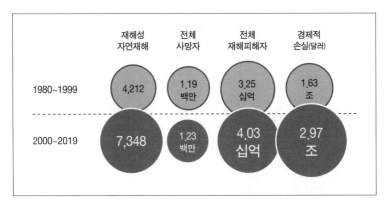

세계 재해와 피해현황 비교[1]
자료를 보면 알 수 있지만 1980~1999년과 2000~2019년 사이를 비교할 때 자연재해, 사망, 경제적 손실 등 모든 측면에서 크게 증가한 것을 알 수 있다.

....
1. 이근영, 〈기후변화 20년, 자연재해 1.7배 늘었다〉, 《한겨레》, 2020.10.13.(수정: 2022.1.4.)

한 정부 간 협의체로 1988년에 세계기상기구(WMO)와 국제연합환경계획(UNEP)에 의해 설립된 조직입니다. IPCC는 국제사회가 기후변화 협약을 추진하기 위한 근거 자료로서 세계의 수많은 과학자와 관련 전문가들의 대규모 연구를 통해 지구 기온 상승과 기후변화의 근거를 수집하고, 기후변화의 위험성을 평가하는 보고서를 발행했습니다. 지금까지 나온 제1차~제6차 IPCC 보고서에 따르면 산업화 이전까지 비교적 완만하게 지구 기온이 변화해온 것과 달리 산업혁명 이후 비정상적으로 빠르게 상승하고 있습니다. 특히 최근 2021년 8월에 발표된 IPCC 제6차 평가 보고서에 지구온난화에 따른 기후변화가 인간 활동의 결과임을 명백히 밝히고 있죠. 향후 20년 내로 지구 평균기온이 산업화 이전과 대비하여 1.5℃ 상승할 것을 예측했는데, 이것은 2018년 IPCC '1.5도 특별 보고서'에 제시된 시기보다 무려 10년이나 앞당겨진 것입니다.

미국항공우주국 나사는 1880~2020년까지 지구 평균기온에 대한 지구 표면온도의 변화를 수집했습니다. 이 자료에 따르면 1940년까지는 지구 표면온도와 지구 평균기온 차이가 별로 크지 않았죠. 하지만 점차 상승세로 돌아선 후 1980년부터는 다시 가파르게 오르고 있습니다. 기온 상승이 진행 중이라는 명백한 증거입니다.

지구 기온은 2020년 기준 약 1.02℃ 정도 상승했습니다. 1.5℃까지는 시간이 얼마 남지 않았죠. 4계절이 뚜렷하여 여름과 겨울의 온도차가 크게 나타나는 한국 시민들은 '에게, 겨우 1도?'라고 생각하며 기후변화의 심각성을 놓칠지도 모릅니다. 그러나 지구온난화

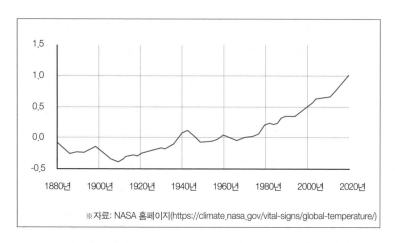

※자료: NASA 홈페이지(https://climate.nasa.gov/vital-signs/global-temperature/)

지구 육상 온도 지수 그래프

NASA 홈페이지에서 제공한 1880년대부터 현대까지 지구 육지의 온도변화 그래프를 살펴보면 1980년대 이후 가파른 상승이 눈에 띈다.

는 단지 지구 평균 온도가 1~2℃ 정도 상승하는 정도로 끝나지 않습니다. 우리가 사는 삶의 터전의 환경 조건이 변화되고, 그곳에서 살아가는 사람들의 삶을 바꾸죠. 그리고 기존의 균형이 깨지면서 심각한 사회문제가 나타날 수도 있습니다. 또한 지구 기온 변화로 인한 변화는 지역마다 다르게 나타납니다. 예컨대 꽁꽁 얼어 있던 극지방은 지구온난화로 인해 언 땅이 녹으면서 농경지가 늘어날 수도 있습니다. 또한 기존에는 빙하로 뒤덮인 바다였는데, 빙하가 녹으면서 새로운 항로가 열릴 수도 있죠. 대표적으로 러시아는 지구온난화로 인해 북극해의 항해 가능한 시기가 늘어나면서 북극해로 통하는 강들의 운항 횟수도 함께 늘어났습니다. 그것이 주변 지역의 활발한 개발로도 이어지고 있죠. 반면 열대지역은 고온으로 인해 더 이상 인간은 물론 다른 동식물도 살아가기 어려워질 가능성이 있고, 해안 저지대는 침수 피해를 겪을 것입니다.

물론 기후변화로 인한 환경의 변화 현상을 정확히 예측하기는 어렵습니다. 또 지역마다 나타나는 변화 양상에도 상당한 차이가 있다 보니 경우의 수도 워낙 많아 맞춤형 대응책을 마련하기 복잡합니다. 이러한 상황에서 과연 인류는 지구 기온 상승이 촉발하는 지구 환경 변화를 감당할 수 있을까요?

"우린 괜찮은데?" 기후위기는 불평등하다

2021년 10월에 측정된 이산화탄소의 농도는 417ppm으로 산업화 이전보다 49% 증가했습니다. 이산화탄소는 중요한 온실 기체로 화석 연료 연소와 삼림 벌채와 같은 인간의 활동을 통해 배출됩니다. 전 세계의 온실가스 배출의 주요 요인을 살펴보면 전기 생산 27%, 시멘트, 철, 플라스틱과 같은 제조 분야 31%, 농축산업 19%, 물류와 이동 16%, 냉·난방시설 이용 7% 등인데, 결국 인간 행위가 지구 환경 변화를 촉발한 거죠.

소규모의 인구가 모여 살던 각각의 작은 마을은 교통과 통신의 발달로 마을끼리 가깝게 연결되었죠. 여기에 마을들이 합쳐지며 대도시가 건설되었습니다. 땅속 깊이 묻혀 있던 화석 에너지를 마구

#오늘도_ #지구는_ #환경오염과_ #지독한_ #사투를_ 벌이는_ 중입니다

잡이로 끄집어냈고, 이를 이용해서 키운 작물과 가축으로 식단을 꾸렸죠. 나아가 대량 생산이 가능한 공장을 이곳저곳에 짓고, 편의를 높여줄 제품들을 생산했습니다. 또 이렇게 생산된 제품들을 세계 곳곳으로 이동할 수 있도록 촘촘한 물류 시스템을 발전시켰습니다. 현대인의 풍요로운 삶과 지구를 맞바꾼 셈이죠. 즉 대량 생산과 대량 소비, 대량 폐기를 반복하는 자본주의의 특징과 끊임없는 경제성장을 향한 인간의 욕망이 바로 지구 기온을 상승시키는 요인입니다. 게다가 인류의 생활 수준이 높아짐에 따라 영양 공급이 개선되고, 과학기술의 발달에 따라 의료 혁명이 일어나면서 인구가 빠르게 증가하면서 더 빠르게 지구 자원을 고갈시키고 있죠.

영국의 데이터 기반 기후변화 언론사 카본 브리프(CarbonBrief)은 1850년부터 2021년까지 전 세계 국가별 누적 탄소 배출량을 공개했습니다. 1850년부터 2021년 간 인간이 배출한 이산화탄소는 약 2조 5,000억 톤입니다. 탄소 배출량이 높은 상위 10개국이 약 62.4%, 그 밖에 국가들이 37.6%를 차지하죠. 국가별로 누적 탄소 배출량이 다르다 보니, "지구온난화가 누구의 책임인가?"라는 질문에 콕 집어 대답하기란 쉽지 않습니다. 다만 2020년 상위 10위의 탄소 배출량을 살펴보면 중국, 미국, 인도, 러시아 등이 상위권인데, 두 자료를 종합해보면 중국과 미국은 분명 현재의 기후변화에 엄중한 책임감을 느끼고, 국제사회에서 환경문제 해결을 위한 특별한 역할을 수행해야 한다고 할 수 있겠죠.

이처럼 선진국 사람들은 비교적 경제성장이 덜 진행된 지역 사람

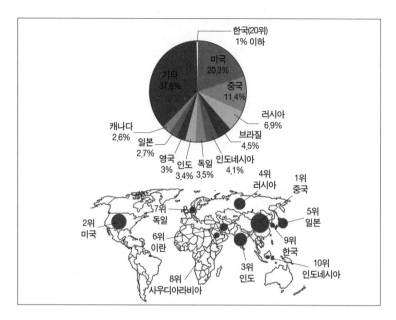

1850년~ 2021년까지 국가별 누적 탄소 배출량(상), 2020년 국가별 탄소 배출량(하)
지금까지 누적된 탄소배출량을 보더라도 산업혁명과 경제성장을 주도한 나라들이 상위에 포
진해 있다. 게다가 상위 10개국이 배출량의 60% 넘게 차지한다.

보다 더 많은 화석 연료를 사용합니다. 미국 컬럼비아대학교 지구
연구소 팀의 탄소 배출에 따른 사망 비용을 분석한 연구 결과를 보
면 미국인 3.5명이 평생 배출하는 양은 4,434톤으로 나이지리아인
146.2명의 배출량과 같다고 밝혔죠. 즉 미국인 1명이 평생 배출하는
탄소량은 약 1,266톤으로 나이지리아인 1명이 평생 배출할 것으로
예상하는 탄소량 30.3톤과 비교해 약 40배에 이릅니다. 이처럼 윤택
한 삶을 살아가는 선진국 시민은 탄소 배출량이 많은 반면, 빈곤한
삶을 살아가는 저개발국의 시민은 탄소 배출량이 적습니다.

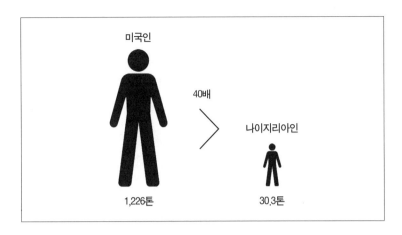

미국인 1명, 나이지리아 1명이 평생 배출하는 탄소량 비교

선진국에서 태어난 사람들은 경제성장이 덜 진행된 나라의 사람들보다 더 많은 화석연료를 사용하고 따라서 탄소배출량도 훨씬 많다.

지구에 사는 모든 인류가 문명의 발달로 인한 혜택을 공평하게 누리는 것은 아닙니다. 화석 연료의 사용은 일찍 도시화와 산업화를 이룬 유럽 국가들과 미국과 같은 선진국에 집중되어 있죠. 어디에 태어나서 살아가는지에 따라 앞으로 배출할 탄소의 양과 삶의 모습도 대략 예상할 수 있습니다. 그럼 탄소를 많이 배출한 국가일수록 기후변화로 인한 피해가 더 클까요? 그것 또한 아닙니다. 오히려 온실가스를 적게 배출한 가난한 지역이 더 피해를 입고 있죠. 이런 현상은 '환경문제의 공간적 불평등'을 적나라하게 드러냅니다. 그만큼 기후변화로 인한 피해는 공정하지 않죠.

하지만 국제사회가 기후변화 문제의 책임을 서로에게 떠넘기는 동안, 기후위기로 인한 불평등 현상과 그 영향은 점점 더 커지고 있습니다. 2011년 시리아 내전을 촉발한 원인이 제트기류 악화로 인해 러시아 지역을 강타한 폭염과 시리아의 지속된 가뭄으로 밀 가격이 크게 상승했기 때문이라는 연구 결과가 제시되기도 했습니다. 이상 기상 현상으로 인해 러시아 밀 곡창 지대의 밀 생산량이 감소하며 국제 곡물 가격 상승을 가져왔고, 이는 시리아의 경제위기로 이어졌죠. 먹고 살기 어려워진 상황에서 정치적 불안이 커지면서 내전으로 번졌다는 분석입니다. 식량난에 내전까지 겹쳐 더욱 살기 어려워진 시리아 사람들은 생존하기 위해 삶의 터전을 떠나 난민이 되어 유럽으로 이동해야만 했죠. 이처럼 기후위기는 전 세계의 안보 문제로도 연결됩니다. 기후위기를 멈출 수 없다면 인구 이동으로 인한 국제사회의 혼란도 지속될 것입니다.

알고 보면 기후 악당, 대한민국

전 세계의 많은 나라들이 경제성장을 위해 자원 개발 및 다양한 상품을 생산하고, 물자와 사람의 교류 속에 많은 탄소를 배출합니다. 우리나라도 예외는 아니죠. 앞선 자료에서도 볼 수 있듯이 중국, 한국 등 후발 산업 국가들이 엄청난 경제성장을 이루는 동안 개발도상국들의 탄소 배출량도 크게 증가하고 있습니다. 특히 우리나라는 경제협력개발기구(OECD) 회원국 중에서 탄소 배출량 증가율 1위, 재생 에너지 발전 비중은 최하위권으로 국제사회에서 '기후 악당'이라는 불명예스러운 별명마저 붙게 되었죠.

한국은 전쟁의 폐허를 딛고, 짧은 기간에 산업화와 도시화를 이루어냈고, 그 과정에서 에너지 다소비 공업 국가로 도약했습니다. 대한민국의 경제적 번영은 대량의 탄소 배출이 있었기에 가능했던 거죠. 한국은 2020년 기준으로 세계 9위권의 탄소 배출국이며, 1인당 탄소 배출량은 2019년 기준으로 전 세계 4위를 차지합니다. '한강의 기적'이라는 엄청난 경제성장 타이틀을 얻었지만, 그만큼 엄청난 양의 탄소를 배출해온 거죠.

한국의 경제성장을 이끈 에너지 구조에 주목할 필요가 있습니다. 2020년 에너지원별 발전량을 보면 석탄, 천연가스가 전체 전기 생산량의 62%를 차지하는데, 이런 화석 연료는 모두 수입에 의존합니다. 또 오염 물질의 배출은 적지만 사고 위험성을 내포하고 있는 원자력 발전으로 29%의 전기를 생산하고 있죠. 반면에 탄소 배출량이 낮은 재생 에너지로 생산하는 전기는 약 6.8%에 불과합니다.

한편에서는 재생 에너지의 낮은 효율을 문제 삼으며 탄소는 성장을 위한 어쩔 수 없는 선택이라고 합리화합니다. 하지만 이미 세계적으로 재생 에너지 발전 비중을 높인 나라들이 늘고 있죠. 노르웨이는 전기 발전량의 약 97%를 재생 에너지로 생산하고, 브라질, 뉴질랜드, 캐나다, 스웨덴 등도 재생 에너지로 전력의 50%를 생산합니다. 특히 독일은 신재생에너지 분야에서 선도적으로 기술 개발에 적극 투자하고 있죠. 독일은 2020년 기준으로 전력 소비 중 재생 에

기후위기가 우리의 밥상을 위협한다?

기후위기로 한국을 포함해 여러 나라의 식량 문제도 심상치 않다. 특히 한국은 쌀을 제외한 대부분의 식량 작물을 수입한다. 한국의 곡물자급률 (사료용 포함)은 1970년 80.5%에서 2019년 21%로 크게 하락했다. 주로 밀, 콩, 옥수수 등 3대 품목이 전체 수입량의 95%를 차지하고 있으며, 이로 인해 우리나라는 세계에서 7번째로 곡물 수입량이 많은 국가이다. 글로벌 무역시장에서 한국은 고부가가치 제품 생산에는 어느 정도 성공했지만, 농업 분야는 생존마저 위태롭다. 현재는 수입을 통해 식량 공급이 안정적이고 풍부하게 이뤄지지만, 기후위기로 인해 상황이 급변할 수 있음을 경계해야 한다. 한국은 대부분의 화석 연료를 수입하고 엄청난 양의 탄소를 배출하여 현재의 경제·문화적 번영을 이끌어왔다. 과연 우리는 지금의 삶의 모습을 유지하며 성장할 수 있을까? 당장 산유국에서 기후위기로 촉발된 내전으로 석유 수입이 중단된다면? 기후변화로 세계의 곡창 지대의 작황 악화로 곡물 수입이 중단되면 어떤 일이 벌어질까? 식량은 곧 생존 문제이다. 그 어떤 것보다 중요하다. 앞으로 다가올 기후변화 앞에 한국 사회는 어떤 대응이 필요할지 좀 더 적극적으로 고민하고 실천해야 한다.

너지 비율이 42%가 넘습니다. 이러한 변화는 우리나라에 시사하는 바가 적지 않습니다.

한국은 세계 최초로 원조를 받는 나라에서 원조를 제공하는 나라가 되었죠. 더 나아가 2021년 7월에는 UNCTAD(유엔무역개발회의)

설립 이후 처음으로 개발도상국에서 선진국 그룹으로 변경되어 명실공히 선진국 반열에 진입했습니다. 급속한 성장 속에서 엄청난 탄소를 배출한 만큼 한국도 분명 기후위기에 책임을 느껴야 합니다. 이미 여러 번 온실가스 배출 총량을 줄이겠다고 약속했지만, 여전히 제대로 지키지 못하고 있죠. 그저 구호로만 그칠 게 아니라 지구 환경 변화를 인식하고, 기후위기 시대에 진심으로 대응해야 합니다. 우리도 정부 차원에서 2050 탄소중립 시나리오를 공개하고 탄소중립을 실현하겠다고 선언한 바 있죠. '기후위기로부터 안전하고 지속가능한 탄소중립 사회'라는 비전을 제시하고 위한 제도적 기반을 마련하고 있습니다.

기후위기 시대, 세계시민의 역할은?

전 세계의 과학자들은 다양한 증거 제시를 통해 지구 기온이 상승하고 있으며, 그로 인한 재난 상황을 예측합니다. 그러나 한편에서는 기후위기가 허상이며 자연적인 현상에 불과하다고 주장하기도 합니다. 실제로 기후변화로 인해 발생하는 현상과 그로 인한 문제를 제대로 이해하기란 어려운 일입니다. 또 지역에 따라 다르게 나타나는 변화무쌍한 기후현상으로 인해 이것이 과연 지구 기온이 상승했기 때문인지 아닌지 헷갈릴 수도 있죠. 무엇

세계 최강국 미국이 기후변화를 대하는 자세

오늘날 미국은 점점 더 자국의 이익을 중시하는 경향이 두드러진다. 특히 환경문제에 관해 자국의 이익에 따라 각종 국제 협약을 제멋대로 탈퇴하는 행위를 반복했다. 미국은 2001년 부시 행정부 시기에 교토의정서가 발효되기 전에 교토의정서를 탈퇴했다. 그 당시 미국의 교토의정서 탈퇴로 다른 국가의 탈퇴가 이어지며 협약의 의미가 상당히 퇴색되었다. 이후, 오바마 행정부 시기인 2015년 파리기후환경협약에 서명하였으나, 2020년 트럼프 행정부 시기에 다시 탈퇴하였다. 2021년 1월 바이든 대통령 당선 후 파리기후변화협약에 재가입하였다. 이와 같은 상황을 고려할 때, 과연 미국이 기후변화를 해결하려는 의지가 과연 있는지 의문이 든다. 우리는 세계시민으로서 기후변화 이슈를 제대로 이해하고 책임감 있는 선택을 하도록 목소리를 높여야 한다. 그리고 우리 삶의 작은 부분부터 되돌아봐야 한다.

보다 우리가 사는 곳은 아직 살 만하니 괜찮다는 안일한 생각으로 이어질 수도 있고요. 그래서 더 예측하기 어렵고, 제대로 이해하고 대비하기도 쉽지 않습니다. 그래서 전 지구적 관점으로 생각하고 현상을 이해할 필요가 있습니다. 또 자신이 사는 지역과 국가의 기후와 지형을 이해하고, 기후위기 시대에 생존과 안전을 위한 현명한 의사결정을 내리는 역량도 필요하죠.

한 나라 안에서도 기후변화로 인해 사람들이 체감하는 영향과 피해가 다르게 나타나는데, 국가 간 차이는 훨씬 더 크게 나타날 수밖에 없습니다. 세계시민의 관점에서 이러한 차이가 곧 불평등임을 인지하고 모두를 위한 해결방안을 고민해야 하는 이유입니다.

현재 세계는 지구온난화와 기후변화 같은 환경문제가 심각하다는 것을 여러 차례 인식하고, 지속가능한 삶으로의 전환과 탄소 배출을 줄여야 한다는 데는 동의하고 있습니다. 하지만 자국의 경제성장과 이익 감소를 감수하면서까지 앞장서서 해결하려고 하지는 않죠. 그 결과 각종 환경 협약에서 쉽사리 과감한 결론을 내리지 못하고 있습니다.

경제성장이 과연 인류가 추구하는 궁극적인 목표로 볼 수 있을까요? 현재 인류는 모든 종 위에 군림할 만큼 가장 강력한 힘을 발휘하고 있지만, 지금처럼 오직 경제성장과 윤택한 삶에만 매몰되어 다른 것들을 돌아보지 않는다면 결국 모두 함께 파멸의 길을 걷게 될지 모릅니다. 인류는 지금까지 고집해온 이기적인 삶을 반성하고 태도를 바꿔야 합니다. 최소한 오늘부터 우리 모두 지구를 위해 단 한 가지라도 꾸준히 실천하는 것이 중요한 때입니다.

울부짖는 바다와
환경재앙의 실태에 관하여

　　　　　　여러분도 아마 빙하가 녹고 있다는 얘기를 접한 적이 있을 것입니다. 영국 리드대학 등의 연구팀이 유럽지구과학연맹(EGU) 저널 《지구빙권(The Cryosphere)》에 실은 논문에 1994년부터 2017년 사이에 28조 톤의 빙하가 사라진 것으로 추정되고, 지구온난화로 빙하 녹는 속도가 30년 전에 비해 57%가량 빨라졌다고 밝히기도 했습니다.[2] 아울러 빙하가 녹으면서 전 세계의 해수면은 점차 높아지고 있죠. 해수면 상승에 따른 침수를 예측하는 다양한 시뮬레이션도 이루어지는데, 이런 시뮬레이션에 따르면 우리나라는 "2030년에는 무려 300만 명의 주거지가 물에 잠길 것"[3]이라는 예측도 나오고 있습니다. 참으로 섬뜩한 분석입니다.

....
2. 김영현, 〈지구 온난화가 '히말라야 빙하 홍수 참사' 불렀다(종합)〉, 《연합뉴스》, 2021.2.8.
3. https://www.greenpeace.org/korea/press/14766/presslease-sea-level-rise/

해수면 상승은
세계지도를 바꿀 것이다

지구가 점점 뜨거워지면서 극지방과 고산지대
의 빙하를 녹이고 있습니다. 빙하가 녹아 생긴 물은 바다로 흘러가
해수면을 점점 높입니다. 여기에 기온 상승으로 인한 바닷물 자체
의 열팽창으로 부피가 증가하면서 더욱 빠르게 해수면이 상승하고
있죠. 260쪽 그래프와 같이 위성으로 관측한 해수면의 높이 변화를
살펴보면 1993년 이후 연간 3.4mm씩 상승하고 있다고 합니다. 이
는 전 세계 해수면 변화의 평균값이기 때문에 지역별로 차이가 납
니다. 즉 어떤 지역은 세계 평균보다 훨씬 더 빠르게 상승하고 있습
니다. 따라서 국가 혹은 지역별로 맞춤형 대비와 적응 전략을 수립
할 필요가 있습니다. 현재와 같은 해수면 상승이 지속된다면 21세
기 말이 되면 아마도 지금 우리가 알고 있는 세계지도가 아닌 새로
운 해안선을 가진 지도가 필요할지도 모르죠. 하지만 인류는 달라
진 삶의 터전에서 적응할 준비가 되어 있을까요?

물가에 모여 문명과 도시를 발전시킨 인류, 해수면이 계속 높아지면?
인류는 물을 쉽게 이용할 수 있는 강가나 해안가에 모여 문명과 도
시를 건설해왔습니다. 세계의 인구분포를 살펴보면 북반구의 해안
저지대에 많은 사람이 거주하는 것을 알 수 있죠. 만약 해수면이 빠
르게 상승해서 해안 저지대가 침수되면 어떻게 될까요? 해수면이

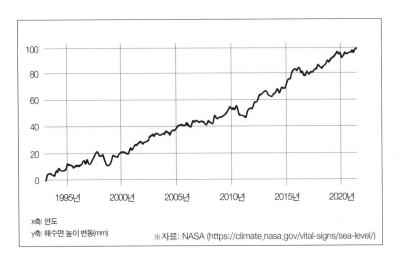

x축: 연도
y축: 해수면 높이 변동(mm)
※ 자료: NASA (https://climate.nasa.gov/vital-signs/sea-level/)

해수면 높이 변동
1995년부터 2020년까지 전 세계의 해수면 높이가 가파르게 상승하고 있음을 알 수 있다.

1m 상승하면 세계의 해안선 30% 정도가 침수된다고 합니다. 우리가 알고 있는 세계의 주요 도시인 상하이, 다카, 방콕, 뭄바이, 카이로, 로스엔젤레스, 뉴욕 등은 아마 미래에 물에 잠기고 말 것입니다. 우리나라도 예외는 아닙니다. 해안 도시들의 해수면 상승을 피할 수 없으니까요. 서남해안 및 제주 해안 등 남한 전체 면적의 4.1%가 물에 잠길 것으로 예측됩니다. 해수면이 상승하면 직접적인 침수 피해뿐만 아니라 태풍과 해일에 의한 피해도 커질 것입니다.

해수면 상승으로 인한 침수 피해가 반복되고 결국 물에 잠긴다면 인류는 어떻게 될까요? 삶의 터전이 매년 홍수로 잠긴다면 계속 거주하기 어려울 것입니다. 결국 삶의 터전을 떠나 생존을 위해 이곳저곳 떠도는 환경 난민이 되는 것입니다. 기존의 해안 도시에 갖

쳐져 있던 사회 인프라 또한 물에 잠겨 사라집니다. 환경 난민이 된 사람 중에는 한때 해안가의 고급 저택을 소유한 사람이 있을지도 모르지만, 침수로 사라진 후라면 부동산의 경제적 가치를 과거처럼 평가받을 수 없습니다. 그러니 앞으로 사람들은 해안가를 벗어나 해수면 상승으로부터 안전하다고 판단되는 새로운 지역에서 거주해야 할 것입니다. 또 계속해서 사람다운 삶을 살기 위해 주택과 학교, 도로도 새로 만들어야겠죠. 당연히 이와 관련하여 엄청난 비용이 발생할 것이며, 국가 경제에 큰 부담이 될 것이고, 이로 인한 수많은 혼란과 갈등이 예상됩니다.

해수면 상승으로 살 곳을 잃고 난민이 된 사람들

만약 전 국토가 물에 잠긴다면 아예 다른 나라로 이주해야 합니다. 향후 국경 문제가 한층 첨예해질 전망입니다. 남태평양의 작은 섬나라 키리바시는 평균 해발고도 2m로 해수면 상승으로 인한 국토 상실이 예상됩니다. 이미 키리비시의 주민들은 해수 범람으로 인한 오염 발생, 잦은 침수로 인해 생존 위협을 받고 있죠. 이런 변화 때문에 키리바시 정부는 이미 자국민들에게 외국에서 일자리를 찾도록 기술을 익혀 해외로 이주할 것을 독려합니다. 하지만 적극적으로 이민을 받아주는 나라가 없다 보니 위기에 처했죠.

또 남태평양 섬나라 키리바시의 토착민 이와네 테이티오타는 2016년 해수면 상승으로 생존권이 위협받고 있다며 유엔에 기후난민을 인정해달라는 진정서를 제출하기도 했습니다. 유엔 자유권 규약 위원회⁴는 기후위기로 피난을 온 사람들을 강제로 본국에 송환할 경우, 심각한 인권 침해 상황에 노출될 수 있다는 것을 인정했죠. 전 국토가 물에 잠기는 극단적 상황에서는 인간의 존엄성을 유지하기 어려우니 난민으로 봐야 한다는 취지입니다. 이른바 기후난민의 본국 강제 송환을 불허한다는 뜻으로 날로 심각해지는 기후변화에 대한 국제사회의 공동 책임을 강조하는 의지가 반영된 것으로 보입니다.

지구가 새로운 균형점을 찾는 과정에서 해수면은 계속 높아질 것입니다. 전 세계적 해안지대의 변화뿐만 아니라 국지적인 해안 지역의 상황도 파악해야 합니다. 현재는 바다나 강이 조망권에 들어오는 집들은 우리나라에서 부의 상징처럼 여겨집니다. 하지만 기후변화 시대에 인류의 고급 거주지는 환상적인 뷰가 아니라 해수면 상승으로부터 안전한 곳으로 기준이 바뀔지도 모릅니다.

생존을 위협하는
수자원 공급 문제

기후변화로 인해 해수면이 상승하면 물과 식량 수급도 불안정해집니다. 유엔환경계획(UNEP)은 지구온난화와 인

---

4. UNHRC(United Nations Human Rights Committee)는 자유권 규약에 의해 설립된 기관이다. 유엔 인권이사회(United Nations Human Rights Council, UNHRC)와 명칭이 유사해 혼동할 수 있다.

구 증가에 따른 물 사용량 증가로 인해 물 부족 문제가 심각하다고 보고했죠. 수돗물이 콸콸 나오는 환경에 익숙한 여러분이 쉽게 체감하기 어렵겠지만, 우리나라는 '물 스트레스 국가'입니다. 우리나라의 연 강수량은 1,227mm 정도로 세계 평균보다 높지만, 여름에 집중되고 인구밀도가 높아 1인당 이용 가능한 총 강수량은 적은 편입니다. 그래서 물이 부족할 경우 스트레스를 받는 국가로 분류됩니다. 앞으로 지구온난화가 가속화되면 물 부족 문제는 우리가 체감할 만큼 심각해질 것입니다.

우리가 아직 일상에서 물 부족을 실감하지 못하는 이유는 물을 수입하기 때문입니다. 아마 처음 들어본 얘기일지도 모르겠군요. 우리나라는 식량 대부분을 수입합니다. 쌀을 제외하면 식량 자급률이 13%에 그치며 매해 더 낮아지고 있죠. 식량 수입은 곧 물을 수입하는 것과 다르지 않습니다. 먹거리 생산에는 실로 엄청난 물이 사용되니까요. 비록 눈에는 보이지 않지만, 제품을 생산하는 전 과정에서 쓰이는 물인 가상수(virtual water) 개념을 고려하면 우리는 엄청난 양의 물을 수입하는 셈입니다.

물은 인간의 생존에 있어 선택이 아닌 필수 조건입니다. 지구에서 인간이 이용 가능한 민물은 매우 한정되어 있습니다. 바다의 짠물을 식수나 농업용수로 이용할 수 없죠. 특히나 깨끗한 물은 희소 자원이므로 물의 소유권을 둘러싼 나라 간 갈등이 심해질 것입니다. 미국의 비영리 태평양 연구소가 집계한 자료를 보면, 최근 10년 새 지구촌 전역에서 발생한 '물 관련 분쟁'은 최소 466건으로, 그 이전 10

년에 비해 벌써 2배나 증가했죠.

혹시 투발루라는 나라를 아시나요? 남태평양에 위치한 섬나라 투발루는 지구온난화로 인해 영토가 바다에 잠기고 있습니다. 2000년에 해수면 상승으로 국토 포기 선언을 하기도 했죠. 전 국토에 해수가 침투하여 농사가 어려워지고 식량 공급도 차질을 받아왔습니다. 그래서 투발루의 상점에는 신선한 채소와 과일 대신 장기 보관 가능한 수입산 통조림 제품만 판매합니다. 또한 2011년에는 극심한 가뭄으로 식수 공급에도 어려움을 겪었는데, 당시 가정당 하루에 40리터의 물만 허용될 정도였죠. 이때 한국도 투발루에 6만 병의 생수를 공급하고 수도 푸나푸티에 담수화 장치 건설을 지원했습니다.

물 부족은 비단 가난한 섬나라에 한정된 문제가 아닙니다. 2021년 2월 미국 남부의 한파와 폭설로 인해 텍사스 지역의 단수 현상도 기후변화 때문이라는 시각이 제시됩니다. 텍사스 댈러스 지역은 가장 추운 달인 1월의 평균기온도 14도에 이를 정도로 포근합니다. 그러나 2021년 겨울에 느닷없이 한파와 폭설이 찾아왔죠. 갑작스런 영하의 날씨에 주요 수도관이 동파되며 물 공급에 어려움을 겪었습니다. 대응할 겨를도 없이 갑자기 찾아온 기후변화는 기존 수자원 공급 시스템을 마비시켜버렸죠. 기존 기후 환경에 맞게 만들어진 물관리 시스템이 기온 변화를 감당하지 못한 것입니다. 이처럼 강대국에서도 인류 생존에 필수인 물 공급이 갑자기 불안해질 수 있다는 점에서 세계 어느 나라든 물 부족 사태에 예외가 없는 점을 유념해야 합니다.

그 많던 물고기는
어디로 갔을까?

지구온난화로 인해 수온 상승으로 물고기도 자신의 생존에 필요한 최적 수온을 찾아서 다른 바다로 이동하고 있다고 합니다. 그래서 전에는 잘 잡히던 물고기가 이제는 해양 생태계 변화로 인해 점점 보기 어려워지는 거죠. 이러한 해양 생태계의 변화로 전 세계의 수산 자원의 분포와 어획량도 변하고 있습니다. 우리나라에서도 이미 지구온난화로 해수 온도가 상승하면서 우리나라 동해안에서 대표적인 한류 어종인 명태를 찾기가 어려워졌죠. 반면에 제주 해안에는 이전에는 볼 수 없었던 난류성 어종을 심심치 않게 볼 수 있다고 합니다.

지금까지 그나마 현재 수준의 기후 환경이 유지된 것은 해양계가 상당량의 탄소를 흡수했기 때문입니다. 하지만 지구 기온이 계속 상승하면서 해수 온도와 해수 열 함량도 상승 곡선을 그려왔죠. 앞으로 수온이 계속 올라가면 결국 해양계의 탄소 흡수 능력은 낮아집니다. 오히려 역으로 바다에서도 탄소 배출이 일어나 지구온난화를 가속화하는 되먹임 현상이 일어날 것입니다. 그 결과 현재와는 다른 해류 흐름과 해양 시스템으로 바뀔 것이 예측됩니다.

탄소가 바닷물 속에 녹아 해양의 pH(수소이온) 농도를 낮추면서 해양 산성화 현상도 나타납니다. 해양 산성화는 이산화탄소가 해양으로 녹아 들어갈 때 발생하는 화학 반응으로 인해 해수의 pH(수소

#인간이_#오염시킨_#바다_#피해는_결국_#인간에게_#다시_돌아옵니다!

이온 농도)가 낮아지는 것을 의미합니다. 바닷물이 산성화되면 산호초가 전멸하고, 물고기도 멸종을 피할 수 없죠. 이미 해양 산성화와 해수 온도 상승으로 해양 생물의 서식지도 크게 위협받고 있습니다. 예컨대 호주 북동부 지역의 세계 최대의 산호초 지대인 그레이트 배리어 리프(Great Barrier Reef)도 사라지고 있죠. 산호초는 해양 생물의 주요 서식처이며, 먹이를 제공하는 등 해양 생태계를 구성하는 데 매우 중요합니다. 그런데 바다의 수온 상승으로 인해 산호초가 급격히 죽어가면서 해양 생태계도 무너질 위기에 처한 거죠. 서식처를 잃고 새로운 환경에 적응하지 못한 해양 생물들은 결국 사라질 것입니다. 육지처럼 바다에서도 대멸종이 진행 중인 거죠. 그리고 대멸종은 인간의 삶에도 영향을 미칠 것입니다.

특히 해양오염에서 빼놓을 수 없는 골칫거리가 쓰레기입니다. 우리가 무심코 버린 쓰레기는 하천을 따라 바다로 흘러갑니다. 조금씩 모인 쓰레기가 해류를 따라 흐르다 어느새 플라스틱 섬이 되었죠. 태평양 거대 쓰레기장(Great Pacific Garbage Patch, GPGP)라고 이름이 붙은 플라스틱 섬은 환류를 타고 시계 방향으로 돌다 중심부로 모여듭니다. 지구의 대양에는 GPGP를 포함해 5개의 거대한 쓰레기 섬이 존재하죠. 게다가 바다를 떠다니는 플라스틱은 점점 작게 쪼개져서 물고기가 먹게 됩니다. 물고기 몸속에 쌓여가는 플라스틱 일부는 먹이사슬을 거쳐 인간에게 돌아오죠. 인류가 버린 해양 쓰레기가 바다 생물을 거쳐 우리에게 돌아오는 것입니다.

따라서 해양 쓰레기 문제는 곧 우리 자신의 문제입니다. 바다는 우리 인류의 중요한 식량 창고이자 생활 터전이기도 합니다. 유엔 식량농업기구 보고서에 따르면 인구 증가로 인해 세계 수산물 소비량은 점점 증가하는 반면, 어업 자원량은 감소세라고 합니다. 해양 오염과 해양 생태계의 악화가 이대로 계속된다면 바다 황폐화는 우리의 현실이 될 것입니다. 오염된 바다에서 자란 물고기는 병들고, 이것을 먹는 우리도 조금씩 병들어가겠죠.

'바라는 바다'를 위한 세계시민의 역할

쓰레기가 제대로 처리되지 못하면 하천을 통해 바다로 유입됩니다. 이런 쓰레기가 전 세계적으로 480만~1,270만 톤으로 추정됩니다. 이제 우리가 '바라는 바다'를 지키려면 쓰레기 관리가 시급합니다. 내가 버린 쓰레기를 적절하게 처리하지 못하면 결국 바다로 흘러가 둥둥 떠다니다가, 결국 돌고 돌아 나에게 다시 돌아올 테니까요.

쓰레기, 특히 플라스틱 사용을 줄이는 것은 시급한 과제입니다. 이미 산업 및 제조업 분야는 물론 일상에서 사용되는 플라스틱 일회용품의 비율이 상당합니다. 우선 어업 분야에서 플라스틱 사용을 줄이기 위해서 생분해성 어구를 사용할 수 있죠. 분해성 어구 사용은 폐어구 발생을 원천적으로 차단하는 사전 관리 방안인데, 우리나라도 생분해성 어구 사용 활성화 연구를 진행 중입니다. 하지만 어업인들은 생분해성 어구의 높은 가격과 어획 성능에 대한 신뢰 부족으로 사용을 꺼린다고 합니다. 지속가능한 어업 활동을 위해 생분해성 어구 사용 권장과 관련된 적극적 지원 체계가 필요합니다. 또 해양 미세플라스틱 저감을 위한 친환경 부포 사용도 시도하고 있는데, 창원시는 양식장에 필요한 플라스틱 부표를 친환경 부포로 교체하는 사업을 진행 중이죠.

이미 배출된 해양 쓰레기를 처리하기 위한 노력도 필요합니다. 기업, 시민단체, 국가기관이 함께 문제 해결에 협력해야 하죠. 많은 아이디어를 검토하여 현실화하고, 이를 정책에 반영하여 실행해야 합니다. 해양 쓰레기 문제 관리하기 위한 기본 계획, 관련 기관을 정비하고, 쓰레기 수거 전용 선박, 쓰레기 탐지 기술을 활용해서 이미 배출된 해양 쓰레기를 수거하고 쓰레기 배출량 자체를 줄일 수 있도록 조치해야 합니다.

그렇다면 바다를 위해 우리는 무엇을 할 수 있을까요? 이미 세계 시민의 자발적 참여가 이루어지고 있습니다. 혹시 플로깅이라는 말을 들어보았나요? '플로깅'은 스웨덴어로 '이삭을 줍는다'라는 뜻인 플로카 업(plocka upp)과 조깅(jogging)의 합성어입니다. 즉 조깅을 하면서 쓰레기를 줍는 행동을 뜻하죠. 우리말로는 줍깅(줍기 + 조깅), '쓰담 달리기' 등으로 부를 수 있겠네요. 또 바다 정화 활동으로 프리다이빙 그룹인 '디프다 제주' 팀은 제주 해안에서 '봉그깅'을 실천합니다. '봉그깅'은 '줍다'의 제주 방언인 '봉그다'와 '플로깅'의 합성어입니다. 제주 환경을 지키기 위해 해안가를 산책하는 사람이라면 누구나 쓰레기를 주우면서 봉그깅에 참여할 수 있죠. 이처럼 환경을 지키는 작은 실천이라도 일상에서 한 가지씩 시작하여 꾸준히 지속하는 것이 중요합니다.

한편으론 수거한 해양 쓰레기를 재활용하는 방안도 찾아야 합니다. 지역마다 많이 잡히는 어종에 따라 어구 형태와 소재 및 쓰레기 유형이 다른데, 수거한 해양 쓰레기와 어구를 재활용하기 위한 여건도 지역별로 차이가 있죠. 따라서 지역의 특수성을 고려한 자원 순환 시스템을 각 지역 상황에 맞게 마련해야 합니다. 예컨대 경상남도 통영은 전국 굴 생산량의 70% 이상을 차지합니다. 통영의 충렬여고 학생들은 등굣길에서 매일 만나는 굴 껍데기 언덕을 보고 문제의식을 느껴 직접 발로 뛰며 굴 껍데기 실태 연구를 수행했습니다. 이들은 현장 답사를 통해 문제의 심각성과 원인을 분석하며 굴 껍데기 재활용 방안을 제시했죠. 물론 학생 신분으로 문제 해결 방안을 구상하는 것이 쉽지 않았지만, 지자체 공무원, 인근 대학과 협력하여 지역 수준에서 현실성이 높은 아이디어를 발굴했다고 합니다. 굴 껍데기를 재활용한 바이오 시멘트, 천연 아스팔트 제작을 제안하고 이와 관련한 공공정책을 내놓은 것입니다.

이처럼 여러분의 반짝반짝한 생각으로 얼마든지 지구를 지키고, 또 더 나은 방향으로 만들어갈 수 있습니다. 여기에 지역 차원에서 협력하여 쓰레기 문제를 해결하기 위해 노력한다면 우리의 생활 터전은 한층 깨끗해지고 쾌적해질 것입니다. 또한 지역사회, 정부와 시민사회의 세계시민 역량도 한층 강화될 것입니다.

인류는 잠깐의 편리함을 누리기 위해 이미 엄청난 쓰레기를 만들어냈습니다. 오늘부터 이러한 삶을 반성하면서 환경을 먼저 생각하는 소비를 시작하면 좋겠습니다. 바야흐로 친환경을 넘어선 필(必)환경 시대입니다. 이미 일상에서 폐기물을 최대한 줄이도록 소비하는 프리 사이클링(precycling)과 쓰레기를 줄이는 제로 웨이스트(zero waste) 등이 하나의 트렌드가 되었죠. 프리 사이클링은 미리(pre)와 재활용을 뜻하는 리사이클링(recycling)이 합쳐진 말로 물건을 구매하기 전부터 환경을 고려하는 소비를 의미하며, 제로 웨이스트는 쓰레기의 양을 제로에 가깝게 만들기 위해 노력하는 것입니다. 위와 같은 캠페인의 연장선상에서 '용기내 챌린지'[5]에 동참해볼 수도 있을 것입니다.

물론 환경을 고려한 행동의 실천은 우리의 삶을 다소 불편하게 만들 것입니다. 그러나 우리 모두의 지속가능한 삶을 위해서 잠깐의 불편함은 감수할 수 있지 않을까요? 쉽지 않겠지만, 더 이상 미룰 수 없는 우리 모두의 과제입니다.

----

5. 용기 내 캠페인은 음식 포장에 무분별하게 사용되는 일회용품을 줄이고자 가정 내 다회용 용기(容器)를 들고 가 일회용품 대신 포장을 실천하는 것이며, 그릇을 뜻하는 용기(容器)와 씩씩한 기운을 나타내는 용기(勇氣) 둘 다 연상시키게 하는 언어유희를 활용한 이름이다.

생태계 파괴의
주범이 되어버린 우리 인류

        인류는 엄청난 발전을 이루었고, 우리의 삶도 편리하고 윤택해졌죠. 다양한 교통수단, 중앙난방, 인터넷, 스마트폰 등 지금 우리가 일상에서 누리고 있는 수많은 것들 모두 인류발전의 눈부신 결과물들입니다. 인류가 오직 앞만 보고 성장을 위해 달리는 동안 지구는 물, 식량, 숲, 에너지 등 가진 것을 아낌없이 내주며 묵묵히 지원해주었죠. 하지만 이제 지구의 인내심도 한계에 도달했습니다. 더 이상 침묵하지 않고 다양한 사인을 내보내며 인류에게 경고하고 있으니까요. 이제 뒤도 좀 돌아보라고 말이죠. 인류의 발전과 환경파괴는 그만큼 깊이 관련되어 있습니다. 대표적으로 산업혁명은 인류발전에 획을 그은 사건입니다. 오랜 인류의 역사 중에서 환경파괴가 급속히 이루어진 기간은 산업혁명 이후이므로, 환경파괴는 명백히 인간의 책임입니다.

우리 일상에서
광범위하게 이뤄지는 환경파괴

지질 시대로 보면 현재는 신생대 제4기 홀로세 (Holocene)에 해당합니다. 홀로세는 빙하기 때의 극단적 날씨가 비교적 안정된 상태입니다. 인류는 홀로세의 안정된 기후 시스템 아래에서 도시와 국가를 건설하고 문명을 꽃피웠죠. 그러나 산업혁명 이후 급속히 진행된 도시화와 산업화로 탄소 배출이 증가하면서 부자연스러운 기온 변화가 본격화되었습니다. 그리고 인간 활동으로 인해 기후가 변화할 뿐만 아니라 지질학적으로도 새로운 시기에 진입하고 있죠. 바로 인류세(Anthropocene)입니다.

인류세 개념 도입과 시작 시기를 두고는 아직 논란이 있습니다. 하지만 1950년대 혹은 1960년대 중반 이후를 인류세의 시작으로 보는 시각이 많죠. 산업혁명 이후, 인류가 핵실험을 한 1945년을 기점으로 방사능 물질 농도 증가, 대기 중의 탄소량 증가, 플라스틱 성분이 포함된 암석 등이 인류세 시작을 대표하는 증거로 제시되었습니다. 제1·2차 세계대전 이후, 평화의 시대로 진입하면서 인구가 폭발적으로 증가했고, 이는 지질학적 흔적을 남깁니다. 과거와 전혀 다른 새로운 시기로 진입한 거죠. 인류는 지구의 역사를 바꿀 만큼 엄청난 힘을 가진 종이 되었고, 자연을 무분별하게 사용하면서 생태 환경이 파괴되는 재난에 직면하고 말았습니다.

지구는 역사적으로 5번의 대멸종을 겪었습니다. 5차 대멸종에서 거대 공룡이 사라진 후 포유류가 본격적으로 세력을 확장했죠. 호모 사피엔스도 그중 하나입니다. 아마도 최초의 인류는 동아프리카에서 탄생하여 더 나은 삶을 위해 새로운 곳으로 이주하여 문명을 발전시켰을 것입니다. 환경에 적응하며 무리를 지어 정착했고, 채집이 아닌 농업 활동을 통해 안정적으로 식량을 수급했습니다. 또 기술 발전으로 환경의 단점을 극복하며 다양한 산업을 발전시켰죠. 특히 산업혁명 이후 자본주의와 민주주의 등 사회 시스템을 발전시키며 가히 폭발적으로 성장했습니다.

현재 지구의 주인은 누가 뭐래도 우리 인류입니다. 그런데 지구의 입장에서 인류는 과연 어떤 종일까요? '사피엔스'답게 지혜롭고 현명하게 지구에서 살아가고 있는 걸까요? 어쩌면 지구에게 인류는 자기 이익을 위해 닥치는 대로 파괴를 일삼는 빌런처럼 인식될지도 모르겠습니다.

생물다양성과학기구(IPBES)의 보고서(2019)에 따르면 현재의 생물 멸종 속도가 지난 1,000만년의 평균보다 무려 수십에서 수백 배나 높다고 합니다. 특히 전 세계 양서류의 40% 이상, 해양 포유류의 30%, 상어와 어류의 30%가량이 멸종 위기라고 경고했죠. 6천 600만 년 백악기 말의 5차 대멸종에서 공룡이 사라진 것처럼 지구가 6번째 대멸종(mass extinction)을 겪을 수도 있다는 것입니다. 논란이 있기는 하지만, 이미 6차 대멸종이 진행 중이라는 견해도 일부에서 제기될 정도입니다.

대멸종을 논할 정도로 동식물의 생존을 위협하는 주요 요인은 부끄럽지만, 인간입니다. 처음엔 먹고 살기 위해 어쩔 수 없이 식물 채집, 동물 사냥 등을 해왔죠. 하지만 인간의 주거지가 확대되고, 도시가 발달하면서 동·식물은 점점 더 삶의 터전을 잃게 되었습니다. 인간을 위해 더 많은 농지나 목장을 만들기 위해 숲은 무자비하게 파괴되었습니다. 또 자원 개발을 위한 환경파괴도 생물 종 다양성을 약화시켰죠. 이미 멸종 위기에 처한 생물은 무려 100만 종에 달합니다. 대표적인 멸종 위기종은 벵갈 호랑이, 아프리카 치타, 자이언트 판다, 바다거북, 산호초 등이 있죠.

인류의 욕심 속에서 다양성을 잃어가는 지구

인간은 자신의 삶을 풍요롭게 만들기 위해 지금도 동물과 식물을 물리적으로 제거하고, 서식처를 파괴합니다. 특히 열대우림이 빠른 속도로 훼손되고 있습니다. 열대우림은 잘 알려진 것처럼 생물 다양성이 가장 높은 공간입니다. 열대우림이 사라지면 그 위에 살고 있던 동식물도 사라지고 원주민의 삶터도 사라집니다. 열대우림을 제거한 곳에는 기호작물을 재배하는 플랜테이션[6]을 운영하고 있죠. 이런 농장에서는 주로 상업적인 이유로 단일 작물을 키

....
6. 열대, 아열대기후지역에서 선진국이나 다국적기업의 자본 및 기술과 원주민의 값싼 노동력이 결합되어 상품작물을 대규모로 단일 경작하는 농업 방식

우기 때문에 생물 종 다양성이 급격히 낮아집니다.

생물 종 다양성이 감소하는 문제는 적도 주변의 저소득 국가에서 두드러집니다. 적도 주변의 플랜테이션 농장의 재배 품목은 커피, 바나나, 카카오, 사탕수수와 같은 기호작물이 대부분입니다. 넓은 열대우림이 분포한 브라질과 동남아시아 국가들에서 주로 부유한 국가의 시민을 위한 커피, 차, 초콜릿 등 기호품을 재배하려고 숲을 파괴하고 있는 거죠. 우리도 별다른 문제의식 없이 숲을 파괴한 곳에서 재배된 기호식품을 일상에서 즐깁니다. 하지만 내가 매일 먹고 마시는 초콜릿과 커피가 생물의 종 다양성을 감소시키고, 미래 세대의 생존 기회를 빼앗는 행위일지 모릅니다.

생물 다양성 감소의 가장 큰 문제는 생존 확률을 낮추는 것입니다. 혹시 여러분은 바나나가 멸종 위기라는 것을 알고 있나요? 한때 바나나는 다양한 품종이 존재했습니다. 하지만 지금은 '캐번디시'라는 하나의 품종을 전 세계인들이 먹고 있죠. 예전에는 '그로미셸'이라는 품종도 흔했지만, 파나마병으로 거의 사라지고 말았습니다. 그런데 캐번디시 또한 변종 파나마병에 의해 또다시 멸종 위기에 내몰리고 있다고 하네요. 자칫 미래세대는 박물관이나 백과사전에서나 바나나를 보게 될지 모르는 일입니다. 다양성을 잃고 획일화된 사회일수록 발전 동력을 잃고, 위기 상황에서도 문제 해결방안을 찾기 어렵습니다. 따라서 생물 종 다양성 유지하는 것은 인류의 생존 문제와 직결됩니다. 다양성을 잃은 자연은 위기를 극복하기 어려우니까요.

한편 생물의 서식지를 보호하기 위한 노력도 시작되고 있습니다.

마트에 진열된 바나나
우리가 마트에서 쉽게 만날 수 있는 바나나는 모두 캐번디시종이다. 만약 캐번디시가 멸종한다면 우리는 지금처럼 쉽게 바나나를 접할 수 없게 될지도 모른다.

멸종 위기 동식물의 수를 관리하기 위해 전 세계가 노력을 기울이고 있죠. 그러나 여전히 동식물의 개체 수와 서식지가 빠르게 줄어들고 있습니다. 그리고 한 번 사라진 식물과 동물은 다시 살아 돌아오게 할 수 없습니다. 세상에서 영원히 사라지는 것입니다.

생태계 파괴와 전염병 그리고 코로나19

'코로나19'는 국제사회는 물론 우리나라에서도 수년간 가장 강력한 이슈 중 하나입니다. 잘 알려진 것처럼 '코로나

19'는 사스나 메르스처럼 동물에 있던 바이러스가 변형되어 인간에게 전파된 인수공통감염병의 일종입니다. 이처럼 원래 야생동물의 몸에만 있던 바이러스가 인간에게 옮겨진 것도 인간의 생태계 파괴와 밀접한 관련이 있습니다. 사람과 거의 접촉할 일이 없을 만큼 멀리 떨어진 곳에 살던 야생동물들의 서식지를 인간이 닥치는 대로 파괴하면서 동물들은 살 곳을 잃고 쫓겨났죠. 여러분도 도심에 느닷없이 멧돼지 같은 야생동물이 나타나 사살하거나 포획했다는 뉴스를 종종 접한 적이 있을 것입니다. 이처럼 야생동물과 인간이 공간적으로 점점 가까워졌고, 그만큼 바이러스의 숙주인 야생동물과 인간의 접촉이 쉬워지면서 질병을 유발하는 바이러스를 옮길 가능성도 훨씬 더 높아진 것입니다.

지금은 방역 조치가 대부분 해제되기는 했지만, 코로나19 대유행 초반부터 꽤 오랜 기간 매우 엄격한 방역 수칙이 적용되었습니다. 예컨대 상점은 문을 일찍 닫아야 했고, 학생과 직장인은 학교와 일터로 나가지 못하기도 했죠. 이로 인한 실업, 빈곤, 불평등 문제가 발생했습니다. 이와 같은 비상사태에서 경제적으로 취약한 사회적 약자일수록 피해를 훨씬 더 많이 입었죠. 그러니 코로나19 대유행은 환경문제이자 사회문제이기도 합니다. 또 일부에게 책임을 전가하기보다 전 지구적 관점에서 바라보며 생태계를 파괴하고 환경을 오염시킨 우리 모두에게 '어느 정도' 책임이 있음을 자각해야 하죠. 게다가 코로나19와 같은 이슈는 앞으로도 지속될 것입니다. 예측 불가능한 기후변화와 생태계 파괴는 아직 정체가 알려지지 않은 새로운 바이러스와 인간과의 접촉 가능성을 늘릴 테니까요.

앞으로는 인수공통감염병에 더욱 슬기롭게 대처할 수 있도록 한층 더 체계적인 시스템을 구축해야 합니다. 사람과 동물, 환경은 연결되어 있고, 이 중 어느 하나가 망가지면 우리의 안녕도 보장할 수 없습니다. 먼저 동물-사람-환경에 대한 지리정보시스템의 구축이 필요합니다. 공간 정보를 기반으로 의학·수의학·역학·IT·환경·경제·사회의 다양한 속성 정보를 중첩하여 공간적 확산을 예측하고, 이에 따른 방역 조치를 국제사회가 함께한다면 또다시 바이러스가 인류를 공격할지라도 좀 더 효과적으로 관리할 수 있을 것입니다.

복잡한 사회 현상을 제대로 이해하고 우리 삶을 지속가능하게 하려면 인류가 변화시킨 생태계 변화를 바탕으로 인문적인 사회 현상을 제대로 읽어내야 합니다. 생태 환경과 우리 삶에서 일어나는 문제를 공간적으로 폭넓게 바라보고, 합리적이고 현명한 의사결정을 내려야 할 때입니다.

더 늦기 전에, 오늘부터 내딛는 변화의 첫걸음!

태초에 인류는 여타 생명체에 비해 다른 신체적 조건은 결코 뛰어나다고 할 수 없었습니다. 하지만 탁월한 인지 능력을 바탕으로 결국 생태계의 지배자가 되었습니다. 그리고 아주 오랜 시간 오직 '성장'을 목표로 앞만 보고 달려왔고, 그 결과 눈부신 발전을 이루었죠. 심지어 지금도 계속 열심히 달리는 중입니다. 하지만 너무 앞만 보고 달려온 탓에 주변에서 벌어지는 일들에 대해서는 너무 무관심했고, 여러 가지 부작용들이 속속 떠오르고 있죠. 지구온난화도 마찬가지입니다. 그래도 이제는 모두가 이 위기를 자각하고 더 늦기 전에 해결책을 찾으려는 노력을 시작했다는 점에서 참으로 다행입니다. 특히 세계 각국이 탄소 배출을 최대한 줄이는 방안을 찾기 위해 노력하고 있는데, 신재생 에너지도 그 중 하나입니다.

신재생 에너지가
대체 뭐야?

인류는 석유 없이 살 수 없습니다. 산업혁명 이후 인류는 호모 오일리쿠스라는 별명답게 화석 연료를 사용해 고밀도 문명사회를 일으켰죠. 후발 산업 주자인 한국은 손꼽히는 에너지 소비국이며, 경제가 발전할수록 에너지 사용도 꾸준히 증가했습니다. 게다가 한국은 발전용, 산업용, 수송용으로 사용하는 석탄, 석유, 천연가스를 외국에서 거의 전량 수입하죠.

자원은 그 속성 자체로 한계가 있고, 또 특정 지역에 편중되어 있습니다. 만약 우리가 지금처럼 계속 수입된 화석 연료에 의존한다면 결코 2050 탄소 제로[7] 목표를 달성할 수 없죠. 이에 따라 화석 연료 대체재로 등장한 것이 신재생 에너지입니다. 신재생 에너지는 신에너지와 재생 에너지의 합성어입니다. 재생 에너지는 재생 가능한 에너지인 태양, 물, 바람 등을 이용하는 에너지입니다. 대표적으로 수력 에너지, 풍력 에너지, 태양광·태양열 에너지, 해양 에너지(조력, 파력) 지열 에너지, 바이오 에너지, 폐기물 에너지 등이 있죠.

그러나 재생 에너지는 '언제 어디서든' 사용 가능한 에너지가 아닙니다. 또한 화석 에너지에 비교하면 저밀도 에너지이므로 효율성

---

7. 2020년 12월 7일 정부가 발표한 '경제구조의 저탄소화', '신유망 저탄소 산업 생태계 조성', '탄소중립 사회로의 공정전환' 등 3대 정책 방향에 '탄소중립 제도적 기반 강화'를 더한 '3+1' 전략으로 구성된 방안이다.

과 경제성이 낮죠. 또 유형에 따른 지리적 조건도 중요합니다. 예컨 대 수력 발전은 많은 양의 물이 높은 곳에서 떨어지며 전기를 생산 합니다. 따라서 수력 에너지가 경제성 있는 규모로 발전을 하려면 강수량이 충분한 기후 환경과 큰 낙차를 확보하는 지형 조건이 필수적입니다. 풍력 발전도 바람이 일정하게 강하게 부는 곳에서 유리하죠. 태양광·태양열 에너지도 일사량이 많고 일조시간이 긴 기후 환경에 유리합니다. 지역의 계절에 따른 변동과 낮의 길이에 따라 필요한 에너지를 얻을 수도 있고 그렇지 못할 가능성도 있죠. 따

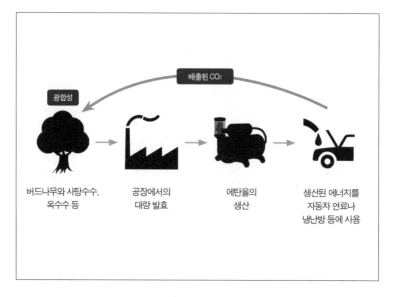

탄소제로에 도전하는 바이오에너지의 생산과 소비
옥수수, 사탕수수 등 식물을 공장에서 대량으로 발효시켜 알코올(에너지)을 생산하여 이를 자동차 등 각종 연료로 사용하는 방식이다. 연료로 사용되며 배출되는 이산화탄소는 다시 바이오에너지의 원료인 식물의 광합성으로 흡수된다. 다만 바이오에너지 작물을 생산하는 과정에서 다양한 부작용이 발생할 수 있다.

라서 기후와 지형 및 사회적 조건 등을 고려하여 신재생 에너지의 잠재성을 평가하고, 또 이러한 지역 특성에 적합한 신재생 에너지를 제대로 선택하는 것이 중요합니다.

세계 각국은 저마다의 기후와 지형 등 지리적 환경에 적합한 재생 에너지 발전 비중을 높이고 있죠. 예를 들면 아이슬란드는 대서양 중앙 해령 위에 솟아난 섬으로 지형적 특징으로 화산활동이 활발하며 지열이 풍부합니다. 따라서 지열을 활용한 재생 에너지 발전이 주를 이룹니다. 또 중위도에 위치한 프랑스나 독일은 1년 내내 부는 편서풍을 활용한 풍력 발전을 적극 추진 중이죠. 한편 바이오 에너지(또는 바이오매스 에너지)는 옥수수, 사탕수수 등과 같은 식물이나 미생물을 발효하여 얻는 에너지인데, 한때 석유를 대체할 수 있는 수송용 에너지로 주목을 받았습니다. 그러나 최근 연구 결과에 따르면 바이오 에너지의 원료인 옥수수, 사탕수수, 콩을 재배하는 데 많은 에너지가 소비되며, 식량 자원을 바이오 에너지에 사용하면서 국제 곡물 가격을 상승시킨다는 부정적 연구 결과도 제시됩니다.

이처럼 재생 에너지 분야는 그 유형별로 환경 및 사회에 미치는 영향과 결과가 예측과 다르게 나타날 수도 있습니다. 따라서 재생 에너지가 환경에 미치는 영향은 지역과 세계적 스케일에 따라 복합적으로 검토해야 합니다. 아무리 바이오 에너지가 석유보다 탄소를 더 적게 배출한다고 해도 전 세계적인 스케일에서 보면 바이오 에너지 생산에 소비되는 옥수수 때문에 세계에 빈곤층을 더 많이 만들고 가난한 사람들의 토지를 빼앗는 일이 될 수 있으니까요.

신재생 에너지 사용보다
중요한 것

우리나라의 신재생 에너지 사용 수준을 살펴볼까요? 2015년 기준 신재생 에너지 발전 비율은 1.1%로 OECD 국가 중 최하위에 머물렀습니다. 2020년에는 약 6.8%까지 상승했지만 여전히 화력 발전과 원자력 발전에 의존하고 있죠. 하지만 한국도 전 세계의 국가들과 마찬가지로 신재생 에너지 개발에 힘쓰는 중입니다. 예컨대 한국에너지기술연구원을 중심으로 대한민국 신재생 에너지 자원 지도를 개발하고 신재생 에너지 시장 잠재량을 평가하는 데이터를 제공하고 있죠. 또 누구나 자원 지도 분석 시스템에 접속하여 신재생 에너지 자원 지도를 유형별로 찾아볼 수 있습니다. 한국형 신재생 에너지 자원의 빅데이터 플랫폼[8]을 구축하여 신재생 에너지의 경제성을 높이고 개인과 기업이 신재생 에너지를 사용할 수 있도록 정보를 공개하고 있죠.

한편 원자력 에너지는 여전히 논란이 뜨겁습니다. 원자력 에너지는 원자핵이 붕괴하거나 핵반응을 일으킬 때 방출되는 에너지를 이용하여 발전기를 돌려 전력을 생산합니다. 원자력 발전에서는 핵분열에서 나오는 에너지를 이용해 물을 끓여 발전하므로 탄소 배출량이 거의 없으며, 석탄이나 석유 에너지보다도 효율이 매우 높죠.

---

8. 신재생 에너지 데이터 센터의 사이트 주소는 https://kier-solar.org/user/main.do이다. 신재생 에너지 자원지도 제작 등 국내 신재생에너지 기술개발과 보급, 확대에 기여한다.

다만 핵 발전 과정에서 예상치 못한 사고로 핵 물질이 배출될 수 있고, 핵 발전 이후 남은 방사성 폐기물에서 최소한 수백 년간 방사능 물질을 배출합니다. 과학기술을 통해 핵 발전소의 사고와 방사성 폐기물을 엄격하게 통제한다고 해도 '모든' 사고를 막을 순 없죠. 2011년의 일본 대지진으로 인한 후쿠시마의 원전 사고처럼 자연재해로 예상하지 못한 상황이 발생하기도 합니다. 또한 원자력 사고 발생시 처리 및 보상 비용을 고려하면 원자력 발전소의 비용은 결코 낮다고 할 수 없죠. 또 원자력 발전의 원료인 우라늄도 한번 쓰고 나면 재사용할 수 없는 재생 불가능한 에너지입니다. 이처럼 원자력 발전은 장단점이 극명합니다. 후쿠시마 원전 사고 이후 각국에서 원자력 발전소 건립을 놓고 첨예한 의견 대립이 계속되고 있죠. 한국도 탈원전을 선언했지만, 에너지 수요가 워낙 높은 상황에서 당장 발전소들을 폐쇄할 순 없다는 의견입니다.

이에 소규모 핵융합 발전에 대한 논의도 진행되고 있죠. ITER 프로젝트[9]는 화석 연료 고갈 위험과 환경문제를 대비하여 핵융합 에너지의 사용 가능성을 최종 증명하기 위한 국제 핵융합 실험로를 공동 건설하는 초대형 국제 협력 연구 개발 프로젝트입니다. 인류 생존을 위한 최적의 선택인 핵융합 에너지 개발을 위해 7개 참여국이 힘을 모은 역사상 가장 큰 규모의 국제 공동 연구 개발 사업이죠. 기존 방식에서 발생하는 대기오염 물질에 의한 사회적 비용과

....
9. ITER(이타), International Thermonuclear Experimental Reactor 라틴어로는 '길'이라는 뜻을 지닌 ITER는 "인류 에너지 문제 해결의 길"이라는 의미를 가지고 있다.

온실가스 저감 비용을 줄이기 위해 인류가 과학기술을 통해 극복하려는 사례입니다. 미국, 러시아, 유럽연합, 일본, 우리나라, 인도, 중국이 참가하고 있죠.

그러나 에너지 생산에만 몰두해서는 안 됩니다. 에너지 사용 자체를 줄여야 하죠. 자원은 유한한데, 사용량이 끊임없이 늘어나면 결국 감당할 수 없게 될 테니까요. 즉 에너지 절약을 함께 실천하지 않으면 신재생 에너지의 기술 혁신도 무의미해질 것입니다.

저탄소 시대, 어떻게 헤쳐나갈 것인가?

'유럽 그린딜'을 들어보았나요? 2019년에 발표되어 2020년 3월에 채택된 유럽의 기후법안입니다. 유럽연합은 그린딜을 통해 2050 탄소중립을 선언하고, 환경적으로 지속가능한 경제활동에 예산을 투입하기로 약속했죠. 그린딜에는 구체적으로 어떤 활동들이 포함될까요? 일단 어디에 예산을 투입할지 결정하기 위해 환경적으로 지속가능한 경제활동이 무엇인지 나누기 위한 기준이 필요했습니다. 바로 그것이 그린 택소노미(Taxonomy, 녹색 분류체계)가 세상에 나온 배경이죠. 처음에 발표된 그린 택소노미에는 원자력과 천연가스 발전은 제외되었습니다.

그러나 2022년 2월 개정된 EU 택소노미에는 특별한 조건을 만족

시킨다면 원자력과 천연가스 발전도 지속가능한 경제활동에 포함된다고 발표했죠. 이런 변화를 두고 환경단체들은 무늬만 친환경인 '위장환경주의'를 뜻하는 그린 워싱이라며 반대했습니다. 이러한 변화는 곧 경제에도 큰 영향을 주기 때문에 국내 여론도 뜨거워졌습니다. 과연 인류는 친환경 에너지로 전환하고 저탄소 시대로 나아갈 수 있을까요?[10]

전 세계는 일단 기후변화의 심각성에는 공감합니다. 교토의정서, 파리기후변화협정 등과 같은 협약을 통해 국제 협력도 강화하고 있죠. 2021년 11월 영국 글라스고에서 제26차 유엔 기후변화협약 당사국총회(COP26)가 개최되었습니다. 또 세계 각국은 기후변화에 대한 대책을 마련하기 위해 협상안을 마련했죠. 이 협정에서는 화석 연료 감축과 2030년 국가 온실가스 감축 목표를 최초로 명시하기도 했습니다. 원래 초안에는 석탄 발전을 단계적으로 중단하겠다는 문구가 있었으나 개발도상국의 이견으로 '단계적 감축'으로 수정했다고 합니다. 자국 이익 앞에 전 지구적 문제 해결은 여전히 후순위로 밀리는 것을 보여줍니다.

선진국은 기술과 자본을 바탕으로 탄소 제로 목표를 달성하기 위해 노력해야 한다고 외칩니다. 그러나 기술력과 자본력 모두 부족한 저개발국과 개발도상국은 저렴한 화석 연료 사용을 당장 멈출 수도 없습니다. 이는 생존이 달린 문제이기 때문이죠. 이러한 격차

---

10. 박상욱, =[박상욱의 기후 1.5] 택소노미? 유럽 넘어 한국까지 뒤흔든 '녹색분류체계'(상)〉, 《jtbc》, 2022.2.7.(수정: 2022.2.18.)

를 줄이기 위해서 개발도상국의 이산화탄소 절감과 기후변화에 대응하기 위해 녹색기후기금(GCF)[11]이라는 국제금융기구를 창립했습니다. 녹색기후기금은 온실가스를 줄이고 개발도상국의 기후변화 적응 능력을 높이는 사업에 기금을 투자하는 독특한 글로벌 플랫폼입니다.

한국은 국제사회에서 선진국과 개발도상국을 이어주는 가교역할을 자처하고 있습니다. 우리나라는 식량자급도가 낮고, 에너지를 포함해 해외 의존도가 매우 높은 국가입니다. 장기적으로 볼 때, 기후변화에 따른 위기에 매우 취약한 입장이죠. 따라서 시민의 안전과 생존을 위해 기후변화와 환경문제 해결을 위해 대전환과 기후변화에 대한 적극적 대응 전략이 필요합니다. 녹색기후기금과 같은 국제기구와 협력하여 환경 분야에서 개발도상국이 필요한 기후 재원과 개발 재원을 마련하고, 투명하게 집행될 수 있도록 프로젝트를 기획하고 수행할 수 있는 역량을 키워 나가야 합니다.

과거부터 누적된 탄소 배출량과 현재 탄소 배출량이 모두 높은 미국, 중국과 같은 강대국은 여전히 자국의 이익을 중시하면서 환경을 위한 협상에 미온적 태도를 보입니다. 선진국들은 개발도상국의 기후변화 적응을 위한 기금을 지원하기로 약속했으나, 번번이 지켜지지 못했죠. 이처럼 자국의 경제적 이득을 최우선으로 하는 국가의

---

11. Green Climate Fund, GCF, 2010년 12월 멕시코 칸군에서 열린 제16차 유엔기후변화총회 당사국 총회에서 기금 설립이 승인되었다. 2013년 12월에 한국 인천 송도에 정식으로 사무국이 출범하였다(출처: UNESCAP 동북아사무소 홈페이지).

Z세대가 주도하는 '착한, 윤리적, 친환경' 소비 활동

Z세대는 착한 소상공인이나 착한 기업의 제품을 애용한다. '지속가능한 삶'을 추구해 환경을 중시하고 공익 캠페인에 열심히 참여하기도 한다. 전문가들은 "Z세대는 어릴 적부터 기후변화, 미세 먼지 등 환경문제를 겪어온 터라 윤리적 소비와 친환경 제품에 관심이 많다."고 설명했다. 2017년 미국의 기업 CSR 전문 분석 기관 콘커뮤니케이션스가 Z세대 1,000명을 대상으로 설문조사 결과, 응답자 10명 중 9명이 이미 사용 중인 제품보다 더 친환경적이고 윤리적인 제품이 나오면 기꺼이 갈아탈 의향이 있다고 답했다. Z세대의 트렌드로 친환경 소비가 자리 잡자 기업들도 변화하기 시작했다. 'L사'는 국내 최초로 무라벨 생수를 생산하여 히트를 기록했고, 'E사'는 택배 배송에서 테이프 없는 테이프 리스 박스와 완충재를 비닐에서 종이로 교체했다. 또한 'M사' 역시 모든 포장재활용 가능한 소재로 포장재를 바꾸고, 보냉력을 강화한 박스를 사용하면서 냉매 사용을 줄여 환경을 생각하기 시작했다. 우리가 환경문제에 적극적인 관심을 기울일수록 기업도 변화할 수밖에 없다는 것을 보여준다.

본질적 속성 때문에 강제성 없는 협약은 무의미합니다. 환경문제에 있어 국제사회는 거의 무정부 상태나 마찬가지이며, 이대로는 전 지구적인 환경문제를 해결하는 데 한계가 있습니다. 따라서 유엔과 같은 국제기구가 지구생태계 보호를 위해서는 강제력을 발휘하는 방안도 세계가 함께 고민해볼 필요가 있습니다. 다만 그 과정은 협력을 통한 민주적인 절차에 기반해야 할 것입니다.

기업, 정부, 언론, 시민이
함께하는 환경 협력

지구의 자원은 유한합니다. 따라서 화석 연료에 의존한 문명은 지속가능성을 기대하기 어렵습니다. 이제 탄소 경제에서 순환 경제로 전환해야 합니다. 순환 경제의 주체는 기업과 정부, 시민사회이며, 언론도 중요한 역할을 합니다.

기업은 재화와 서비스를 생산하여 전 세계에 제공합니다. 이제 환경을 고려하는 것이 기업의 당연한 덕목이 된 거죠. 최근 주목받는 ESG 경영은 '환경(Environment)', '사회(Social)', '지배구조(Governance)'의 머리글자를 딴 단어로 환경을 우선순위에 두고, 기업의 사회적 책임과 투명한 경영을 통해 지속가능한 발전을 할 수 있다는 개념과 철학을 담고 있죠. 전 세계 기업들은 이제 생존을 위해 앞다투어 ESG 경영 전략을 구상하고 있습니다. 또한 기업이 사용하는 전력 100%를 재생 에너지로 충당하겠다는 목표를 가진 RE 100(Renewable Energy100) 캠페인에 글로벌기업들이 자발적으로 참여 선언을 하는 것도 고무적입니다.[12] 한편으론 벌써 부작용도 나타나고 있습니다. 워낙 환경문제가 뜨겁다 보니 진정성 없이 마케팅 수단으로만 이용할 뿐, 소비자를 기만하는 얌체 기업들도 있다는 뜻이죠. 즉 앞서도 얘기한 위장환경주의(greenwashing)가 판

....
12. RE100은 기업이 재생 에너지로 사용 전력의 100%를 충당하겠다는 캠페인을 말함.

치고 있습니다. 진정성 없이 마치 '환경을 위하는 척' 포장한 눈속임 마케팅을 하는 기업도 늘고 있다는 뜻입니다. 따라서 우리는 세계시민으로서 이러한 기업의 위선적 마케팅 꼼수를 제대로 읽어내는 현명한 소비자가 되어야 합니다. 환경을 위한다고 하는 기업의 행동이 정말 환경에 도움이 되는지 비판적으로 생각하고 기업의 위선적 행태를 날카롭게 지적할 수 있어야 하죠.

정부의 역할도 중요합니다. 정부는 환경문제와 관련한 다양한 정책을 수립하고 예산을 투입해서 실질적으로 환경문제를 해결할 수 있는 강력한 주체입니다. 또 환경문제와 관련 있는 과학기술을 적극 육성하고 환경을 고려한 투자를 독려할 수 있죠. 그뿐만 아니라 국제 협력에서도 중요한 역할을 수행합니다. 우리나라는 글로벌 협력을 이끌어 나가기 위해 2021년 9월 환경부와 외교부가 협력하여 기후변화 대응을 위한 한국의 국제 리더십 세미나를 개최하기도 했죠. 이를 바탕으로 기후 및 환경 분야의 석학이 모여 기후 대응 협력 선언문을 채택했습니다.

각 개인의 활동도 중요합니다. 우선 비판적 사고 능력을 가진 세계시민으로서 기업이나 정부가 환경을 고려하여 업무를 수행하는지 잘 관찰해야 합니다. 기업이 제품의 생산 과정 자체에서 환경을 위한 조치를 선제적으로 적용하도록 목소리를 내야 하죠. 기업, 정부가 환경을 위한 조치를 실제로 적용할 수 있도록 새로운 아이디어를 제시하는 것 또한 시민입니다. 환경 이슈에 대한 민감성이 높고 진정으로 환경을 생각하는 세계시민이 늘어날수록 지속가능한 대전환이 가능할 것입니다.

언론의 역할도 중요합니다. 기후위기 시대에 환경 이슈 기사가 쏟아지지만, 어쩐지 진지한 문제의식에 기반하기보다는 자극적인 제목을 앞세워 조회 수만 높이려는 기사도 많습니다. 언론은 환경 문제와 관련하여 최대한 과학적 사실에 근거하여 작성할 필요가 있습니다. 과도하게 겁을 주거나 사람들을 헷갈리게 만드는 정보 제공은 지양해야 하죠. 환경에 대한 시민들의 관심과 참여를 이끄는 양질의 기사가 많이 나오길 바랍니다.

세계시민으로서 다양한 기사와 글을 읽을 때는 무조건적 수용이 아닌, 비판적 사고가 중요합니다. 예컨대 기사나 글이 정말 정확한 과학적 근거에 기반하여 작성되었는지, 인용된 자료가 과연 신뢰성 있는 자료인지 검증해야 하죠. 환경 이슈와 관련된 기사는 글을 쓰는 사람의 입장에 따라 상당히 다른 기조로 작성될 수 있습니다. 지구온난화가 진행 중이라는 것은 대부분 과학자가 인정하고 있지만, 지구온난화의 위험성에 대한 평가는 상이하죠. 따라서 같은 연구 결과를 읽더라도 작성자의 입장에 따라 글의 방향성은 얼마든지 달라질 수 있습니다. 독자의 비판적 사고 능력이 더더욱 중요한 이유입니다. 또한 기사나 연구 결과가 나온 당시 상황에서는 맞을 수 있지만 몇 년 후에 보면 '틀린' 이야기가 되기도 합니다. 따라서 우리는 항상 열린 생각으로 글을 읽어야 합니다. 또 주어진 다양한 자료를 단순히 읽는 데 그치지 않고, 날카롭게 분석하며 자기 생각을 표현할 수도 있어야 합니다. 더 좋은 방안이나 아이디어가 있다면 정중하게 제안할 수 있어야 하죠. 그것이 오늘보다 더 나은 내일로 가는 길입니다. 앞으로는 객관식 문제에서 정답 하나를 잘 고르는 능력이 아니라, 다양한 정보를 접하고 선별하며, 자신의 견해를 정리하고 표현할 줄 아는 시민의 자질이 더더욱 요구될 것입니다.

우리 인류는 환경문제의 해결방안을 당장 탐구하라는 팀별 과제를 지구로부터 받았습니다. 세계시민 모두가 똘똘 뭉쳐 지구를 지키는 환경특공대가 되어야 합니다. 지구온난화, 기후변화, 열대림 파괴, 사막화, 생물종다양성 문제, 해양 생태계 파괴, 폐기물 쓰레기 처리 문제, 신·재생 에너지와 같은 환경 이슈에 관심을 기울이고, 적극 해결하는 세계시민이 더 많아져야 합니다. 이런 노력을 기울이는 세계시민 한 사람 한 사람이 모두 지구를 구하는 진정한 영웅이죠. 옳은 선택을 하는 개인이 모여 사회를 이루고, 정부와 기업을 움직이고 국제사회에서 국가들이 서로 협력하고 연대한다면 지금 인류가 직면하고 있는 환경문제도 분명 해결의 실마리를 찾고, 나아가 인류의 지속가능한 삶에 기여하지 않을까요?

연대와 상생

우리가 함께 지키고 만들어갈 세계시 지구촌

세계화 한가운데서 태어난 여러분은 날 때부터 세계시민의 DNA를 장착했을지 모릅니다. 이미 시공간을 초월한 자유로운 소통과 연대에 익숙하죠.

🔍 Z세대의 눈높이에 맞는 새로운 세계시민교육

그런 여러분에게는 다소 낯선 이야기일지 모르지만, 불과 1980년대 초반만 해도 우리나라에서 해외여행은 드문 일이었습니다. 그나마도 주로 출장처럼 업무를 수행하기 위한 목적이었고, 지금처럼 자유로운 해외여행이 가능해진 건 1989년에 해외여행 자유화 이후부터이니까 생각보다는 그리 오래되지 않았습니다.

여러분은 이미 스마트 기기가 바꿔 놓은 세상이 더 익숙합니다. 그래서 과거 어떤 세대보다 변화의 속도도 빠르고, 새로운 세상에 빠르게 적용합니다. 아마 미래 예측 불가능한 변화 속에서도 분명 잘 적응할 것입니다. 이런 여러분은 자기 주변 문제를 SNS에 올려 세계인의 동참을 끌어내기도 하죠. 그래서 Z세대는 대다수가 SNS를 활발히 이용합니다. 때론 SNS라는 플랫폼에서 새로운 놀이 문화를 만드는 등 기성세대보다 훨씬 자유롭고 창의적으로 활용하죠.

전문가들은 Z세대의 '자기 표현력'이 과거 어떤 세대보다 강력하다고 말합니다. 또 문화적으로 훨씬 개방적이며, 이미지와 영상을 통해 자기 생각을 거침없이 표현하고, 관심사나 가치관, 좋아하는 대중문화, 소비나 개인적인 일상 등의 게시물을 불특정 다수와 공유하죠. 특히 자신들의 관심 이슈나 캠페인 지지를 위해 비영리단체의 자원봉사나 모금, 서명 캠페인에도 곧잘 참여합니다. 비영리단체들도 Z세대의 이런 특징을 고려해 특정 해시태그를 달거나 캠페인 게시글을 본인 SNS 계정에 공유하는 등 쉽게 참여할 수 있는 온라인 캠페인을 활발히 벌입니다.

전문가들은 이처럼 국경을 초월해 전 세계와 자유롭게 소통하는 초연결성을 Z세대의 주요 특징으로 꼽습니다. Z세대는 필란스로키즈(philanthrokids)로도 불리죠. 필란스로피(philanthropy · 자선)와 키즈(kids · 아이들)가 합쳐진 말로 공공의 선을 위해 움직이는 아이들이란 뜻입니다. 기성세대와 달리 남극 빙하가 녹는 일, 북극곰이 삶의 터전을 잃는 일, 지구 어딘가에서 일어나는 테러 등을 '자신의 일'처럼 생각하죠. 행동하지 않으면 미래가 불투명해질 수 있다는 절실함과 변화에 대한 책임감이 Z세대를 필란스로키즈로 만들었는지도 모릅니다. 따라서 세계 문제에 누구보다 민감하게 반응하며, 다른 인종, 국적, 문화를 낯설어하지 않고 국경과 인종을 초월하여 개방적으로 받아들이면서 지구적 연대를 이끌어냅니다. 마치 본능적으로 세계 시민의 역량을 발휘하는 것 같습니다.

미국에서 경찰이 피의자를 진압하는 과정에서 사망하는 사건이 벌어졌습니다. 사망자는 조지 플로이드라는 흑인 청년이었죠. 문제는 피의자가 비무장 상태에 별다른 저항도 없었음에도 의식을 잃을 만큼 과잉 진압한 것이었는데, 피의자가 흑인 남성이었기 때문이라는 의혹과 함께 전 세계로 인종차별 반대운동이 일파만파 퍼져 나갔죠. 태평양을 훌쩍 뛰어넘어 우리나라 Z세대들도 적극 동참했습니다. 예전 같으면 남의 나라 일에 굳이 우리가 나서서 참견할 필요가 있냐는 생각에 기껏해야 조의를 표하거나 아예 무관심한 사람들도 많았을 것입니다.

하지만 여러분은 다릅니다. 기후변화 시위에 앞장선 그레타 툰베리의 사례만 봐도 알 수 있습니다. 스웨덴 소녀가 쏘아올린 '기후변화 대응을 위한 등교거부 시위'에 무려 120여 개국 2,000여 도시에서 또래들이 동시다발적으로 동참했고, Z세대의 지구적 연대 가능성을 증명했죠. 툰베리의 이야기를 접한 세계 각지의 Z세대 청소년들은 등교거부 시위 현장 사진과 영상을 SNS에 앞다투어 자발적으로 올렸고, 이날 시위는 세계 주요 언론의 조명을 받으며 마무리

되었습니다. 한 소녀의 작은 용기로 시작했지만, Z세대 세계시민이 동참하는 모습에서 인류가 마음먹고 연대하면 얼마든지 세계를 변화시킬 수 있음을 증명해 보인 것입니다.

🔍 오늘부터 우리는 모두 세계시민, 변화를 이끌어 지구를 구하라

전문가들은 Z세대 세계시민이 세상의 변화를 주도할 혁신가로서 능력과 잠재력을 발휘하려면 기성세대가 이들의 생각과 행동을 존중해야 한다고 말합니다. 당시 그린피스 뉴질랜드 사무총장(현 공동의장) 버니 맥디아미드는 Z세대의 '기후변화 시위' 성공을 축하하며 이렇게 말했죠.

> "시위에 참가한 청소년들은 기후변화가 그들의 미래에 어떤 영향을 미칠 것인지 잘 알고 있다 …[중략]… 권력자들은 이번 국제 시위를 '그저 애들이 한 일'로 얕잡아봐서는 안 될 것이다."

모두의 목소리에 경청하는 사회, 그것이 상호존중의 첫걸음이겠죠. 그럼으로써 좀 더 당당하게 정의로운 목소리, 선한 에너지를 마음껏 발산하도록 격려하는 사회가 되어야 합니다. 당연히 학교 교육도 변화가 필요하죠. 생활 속에서 세계시민의 자질을 키우도록 다양한 교육과정이 마련되고 또 확대되어야 할 것입니다. 미래의 학교 교육은 입시에만 얽매이는 것이 아니라 교육과정을 학생 각자의 다채로운 삶과 미래와 연결시킬 책무가 있으니까요.

현재 세상을 바꾸는 데 활발히 참여하는 청년들은 아주 어릴 적부터 다양한 사회 변화 프로젝트 경험을 쌓은 공통점이 있습니다. 이미 꽤 영향력 있는 '비영리 활동가'로 성장한 젊은이들도 있죠. 예컨대 '바이바이플라스틱백(BBPB: Bye Bye Plasticbags)' 단체를 만들어 발리섬 내 플라스틱 일회용품 사용 금지 정책을 이끌어낸 멜라티와 이자벨 와이센 자매, 저개발 국가의 여성에게 생리대를 지원하는 사업을 하는 미국의 나디야 오카모토 등은 어린 시절부터 다양한 사회 참여 경험을 쌓아왔다고 합니다.[13] 풍부한 사회 참여 경험 속에서 함께 잘사는 세상을 만들어가는 데 자신이 기여할 역할에 대해 고민할 기회도 많았을 것이고, 결국 자신의 선한 영향력과 에너지를 다른 사람들에게도 용기 있게 전파할 수 있게 된 거죠.

그러니 여러분도 가능하다면 다양한 사회참여 경험을 해보았으면 합니다. 때론 실패나 좌절도 경험할지 모릅니다. 하지만 이 모든 경험이 쌓이고 쌓이면 그것이 새로운 미래를 만들어가는 소중한 밑거름이 될 것입니다. 그러다 보면 어느덧 세상은 Z세대 세계시민이 움직이게 되지 않을까요? 함께 힘을 합쳐 지구촌 세계시의 오늘을 지키고, 발전된 내일을 설계하는 우리는 모두 세계시민입니다.

....
13. 한승희, 〈국경·인종 초월한 26억 Z세대… 모두의 미래 위해 '범지구적 연대'를 외치다〉, 《조선일보》, 2019.3.26. 참조

1장

단행본

기모란 외 9인, 《멀티플 팬데믹: 세계시민, 코로나와 부정의를 넘어 연대로 가는 길을 묻다》, 이매진, 2020.

배영 외 10인, 《포스트 코로나시대 데이터로 읽는 대한민국》, 플루토, 2021.

기사 및 보도자료

김정연, 〈"전부 목숨걸고 오신 분들"…나훈아 콘서트, 5000명 삼중 검사〉, 《TheJonngAng》, 2021.12.18.

이재훈, 〈방탄소년단·K팝 타고 전 세계서 한국어·한글 배우기 열풍〉, 《NEWSIS》, 2018. 10.9.

사이트 및 기타

[네이버지식백과] 지구촌

[유튜브] 코로나 대응을 하며 알게 된 우리가 잘 몰랐던 대한민국(https://youtu.be/n-H-KELKqYk)

2장

단행본

권희석, 《아프가니스탄, 왜?》, 청아출판사, 2017.

김유아, 《나의 첫 아프리카 수업》, 초록비책공방, 2020.

김지혜, 《선량한 차별주의자》, 창비, 2019.

소이언(글)·권송이(그림), 《혐오: 재밌어서 한 말, 뭐가 어때서?(질문하는어린이 02)》, 우리학교, 2019.

유영근, 《청소년을 위한 민주주의 여행》, 웅진지식하우스, 2019.

이용석, 《평화는 처음이라》, 빨간소금, 2021.

정윤수·정창수, 《인간은 왜 폭력을 행사하는가? 일상에 스며 있는 차별과 편견의 폭력》, 철수와영희, 2018.

게르하르트 슈타군, 《전쟁과 평화의 역사》(장혜경 옮김), 이화북스, 2019.

스티븐 핑거, 《우리 본성의 선한 천사》(김명남 옮김), 사이언스북스, 2014.

한나 아렌트, 《예루살렘의 아이히만》(김선욱 옮김), 한길사, 2006.

논문

김영한·이유진·조아미·임성택, 2020, 〈청소년의 혐오 표현 노출실태 및 대응 방안 연구〉, 한국청소년
정책연구원 연구보고서.

김현아, 2010, 〈역사적 망각에 대한 경고, [호텔 르완다(Hotel Rwanda)]〉, 《현대문학이론연구》, 43(0) :
423-443쪽.

문기홍, 2021, 〈군부 권위주의 체제와 민주화: 미얀마의 민주화 과정과 민주주의 후퇴 현상을 중심으로〉, 《아시아리뷰》, 11(2), 217-246쪽.

배정환, 2021, 〈코로나 시대, 미국에서의 아시아인에 대한 혐오와 증오범죄: 인종주의 담론과 사회 통제에 관한 논의〉, 《경찰학연구》, 21(3),183-208.

장용규, 2007, 〈르완다 제노사이드 : 후투와 투치의 인종차별과 갈등의 역사적 전개〉, 《한국아프리카학회지》, 26. - (2007): 153-174쪽.

최형식, 2017, 〈나치의 유대인 탄압과 저항〉, 《민족연구》, 70, 214-240쪽.

기사 및 보도자료

김남권, 〈해 넘긴 미얀마 쿠데타…군부 '학살·초토화'에 희생자 1천400명〉, 《연합뉴스》, 2022.1.2.

류옥하다, 〈이대남은 왜 이준석에 열광하게 되었는가〉, 《Ohmynews》, 2021. 7.16.

송영훈, 〈[팩트체크] 이준석 '2030남성이 여성보다 1.5배 많다?'〉, 《NEWSTOF》, 2021.5.12.

오마이뉴스시민기자, 〈세계시민사회, 아프간 사태 방관만 할 것인가?〉, 《OhmyNews》, 2021.8.23.

이준재, 〈공정을 가장한 능력주의는 불평등을 고착시킨다〉, 《한겨레》, 2021. 10. 13.

이호준, 〈"너 다문화지?"…무심코 뱉은 말에 당사자는 멍든다〉, 《KBSNEWS》, 2019.2.16.

전종휘, 〈[평화원정대] 100만 학살의 깨달음, 스스로 복수를 멈췄다〉, 《한겨레》, 2018.5.22.(수정: 2018.5.23.)

조용경, 〈미얀마 군부 쿠데타의 역설…74년전 아웅산 꿈 이뤄 질수도〉, 《TheJoongAng》, 2021.04.21.

조혜정, 〈이대남을 화나게 한 '그 페미니즘'〉, 《한겨레》, 2021. 12. 25.

천지인, 〈114명 죽던 날, 미스 미얀마는 눈물 흘리며 "미얀마를 도와주세요"〉, 《우먼타임스》, 2021.3.30.

한창희, 〈미스 미얀마를 만나다…"고국행 좌절됐지만 발언 후회 없어"〉, 《YTN》, 2021.5.23.

사이트 및 기타

[나무위키] 이대남

[네이버지식백과] 초인플레이션

[블로그] 유대인들의 저항(https://blog.daum.net/johnkchung/6824305)

[블로그] 스롱피아피, 캄보디아 결혼이민자 당구여신 (https://blog.naver.com/nziono1/222438445839)

[블로그] 공동기자회견 아프가니스탄 난민 보호책 마련과 평화 정착 촉구 (https://blog.daum.net/fairmedia/16783611)

[유튜브] 김지윤의 지식Play, 「아프간 미군 철수와 탈레반의 장악 총정리」, https://youtu.be/mK4xZ_dd3g4,(2021)

[유튜브] 삼프로TV_경제의신과함께 「[일당백 인터뷰] 아프가니스탄 사태, 원인부터 전망까지_f. 서강대

유로-메나연구소 박현도 교수」https://youtu.be/oAIfyikcnAA (2021)

[유튜브] 이동진의 파이아키아 「아프가니스탄과 탈레반, 과연 종교만이 문제인가?」 https://youtu.be/
e8IoGmKTzR0 (2021)

JTBC 차이나는 클라스 135화(2019.11.27.)

JTBC 차이나는 클라스 208화 (2021.05.27.)

평화갈등연구소, 아프간전쟁, 미국의 20년 전쟁 종식 (https://peaceconflict.or.kr/374)

3장
단행본

강석영, 《칠레사》, 한국외국어대학교, 2003.

김지혜, 《선량한 차별주의자》, 창비, 2019.

김하영, 《뭐든 다 배달합니다》, 메디치미디어, 2020.

박태균, 《베트남 전쟁: 잊혀진 전쟁, 반쪽의 기억》, 한겨레출판, 2015.

이승훈, 《플랫폼의 생각법》, 한즈미디어, 2019.

이희수, 《이희수 교수의 이슬람》, 청아출판사, 2011.

최용호, 《통계로 본 베트남전쟁과 한국군》, 국방부군사편찬연구소, 2007.

황선태, 《크라우드소싱 웹툰 스토리텔링》, 커뮤니케이션북스, 2018.

귄터 발라프, 《버려진 노동》(이승희 옮김), 나눔의 집, 2018.

나디아 무라드·제나 크라제스키, 《더 라스트 걸》(공경희 옮김), 북트리거, 2019.

수 로이드 로버츠, 《여자전쟁》(심수미 옮김), 클, 2019.

스테파니 데구이어 외 6인, 《권리를 가질 권리》(김승진 옮김), 위즈덤하우스, 2018.

켄 크림슈타인, 《한나 아렌트, 세 번의 탈출》(최지원 옮김), 더숲, 2018.

팀 마샬, 《지리의 힘》(김미선 옮김), 지리의 힘, 사이, 2016.

논문

박제성, 2016, 〈플랫폼 노동 혹은 크라우드 워크〉, 《국제노동브리프》(vol.14, No.8), 한국노동연구원.

송한용, 2013, 〈위구르족의 정체성과 중국 국민통합의 괴리〉, 《역사학연구》, 제51집, 123~158쪽.

이승윤·백승호·남재욱, 2020, 〈한국 플랫폼노동시장의 노동과정과 사회보장제의 부정합〉, 《산업노
동연구》, 26(2), 77-135쪽.

장상준, 2020, 〈플랫폼노동종사자의 법적 보호 방안에 관한 연구〉.

최진석, 〈1937년, 애도받지 못한 비극 - 고려인 강제이주를 어떻게 기억할 것인가〉, 《Asian Regional
Review DiversAsia》(Vol.1 No.2), 2018.

볼프강 도이블러·토마스 클레베, 2016, 〈크라우드 워크: 새로운 노동형태 - 사용자는 사라지는가?〉, 《국제노동브리프》(vol.14, No.8), 한국노동연구원.

기사 및 보도자료

고성민, 〈시공비 상승 탓 29년간 층고 2.3m…'택배 대란 지속'〉, 《ECONOMYChosun》, 394호, 2021.5.3.

고여정, 〈대구·경북 인권조직위, "이슬람 사원 건립에 혐오 만연"〉, 《NEWSIS》, 2021.12.8.

김세훈, 〈'세계 '유령아동' 5억명 넘는다'〉, 경향신문, 2015.11.1.

김영우, 〈촛불집회, 시민 불복종인가요 저항권행사인가요〉, 《한겨레》, 2013.9.2.

김형주, 〈세상이 어떻게 되려고 이러나… 청소년 범죄 줄었는데 마약 도박 3배 급증〉, 《매일경제》, 2021.7.29.

문철진, 〈마약에 빠진 10대…교육 현장 대처는 미흡〉, 《MBC경남》, 2021.5.21.

박상돈, 〈코로나19로 배달시장 고성장…바로고 "작년 배달 134% 증가"〉, 《연합뉴스》, 2021.1.5.

박상은, 〈위안부 피해자들, 베트남에 사죄 "한국군이 저지른…"〉, 《국민일보》, 2017.9.14.

박종민, 〈10대 노린 마약 딜러들, 강남 유명학원가 누빈다〉, 《동아일보》, 2021.5.20.

박지연·이진혁 〈텔레그램으로 마약거래… 진단서 없이 '펜타닐' 처방 병원도〉, 《파이낸셜뉴스》, 2022.2.6.

박현도, 〈[글로컬오디세이] 중국 신장에서 부는 바람〉, 《교수신문》, 2021.11.17.

박현도, 〈[전문가진단] 신장위구르 무슬림과 아프가니스탄〉, 《내일신문》, 2021.11.25.

상하이무역관슈퍼관리자, 〈[자원]칭장철도, 지하자원 개발에도 이용〉, 《KOTRA 해외시장뉴스》, 2009.9.3..

서보미, 〈8시간 망고 따는 소년, 무서운 건 따로 있어요〉, 《한겨레》, 2013.6.11.

성연철, 〈문 대통령 "한-베트남 불행한 역사 유감" 민간인 학살 언급〉, 《한겨레》, 2018.3.23.

옥유정, 〈[글로벌 경제]전 세계 아동 노동 착취 1억 7천만 명〉, 《KBS》, 2017.6.12.

유경현·유수진, 《별 다섯 개 부탁드려요!》, 애플북스, 2021.

유영혁, 〈탈레반, 여성부 없애고 '권선징악부' 부활, 여성억압 가속화〉, 《여성신문》, 2021.9.18.

윤여진, 〈러시아-우크라이나 '일촉즉발'…2014년 크림반도 위기 재현되나〉, 《부산일보사》, 2021.4.21.

이가람·심석용, 〈죽어야 태어난다. 출생 등록 못 한 '그림자 아이' 2만 명〉, 《중앙일보》, 2021.1.19.

이민영, 〈[특파원 스페셜]쫓겨난 원주민 '아이누'…홋카이도 현장을 가다〉, 《KBSNEWS》, 2019.9.28.

이성재, 〈아마존, 메카니컬 터크 착취 의혹… 평균 임금 시간 당 1.77달러 지급〉, 《내외경제TV》, 2020.3.14.(수정)

이준삼, 〈中, 투명인간 상태 1천300만 명 '헤이후'에 호적 부여한다〉, 《연합뉴스》, 2016.1.14.

이홍철, 〈[글로벌24 리포트] 미국에서도 조혼으로 고통〉, 《KBS NEWS》, 2017.10.31.

장덕수, 〈마약사범 역대 최다. 19살 이하 급증〉, 《KBS》, 2021.6.9.

장은교, 〈'보스니아의 도살자' 라트코 믈라디치 종신형 최종 선고〉, 《경향신문》, 2021.6.9.

장은교, 〈21년 걸린 단죄⋯학살자는 끝까지 '반성' 안 했다〉, 《경향신문》, 2016.3.25.

정선영, 〈여전히 저질 일자리로 내몰리는 특성화고 학생들〉, 《노동자연대》, 2018.12.19.

조엘 군터, 〈'중국이 신장에 지옥을 만들었다.'⋯앰네스티 위구르 인권탄압 보고서〉, BBC뉴스, 2021.6.12.

조유빈, 〈쿠팡 새벽배송은 비인간적 노동⋯사망사고재발 막아야〉, 《시사저널》, 2020.3.18.

주간기쁜소식, 〈돌아온 고려인들의 정착지 안산 '땟골마을'을 가다〉, 《GOODNEWS》, 2017.12.8.

최기성, 〈"여성에 아기 · 소년까지"⋯비겁한 러시아군, 저항의지 꺾으려 '무차별 성폭행'〉, 《매일경제》, 2022.4.23.

탐사보도팀, 〈[2019 마약 보고서]① 랜선 타고 창궐하는 마약〉, 《연합뉴스》, 2019.11.27.

탐사보도팀, 〈[한국의 이슬람교] ①토종 무슬림 6만 시대 맞았다〉, 《연합뉴스》, 2020.10.20.

허현정, 〈'이슬람 사원 중단' 패소 북구청 법무부 지휘로 항소 포기〉, 《매일신문》, 2021.12.22.

BBC, 〈Ambassador Liu Xiaoming: China not frightened of dissent〉, 《BBCNEWS》, 2019.11.18.

BBC, 〈신장 위구르: '중국, 신장 위구르족 여성에게 강제 불임 시술했다〉, 《BBCNEWS》, 2021.6.30.

사이트 및 기타

[굿네이버스]'모든 아동의 출생 등록 권리를 취한 출생통보제', 2021.7.1. (https://blog.naver.com/gnikor/222416600962)

[네이버웹툰] 김양수, 「생활의 참견」(https://comic.naver.com/webtoon/list?titleId=25613)

[영화] 가버나움(Capernaum), 나딘 라바키 감독, 2018.

[유니세프] 전 세계 여자 어린이 5명 중 1명 조혼', 2018.3.8. (https://www.unicef.or.kr/about-us/press/77286)

[한국이슬람교] '이슬람에서의 여성', 2020.3.1. (http://www.koreaislam.org/en/archives/?uid=4958&mod=document)

4장

단행본

공윤희 · 윤예림, 《오늘부터 나는 세계시민입니다》, 창비, 2019.

김유아, 《나의 첫 아프리카 수업: 아프리카 있는 그대로 바라보기》, 초록비책공방, 2012.

김이경, 《유누스, 빈곤 없는 세상을 꿈꿔 봐》, 탐, 2014.

김현주(글) · 권송이(그림), 《세계의 빈곤, 게을러서 가난한 게 아니야!》, 사계절, 2020.

박병상(글) · 권문희(그림), 《식량 불평등 : 남아도는 식량, 굶주리는 사람들》, 풀빛, 2016.

박선미 · 김희순, 《빈곤의 연대기》, 갈라파고스, 2015.

박영숙 · 제롬 글렌, 《세계미래보고서 2035-2055》, 교보문고, 2020.

석혜원(글) · 고상미(그림), 《잘사는 나라 못사는 나라》, 다섯수레, 2006.

소이언(글) · 김진화(그림), 《공정 : 내가 케이크를 나눈다면》, 우리학교, 2019.

안희경(제러미 리프킨 · 원톄쿤 · 장하준 · 마사 누스바움 · 케이트 피킷 · 닉 보스트롬 · 반다나 시바 인
    터뷰), 《오늘부터의 세계: 세계 석학 7인에게 코로나 이후 인류의 미래를 묻다》, 메디치미디어, 2020.

장성익(글) · 오승민(그림), 《세계시민: 참여와 실천으로 세상을 바꾸다》, 풀빛, 2020.

조문영(엮음), 《우리는 가난을 어떻게 외면해왔는가 : 사회 밖으로 내몰린 사람들을 위한 빈곤의 인류
    학》, 21세기북스, 2019.

최영민(글) · 박종호(그림), 《양극화 논쟁》, 풀빛, 2020.

현재욱, 《보이지 않는 경제학: 누가 내 노동을 훔치는가?》, 인물과사상사, 2018.

가이 스탠딩, 《기본소득 : 일과 삶의 새로운 패러다임》(안효상 옮김), 창비, 2018.

게르트 슈나이더, 《왜 세계화가 문제일까?》(이수영 옮김), 반니, 2013.

담비사 모요, 《죽은 원조》(김진경 옮김), 알마, 2012.

데이비드 본스타인, 《그라민은행 이야기》(김병순 옮김), 갈라파고스, 2009.

바티스트 밀롱도, 《조건 없이 기본소득》(권효정 옮김), 바다출판사, 2014.

볼프강 코른, 《빨간 양털 조끼의 세계 여행》(이수영 옮김), 웅진주니어, 2010.

브랑코 밀라노비치, 《가진 자, 가지지 못한 자》(정희은 옮김), 파이카, 2011.

브랑코 밀라노비치, 《왜 우리는 불평등해졌는가: 30년 세계화가 남긴 빛과 그림자》(서정아 옮김/장경
    덕 감수), 21세기북스, 2017.

소노 아야코, 《빈곤의 광경 : NGO와 빈곤에 관한 가장 리얼한 보고서》(오근영 옮김), 리수, 2014.

윌리엄 R. 이스털리, 《세계의 절반 구하기》(황규득 옮김), 미지북스, 2011.

유타 바우어(글) · 카타리나 J. 하이네스(그림), 《가난, 아이들이 묻다》(장혜경 옮김), 니케주니어, 2021.

윤예림(글) · 정문주(그림), 《빈곤: 세계시민 수업 6, 풍요의 시대, 왜 여전히 가난할까?》, 풀빛, 2018.

장 지글러, 《왜 세계의 가난은 사라지지 않는가》(양영란 옮김), 시공사, 2019.

장 지글러, 《왜 세계의 절반은 굶주리는가?》(유영미 옮김), 갈라파고스, 2016.

제프리 D. 삭스, 《빈곤의 종말》(김현구 옮김), 21세기북스, 2006.

척 콜린스, 《왜 세계는 불평등한가 : 탐욕스러운 1%가 99%의 삶을 파괴한다》(이상규 옮김), 이상, 2012.

카리나 루아르(글) · 마리 드 몽티(그림), 《세계의 빈곤, 남반구와 북반구의 비밀》(나선희 옮김), 사계
    절, 2010.

캐럴 랭커스터, 《왜 세계는 가난한 나라를 돕는가?》(유지훈 옮김), 시공사, 2010.

캐슬린 게이, 《왜 식량이 문제일까?》(김영선 옮김), 반니, 2013.

클레이튼 M 크리스텐슨 · 에포사 오조모 · 캐런 딜론 지음 , 《번영의 역설: 왜 가난은 사라지지 않는
　가》(이경식 옮김), 부키, 2020.

필립 맥마이클, 《거대한 역설: 왜 개발할수록 불평등해지는가》(조효제 옮김), 교양인, 2013.

논문

권유경, 2014, 〈사하라이남 아프리카지역의 종족 갈등과 빈곤〉, 《국제개발협력》(2), 한국국제협력단,
　177-197쪽,

김광기, 2014, 〈미국의 소득 불평등과 부의 불평등, 그 현황과 진단〉. 《사회이론》(제46호), 한국사회이
　론학회, 335-364쪽.

왕정, 2019, 〈중국 소득불평등과 경제성장(성(省)별 패널자료 중심으로)〉, 한남대학교 대학원.

이고은, 2017, 〈방글라데시 소액대출 프로그램에 대한 연구〉, 성공회대학교 일반대학원.

이주미, 김태완, 2020, 〈노인빈곤 원인에 대한 고찰:노동시장 경험과 가족구조 변화 중심으로〉, 《보건
　사회연구》(제40권제2호), 한국보건사회연구원.

최재민 · 김성현 · 박상연, 2018, 〈글로벌 금융위기 이후 한국의 소득불평등변화에 관한 연구〉, 《경제학
　연구》, 66(1), 한국경제학회, 2018, 115-142쪽.

기사 및 보도자료

김병규, 〈"민영화되면 하루 14만원"…'수돗물 괴담' 진실은〉, 《연합뉴스》, 2008.5.15.

신동윤, 〈'실패 국가' 되어가는 아프리카 거인 나이지리아〉, 《헤럴드경제》, 2021.6.5.

안수효, 〈아직도 굶어 죽은 사람이 있다〉, 《가야일보》, 2019.9.24.

유선태, 〈[위클리포유 커버스토리] 복지사각지대에 놓인 조손가정 (2)…조손가정 50%(2018년 기준) 연
　소득 3천만원도 안돼…5.3%만 기초생계급여 수급〉, 《영남일보》, 2021.9.17.

이민정, 〈빵집 앞 무릎꿇은 여성들…탈레반도 당황 "식량난 이정도일줄"〉, 《TheJoongAng》,
　2021.9.14.

이후림, 〈2021 뉴스펭귄 선정 최악의 환경재난 10선〉, 《뉴스펭귄》, 2021.12.26.

지구촌뉴스, 〈[클릭 세계속으로] 방글라데시, 기후난민〉, 《KBS NEWS》, 2009.11.6.

사이트 및 기타

[사이트] 부안독립신문(https://www.ibuan.com)

[블로그] 현대중국오리엔테이션 (https://blog.naver.com/lgesjb/221692579096)

[블로그] https://blog.naver.com/sblaks/222541343844/

[블로그]유엔난민기구(https://blog.naver.com/unhcr_korea/222356136735)

5장

단행본

김백민, 《우리는 결국 지구를 위한 답을 찾을 것이다》, 블랙피쉬, 2021.

김수련 · 김동은 · 박철현 · 김민아 · 김민영 외, 《포스트코로나 사회: 팬데믹의 경험과 달라진 세계》, 글항아리, 2020.

박재용, 《1.5도, 생존을 위한 멈춤: 기후위기 비상 행동 핸드북》, 뿌리와이파리, 2019.

조천호, 《파란하늘 빨간지구》, 동아시아, 2019.

대럴 헤스(Darrel Hess), 《McKnight의 자연지리학-12판》(윤순옥 외 옮김), 시그마프레스, 2019.

빌 게이츠, 《빌 게이츠, 기후 재앙을 피하는 법》(김민주 · 이엽 옮김), 김영사, 2021.

호프 자런, 《나는 풍요로웠고, 지구는 달라졌다》(김은령 옮김), 김영사, 2020.9.4.

논문

심성현 · 이정삼 · 고동훈, 2020, 〈생분해성 어구 사용 활성화 방안 연구〉, 한국해양수산개발원 보고서.

Jamback, et al., 2015, 〈plastic waste inputs from land into the ocean〉, 《Science》.

기사 및 보도자료

BBC, 〈기후변화: 그레이트배리어리프, 대규모 백화 또 발생〉, 《BBCNEWS》, 2020.3.7.

강찬수, 〈식탁 공동체 위험하는 21세기 역병…한 · 중 · 일 국제 협력 절실〉, 《TheJoongAng》, 2019.12.19.

기정아, 〈[인포그래픽] '탄소발자국'이란 무엇일까요?〉, 《이투데이》, 2021.6.14.

김귀수, 〈"한국은 선진국" 공식 인정…UNCTAD '개도국→선진국' 지위 변경〉, 《KBSNEWS》, 2021.7.3.

김동호, 〈[분석] 2020세계 수산 · 양식보고서〉, 《농수축산신문》, 2020.7.14.

김민정, 〈지구 온난화, 전 세계 해안 30% 침수 위험〉, 《KBS NEWS》, 2011.11.2.

김성호, 〈통영의 당찬 여고생들, 굴껍데기를 고민하다〉, 《경남신문》, 2019.11.14.

김영현, 〈지구 온난화가 '히말라야 빙하 홍수 참사' 불렀다(종합)〉, 《연합뉴스》, 2021.2.8.

김용래, 〈유엔 "생물 100만종 이상 멸종위기…인간이 주 위협"(종합)〉, 《연합뉴스》, 2019.5.6.

김유대, 〈인류 최장 프로젝트…7개국 참여 '국제핵융합실험로' 조립 시작〉, 《KBSNEWS》, 2020.7.28.

김종성, 〈창원시, 양식장 100% 친환경부표로 교체〉, 《프레시안》, 2021.1.28.

김차경, 〈해양쓰레기 문제, 얼마나 심각하며 어떻게 해결할 수 있을까〉, 《대한민국정책브리핑》, 2021.6.285.

남혜정, 〈미세플라스틱 가득한 해산물… 매주 '신용카드 1장' 먹는다 [연중기획 - 지구의 미래]〉, 《세계일보》, 2020.9.13.

박하얀, 〈미국인 3명이 배출하는 탄소, 1명 죽일 수 있는 양〉, 《경향신문》, 2021.7.30.

변국영, 〈[기획] 앞서가는 독일, 에너지전환 목표 초과 달성했다〉, 《에너지데일리》, 2021.1.29.

송경은, 〈韓 1인 탄소배출량 세계 4위…"탈원전으로 더 커질것" 우려〉, 《매일경제》, 2019.9.23.

신소윤, 〈제 명대로 사는 닭의 수명, 얼마일까요?〉, 《한겨레》, 2019.4.29.

심정희, 〈주요 수산자원에 대한 해양산성화 영향 분석으로 미래 환경변화 대비해야〉, 《현대해양》, 2015.6.1.

오현경, 〈[대한민국 환경보고서 ①] 플라스틱 대한민국…일회용의 유혹〉, 《그린포스트코리아》, 2021.6.22.(수정; 2021.11.5.)

유지혜 · 이지안, 〈음식쓰레기 줄일 소비기한 도입을〉, 《세계일보》, 2021.4.21.

윤순진, 〈2050 탄소중립 시나리오 위원회(안)〉, 《대한민국 정책브리핑》, 2021.8.15.

이근영, 〈기후변화 20년, 자연재해 1.7배 늘었다〉, 《한겨레》, 2020.10.13.(수정: 2022.1.4.).

이명신 · 이옥진, 〈해마다 가라앉는 섬 투발루 사람들 "농지 사라지니 통조림 먹고 살아요"〉, 《조선일보》, 2019.4.16.

이병성, 〈우리나라 세계7위 곡물수입국…밀 자급률 0.5%, 콩 6.6% 불과〉, 《한국농어민신문》, 2021.10.19.

이현주, 〈남태평양 섬나라 키리바시 해수면 상승에 해외 이주 독려〉, 《한국일보》, 2017.2.1.

이호준, 〈확 쪼그라든 국내 식량자급률〉, 《경향신문》, 2021.5.18.

임병선, 〈미국과 중국이 내뿜은 이산화탄소, 누적 배출량 중 31.7%〉, 《뉴스펭귄》, 2021.10.6.

정은주, 〈섬나라 투발루의 생존이 달린 재생 에너지 전환〉, 《kotra 해외시장뉴스》, 2020.10.23.

정재민, 〈대한민국은 어쩌다 '세계 4대 기후악당'이 됐나?〉, 《NEW1》, 2021.1.24.

조승한, 〈4일 미국 파리기후협약 공식 탈퇴〉, 《동아사이언스》, 2020.11.4.

조일준, 〈기후변화가 시리아 내전 촉발〉, 《한겨레》, 2015.3.3.(수정: 2015.3.3.)

조일준, 〈지구촌 '물 분쟁' 최근 10년새 466건…2배 급증〉, 《한겨레》, 2020.1.2.(수정: 2020.1.3.)

조재영, 〈지난해 원전 비중 30% 육박…4대 발전원 중 가장 큰 폭 증가〉, 《연합뉴스》, 2021.2.16.

조재영, 〈한국, 재생 에너지 발전 비중 전 세계 최하위권〉, 《연합뉴스》, 2020.8.2.

진달래, 〈유엔 '기후위기 난민 지위' 첫 인정〉, 《한국일보》, 2020.1.21.

차미례, 〈미 남부 한파와 폭설로 텍사스 병원들 물부족 "비상"〉, 《NEWSIS》, 2021.2.22.

최윤정, 〈최후 순간에 석탄 타협…'1.5도' 목표 살린 '역사적 합의'〉, 《연합뉴스》, 2021.11.14.

최충일, 〈제주바다 뛰어들어 '봉그깅'…2년간 쓰레기 15t 치운 청년들〉, 《TheJoongAng》, 2021.6.4.

홍수영, 〈[미세플라스틱의 역습⑤]바다에서 플라스틱 줍는 청년들〉, 《NEWS1》, 2020.11.14.

환경부, 〈국내 기후 · 환경 석학 한자리에 모여…'기후변화 대응' 선언〉, 《대한민국정책브리핑》, 2021.9.27.

사이트 및 기타

[기상청] 기후변화과학 용어 설명집(http://www.climate.go.kr/home/download/climate_change_words_explanation_2020.pdf)

[그린피스] 지구온난화로 멸종 위기에 처한 동물 TOP 5 (https://www.greenpeace.org/korea/

update/6388/blog-ce-top5-animals-endangered-by-global-warming/)

[나무위키] Z세대

[네이버지식백과] ESG

[네이버지식백과] 채식주의

[네이버지식백과] 온실가스

[위키백과] 교토의정서

[위키백과] 녹색정치

[위키백과] 닭

[위키백과] 대기조성

[녹색기후기금] (https://www.greenclimate.fund/)

[사이트] 나사 홈페이지 (https://climate.nasa.gov/vital-signs/carbon-dioxide/)

[사이트] 변화의 세계:지구 온도 (https://earthobservatory.nasa.gov/world-of-change/decadaltemp.php)

[서울환경영화제SEFF] 플라스틱 차이나 소개자료 (http://seff.kr/project/%ED%94%8C%EB%9D%BC%EC%8A%A4%ED%8B%B1-%EC%B0%A8%EC%9D%B4%EB%82%98/)

[신재생 에너지 데이터센터] (https://kier-solar.org/user/main.do)

http://www.climate.go.kr/home/10_wiki/index.php/%EB%AA%A9%EC%B0%A8

에필로그

배영 외, 《포스트 코로나시대 데이터로 읽는 대한민국》, 플루토, 2021.

JTBC 차이나는 클라스 179화(2020.10.12.)

강현아 · 김기은 · 김나율, 〈[대학생 기자가 간다] 우리나라는 지금 'MZ세대 앓이'〉, 《경남신문》, 2021.11.23.

류선영, 〈갤럭시Z 플립은 왜 Z일까?〉, 《ChosunBiz》, 2020.2.13.

한승희, 〈[Cover Story] 국경 · 인종 초월한 26억 Z세대… 모두의 미래 위해 '범지구적 연대'를 외치다〉, 《조선일보》, 2019.3.26.